O PODER DA ORAÇÃO

O PODER DA ORAÇÃO 3

Rezar com o Espírito Santo

EDITORA
SANTUÁRIO

Dados Internacionais de Catalogação na Publicação (CIP)
(Câmara Brasileira do livro, SP, Brasil)

Catalfo, Carlos Eduardo
O poder da oração: rezar com o Espírito Santo / Carlos Eduardo Catalfo. — Aparecida, SP: Editora Santuário, 2001.

ISBN 85-7200-620-6 (vol. 1)
ISBN 85-7200-700-8 (vol. 2)
ISBN 85-7200-683-4 (vol. 3)

1. Espírito Santo 2. Orações I. Título.

99-2259 CDD-242.72

Índices para catálogo sistemático:

1. Espírito Santo: Orações: Literatura devocional 242.72
2. Orações ao Espírito Santo: Literatura devocional 242.72

Imprima-se

Aloísio Cardeal Lorscheider
Arcebispo Metropolitano de Aparecida
Aparecida, 15 de junho de 2001

Projeto Editorial: Pe. Flávio Cavalca de Castro, C.Ss.R.

Seleção de Textos: Pe. Carlos Eduardo Catalfo, C.Ss.R.

13ª impressão

Rua Pe. Claro Monteiro, 342 – 12570-000 – Aparecida-SP
Tel.: 12 3104-2000 – Televendas: 0800 - 0 16 00 04
www.editorasantuario.com.br
vendas@editorasantuario.com.br

Deus
está presente
quando pensamos
que estamos sozinhos

Ele
nos escuta
quando ninguém
nos responde

Ele
nos ama
quando todos
nos abandonam.

Santo Agostinho († 430)

SUMÁRIO

PREFÁCIO

As Sagradas Escrituras aconselham: "Se você encontrar um homem sábio, madrugue para ir ter com ele, desgaste com seu pé a soleira de sua porta" (Eclo 6,36). O mesmo podemos dizer: se você encontrar um homem que saiba rezar, faça o mesmo para aprender esta arte. Somente é sábio quem sabe rezar.

Apresentando este livro de orações que nos é presenteado pelos padres Carlos Eduardo Catalfo e Flávio Cavalca de Castro, queremos louvar e bendizer a Deus pela beleza e utilidade da obra. Continuando Santo Afonso, doutor da oração, que sabia rezar, sabia ensinar e entusiasmar à oração e sabia escrever orações, Eduardo e Flávio oferecem-nos mais este livro com tantas e belas orações. É fruto do amor à oração!

O homem que reza é o mais poderoso de todos, pois é capaz de elevar o mundo a Deus e "trazer" Deus ao mundo das pessoas. Elias que era um homem semelhante a nós, como nos diz São Tiago, orou com insistência para que não chovesse e não choveu... Em seguida tornou a orar e o céu deu a chuva e a terra voltou a produzir o seu fruto (Tg 5,17-18).

Sempre vem em nosso coração a pergunta: mas o que é rezar? Como se aprende a rezar? Penso que fazer a pergunta é já ter iniciado a estrada da oração. Os discípulos disseram a Jesus: Mestre, ensina-nos a rezar! Ele respondeu: quando vocês forem rezar digam: Pai nosso que estais nos céus!... A melhor escola para aprender a rezar é começar a rezar. A própria oração será o melhor caminho para o aprendizado.

A oração é também um dom que Deus dá a todos. Esta coleção de orações é um dom que nos colocará em oração. Ele é uma mistagogia, vai introduzindo na oração e ensinando passo a passo a passar de uma oração escrita a uma oração pessoal.

Nenhuma oração é fraca ou pobre, pois quem reza em nós é o Espírito de Deus. Nele, nosso balbuciar torna-se um hino de louvor, ação de graças, intercessão e pedido de perdão. Começar a rezar é abrir-se ao Espírito Santo que nos une à oração do Filho de Deus, diante de seu e nosso Pai.

Ninguém reza sozinho, pois somos parte de um corpo. Este corpo tem por cabeça Cristo. Ele reza em nós, conosco e por nós. Mas rezamos em união com todas as pessoas e com todo o universo. Dizemos "obras do Senhor, bendizei o Senhor" (Dn 3,57). Dizemos Pai nosso e não Pai meu. Continuamos a oração de Jesus que sabia rezar e rezava por nós: "Não rezo somente por eles (diz Jesus referindo-se aos apóstolos), mas por todos aqueles que por meio de sua palavra hão de crer em mim (Jo 17,21).

A oração cristã verdadeira é aquela que tem o rosto do homem que reza. Isso significa que a oração tem de partir da realidade pessoal mesmo quando ela foi escrita por outra pessoa e colocada num livro. Certamente uma oração pode ser feita de qualquer forma, mas deve partir de sua vida. Ela deve ser um suspiro ou um grito que sai de seu coração. Deus quer saber de suas coisas contadas por você. Por isso dizemos que oração é um diálogo com Deus, pois dialogar é falar em dois. O que você vai conversar com Ele? Primeiramente o que está acontecendo, seu problemas, suas alegrias, suas tristezas, suas reclamações, seus desesperos. A oração deve envolver sua vida. Lembro-me daquele homem da Bíblia, pai do endemoniado. "Jesus perguntou: desde quando lhe acontece isso? Desde pequeno. Já o jogou na água e no fogo para matá-lo, diz o pai desesperado. Se tu podes, diz ele a Jesus, se podes alguma coisa... Se podes alguma coisa... Tudo é possível ao que crê. O pai disse: eu creio! Vem em socorro de minha fé!" (Mc 9,14-29). Deus sabe de tudo, sabe das nossas coisas, mas quer ouvir de nós, com nossos sentimentos. Só nós sabemos contar o que acontece conosco. Nossa fé deve estar vestida de nossos sentimentos.

Que sentimentos devemos apresentar? Jesus mesmo é o modelo destes sentimentos. Jesus explorava a ternura de seu Pai. Basta ver a parábola do Filho pródigo, melhor, do Pai misericordioso, da ovelha perdida. Deus é cheio de ternura e compaixão. Sente saudades e falta de seus filhos e vai procurá-los. Jesus quando fala com o Pai tem um carinho impressionante. No momento de sua Paixão ele chora a Deus pedindo que afaste dele aquele cálice de dor. No momento da morte reclama dolorosamente: Meu Deus, meu Deus porque me abandonastes? Mas tem coragem de dizer quando Deus não ouve sua oração: em vossas mãos entrego meu espírito. A oração se baseia nesta confiança que mesmo sem ter solução, não é jamais o fim.

A oração juntamente com a fé, não é um salto no escuro, mas no coração de Deus. Sabemos onde estamos saltando.

Quando você for rezar, reze também pelos autores deste livro, que tão carinhosamente rezaram estas belas palavras e quiseram partilhá-las com você. Que eles cresçam sempre mais no dom de serem expressão do amor do Pai.

Não tenha medo de gastar tempo com a oração. É o tempo mais precioso e bem aproveitado de sua vida. Minha avó, mãe Rita, no leito de morte, dizia: "as rezas nunca são demais!".

Bom proveito a você, meu irmão e minha irmã, homem e mulher de oração.

Pe. Luiz Carlos de Oliveira, C.Ss.R.

INTRODUÇÃO

ORAÇÃO É UM ENCONTRO DE AMOR

Deus ama você.

Deus ama você com um amor maior. Foi por isso que Deus criou você e quer fazê-lo feliz. Foi por isso que Deus criou tudo o que existe. Deus é bom.

Foi Jesus quem nos ensinou que Deus é nosso PAI. Jesus mesmo chamava Deus de ABBA, que em hebraico quer dizer PAI.

Você também pode chamar Deus de Pai. Pode confiar nele, porque ele quer ajudar você a ser feliz.

A ORAÇÃO É NOSSO ENCONTRO COM DEUS. Ele nos ama e compreende. Você pode falar com ele, pode dizer com toda simplicidade que o quer bem, que está contente porque ele é seu Pai. Pode dizer que precisa dele. Você pode conversar com ele para dizer até o que nem era preciso dizer, porque ele é seu Pai, é seu Amigo. Ele vê dentro de seu coração e sabe tudo antes de você dizer. Mas ele quer conversar com você. ORAÇÃO É FICAR PERTO DE DEUS.

Você pode estar sempre junto de Deus, mas, pelo menos de vez em quando, você precisa prestar mais atenção em Deus. Conversando mesmo com ele. E conversar é falar e ouvir.

Para você viver esses encontros de amor com Deus é bom pedir a inspiração do Espírito Santo. Essa inspiração, que na verdade são os dons do

Espírito Santo: sabedoria, entendimento, conselho, fortaleza, ciência, piedade e temor de Deus, irão ajudá-lo a falar e ouvir, saber conversar com Deus. O Espírito Santo faz você conhecer esse Deus que é amor, que é Pai.

ORAÇÃO É:
— estar com Deus;
— ouvir o que ele diz;
— dizer que você o quer bem;
— agradecer o que ele fez por você;
— pedir o que você precisa;
— pedir perdão.

Como conversar com Deus

É só Deus mesmo que pode ensinar você a conversar com ele. Contanto que você escute e responda. A gente aprende conversar conversando.

— CONVERSE SEMPRE COM DEUS, em qualquer lugar, sempre que você se lembrar dele. Converse no coração. Ninguém precisa saber que você está conversando com Deus.

— DE VEZ EM QUANDO PARE UM POU-CO, para conversar mais devagar com Deus. Para não se esquecer, marque um horário certo para esse *encontro com Deus.* E dê um jeito de não faltar.

— ARRANJE UM LUGAR QUIETO para sua conversa com Deus.

— COMECE PEDINDO QUE ELE AJUDE NA CONVERSA. E depois deixe um tempinho para ele falar. Aos poucos ele vai ensinar você muitos jeitos de conversar com ele.

— PARA OUVIR A DEUS VOCÊ PODE LER UM POUCO. Ou do Evangelho, ou deste livro, ou de qualquer outro. Mas não leia só com os olhos. Leia também com a boca e o coração. Leia devagar.

— PROCURE VER O QUE DEUS QUER DE VOCÊ, o que ele acha das pessoas, dos acontecimentos e das coisas.

— VÁ RESPONDENDO E DIZENDO o que você pensa, o que você quer, o que está faltando, se você está alegre ou se está triste.

— PARA AJUDAR NA CONVERSA, você pode ir repetindo bem devagar alguma oração que você sabe de cor, ou alguma oração deste livro. Ou até pode cantar alguma coisa.

— FALE TAMBÉM COM O SEU CORPO. Com a sua posição mostre o que você está fazendo. Faça gestos. Feche os olhos se isso ajudar você a prestar mais atenção.

— QUANDO ACABAR A ORAÇÃO, a sua conversa com Deus, agradeça o encontro e prometa voltar logo.

Padre Flávio Cavalca de Castro, C.Ss.R.

ORAÇÃO DA MANHÃ I

Dou-te graças, ó Pai celestial, por meio de Jesus Cristo, teu Filho amado, pois me protegeste esta noite de todo o mal e de todo o perigo.

Rogo-te também para que me preserves e guardes de todo o pecado e de todo o mal durante este dia, para que te possa eu servir e agradar por meio de todos os meus pensamentos, palavras e ações.

Em tuas mãos encomendo meu corpo, minha alma e tudo o que é meu. Teu santo anjo permaneça comigo, para que o inimigo não tenha nenhum poder sobre mim. Amém.

Lutero (1483-1546)

ORAÇÃO DA MANHÃ II

Senhor, meu Deus, tu me deste este novo dia, como uma nova parcela da minha vida.

Eu te agradeço pela vida, pela criação, pela salvação e pelo teu Reino.

Eu te agradeço, pois me dás tudo que preciso para viver e ser alegre.

Eu te agradeço, pois sempre pensas em mim e sempre me amas.

Este novo dia a ti consagro: tudo o que penso e faço, meu trabalho e minhas dificuldades, minhas alegrias e todos os meus sofrimentos e tristezas.

Peço a tua bênção: que todas as minhas atividades de hoje sejam agradáveis a ti e uma prova de meu amor.

Em ti confio, pois tudo que vem de ti é bom; a ti quero pertencer, agora e para sempre.

Adriano Backx

SAUDAÇÃO DO DIA

Deus vos salve, luz do dia,
Deus vos salve, quem nos cria,
Deus vos salve, meu Jesus,
Filho da Virgem Maria.
Quando vem rompendo a aurora,
no amanhecer do dia,
encomendo-me a Jesus Cristo,
Filho da Virgem Maria.

ORAÇÃO PARA O LEVANTAR DA CAMA

Soberano Senhor, eu vos ofereço todas as boas ações deste dia, e fazei por vossa misericórdia que elas sejam reguladas pela vossa lei; não permitais, Senhor, que eu caia hoje em pecado mortal e perdoai todos aqueles que cometi nesta noite ou em toda a minha vida. Dai-me um coração sincero e humilhado até a morte, aumentai-o em fé, esperança e caridade. Por Jesus Cristo, nosso Senhor, tenho tenções de ganhar todas as indulgências que estiveram nas obras deste dia e tomo por minha intercessora a Virgem Santa Maria.

ANTES DE QUALQUER AÇÃO

Dignai-vos, Senhor, prevenir nossas ações com a vossa inspiração e ajudai-nos para executá-las, a fim de que todas as nossas orações e obras sempre em vós comecem e em vós acabem. Por Cristo nosso Senhor. Amém.

ANTES DA REFEIÇÃO

Abençoai, Senhor, as nossas pessoas e a comida que a vossa liberalidade nos concede. Por Cristo nosso Senhor. Amém.

DEPOIS DA REFEIÇÃO

Nós vos agradecemos todos os vossos benefícios, ó Deus Onipotente, que viveis e reinais pelos séculos dos séculos. Amém.

ORAÇÃO PARA O MEIO-DIA

Ó Virgem dos céus sagrados,
Mãe do nosso Redentor,
qu'entre as mulheres tens a palma,
traze alegria à minh'alma
que geme cheia de dor;
e vem depor nos meus lábios
palavras de puro amor.
Em nome do Deus dos mundos
e também do Filho amado,
onde existe o sumo bem,
seja pra sempre louvado
nesta hora bendita. Amém.

INVOCAÇÕES A MARIA ANTES DE LER A BÍBLIA

Ó Virgem Maria, que sempre lestes a Bíblia Sagrada, guardando essas Palavras no vosso coração, ajudai-nos a imitar vosso exemplo, a fim de que possamos responder sempre "sim" aos apelos do Pai celeste.

Virgem Santíssima, Sede da Sabedoria, rogai por nós.

São Jerônimo, doutor máximo das Escrituras, rogai por nós.

ORAÇÃO DA TARDE

O dia termina lentamente:
fica conosco, Senhor,
e com a tua Igreja.

A noite se aproxima e estamos amedrontados.
Há aqueles que não dormem,
vela sobre eles: tu és a Luz.

Há aqueles que sofrem,
consola-os: tu és a Paz.

Há aqueles que não aguentam mais,
conforta-os: tu és a Doçura e a Força.

Muitos estão sós,
visita-os: tu és o Amor.

Muitos estão com fome,
alimenta-os: tu és o Pão.

Muitos perderam a coragem,
protege-os: tu és a Esperança.

Fica conosco, Senhor,
fica conosco: tu és a Vida.

NO FIM DO DIA

Nós te damos graças, ó Deus,
por teu Filho, Jesus Cristo nosso Senhor,
porque tu nos iluminaste,
revelando-nos a luz sem ocaso.
Tendo terminado este dia,
e chegados aos limites da noite,
fomos saciados pela luz do dia,
que tu criaste para nossa alegria.
Nesta hora, na qual não nos falta a luz da noite,
celebramos tua santidade e tua glória,
por teu Filho único, Jesus Cristo.
Por ele e com ele,
tu tens a glória, o poder e a honra.
Agora e para sempre.

Hipólito de Roma, em
"A tradição apostólica", cerca de 215

PARA A MEIA-NOITE

Ó meu bom Anjo da Guarda
esteja ao meu lado agora,
e venha sempre a esta hora
livrar-me das más visões
e que Deus guarde a minh'alma
dalgum pecado mortal,
e evite os sonhos e ideias
que aos meus irmãos façam mal.
Ó meu bom Anjo da Guarda,

peça à Virgem nossa Mãe,
que me afaste do pecado
por toda esta vida. Amém.

ORAÇÃO DA NOITE I

Creio, meu Deus, que estais aqui presente, vos adoro e reconheço por meu criador e meu soberano Senhor, a quem devo tudo o que sou. Dou-vos infinitas graças por todos os benefícios que de vossa bondade tenho recebido, hoje e sempre; por me terdes criado e remido com o sangue de vosso Filho Jesus Cristo, e conservado até agora para fazer penitência e salvar-me. Creio em vós, porque sois infinitamente bom; amo-vos de todo o coração, porque sois infinitamente amável e amo a meu próximo como a mim mesmo, por amor de vós.

ORAÇÃO DA NOITE II

Eu vos adoro, meu Deus,
e vos amo de todo o coração.

Agradeço-vos por me terdes criado,
feito cristão e conservado neste dia.

Perdoai-me o mal que hoje pratiquei;
se algum bem fiz, aceitai-o.

Guardai-me enquanto descanso
e livrai-me dos perigos.

Esteja a vossa graça sempre comigo
e com todos os meus caros.
Assim seja.

VINDE, ESPÍRITO DE SABEDORIA

Acredito que de vós nos vêm todo o saber e o entendimento; muitas vezes nos falta sabedoria para distinguir o que é bom do que nos pode prejudicar; o mundo apresenta-nos muitas escolhas, resta-nos fazer a opção.

Quero poder contar com o saber que de vós procede para aceitar tudo o que há de bom no mundo e rejeitar o que é prejudicial. Sabedoria suprema, derramai sobre mim o vosso espírito e a vossa sabedoria encha o meu ser para que eu possa ser sábio nas minhas decisões.

"Mas a sabedoria foi justificada pelas suas obras" (Mt 11,19).

Hélcio Vicente Testa

VINDE, ESPÍRITO DE PRUDÊNCIA

Minha impetuosidade muitas vezes me faz tomar caminhos errados, a prudência deve ser nossa companheira diária para não errarmos em nossas opções. Quero passar este dia tendo como meta a prudência no agir e no falar.

Dirigi, Senhor, todas as minhas ações para que eu não cometa erros e não peque por agir impensadamente.

"A ciência dos santos é a prudência" (Pr 9,10).

Hélcio Vicente Testa

VINDE, ESPÍRITO DE LUZ

Quero a vossa claridade a iluminar o meu dia; muitas vezes as trevas se apossam de minha alma e eu me deixo abater pela depressão. Quero irradiar a luz de vosso Espírito com a lumino-sidade de minha alma.

Confesso que tenho me deixado levar por pensamentos negativos, e que eles têm aos poucos ofuscado a luz de Deus. Vinde depressa, Senhor, e iluminai o meu coração, irradiai vossa luz em todo o meu ser para que eu seja fagulha de vosso brilho a iluminar o mundo.

"Andai como filhos da luz, porque o fruto da luz consiste em toda espécie de bondade, de justiça e de verdade" (Ef 5,9).

Hélcio Vicente Testa

VINDE, ESPÍRITO DE UNIÃO

O mundo se desfaz e a desunião impera em nossos dias. As guerras e os conflitos fazem presença em nosso dia a dia. Pequenas guerras que criamos dentro de nossos lares abrem espaço para que a falta de unidade se espalhe e crie grandes separações.

Para promover a unidade, quero sentir-me unido a vós. O amor que une a Santíssima Trindade encontre em mim um terreno fértil e que eu possa dar frutos de unidade a todos aqueles que sofrem com as pequenas e grandes guerras de nossos dias.

"Quão bom e quão suave é que os irmãos vivam em união" (Sl 133,1).

Hélcio Vicente Testa

VINDE, ESPÍRITO DE ALEGRIA

A tristeza faz parte de nossa vida, porém não nos devemos deixar abater por ela. Situações de perda, de desespero, de angústia, entristecem a nossa alma e nos tornam mais amargos com aqueles que nos cercam.

Dai-me, Senhor, a alegria de viver, e a possibilidade de enfrentar todas as situações com a confiança na alegria de ser seu filho amado. Alegre-se minha alma, pois todas as tristezas serão consoladas por Deus.

"Tu me alegraste, Senhor, com as tuas obras" (Sl 92,5).

Hélcio Vicente Testa

VINDE, ESPÍRITO DE ESPERANÇA

O desânimo se apodera de mim, e eu me deixo levar; desacredito de tudo e de todos, sinto-me fraco e chego às vezes a me desesperar; não busco ajuda e por isso minha alma torna-se repleta de dúvidas e questionamentos.

Creio, Senhor, que todo o nosso ser só encontra repouso em vós. Quero ser e ter esperança, esperança de dias melhores, esperança de solução de conflitos, esperança de poder ser revestido com a vossa força e com o vosso amor.

"Bom é ter esperança e aguardar em silêncio a salvação do Senhor" (Lm 3,26).

Hélcio Vicente Testa

VINDE, ESPÍRITO DE CERTEZA

A dúvida leva a sentir-me fraco na fé, faz com que eu não perceba a vossa presença, que eu não sinta que vossa prática busca vencer toda forma de injustiça.

Tirai, Senhor, de mim todas as dúvidas e que eu possa ter a certeza de que com o vosso auxílio não mais terei medo, e me comprometerei com a busca da verdade e da justiça. Que eu possa me converter, e ser um fiel seguidor vosso. A certeza de vossa presença seja a alegria do meu dia.

"Imediatamente Jesus estendeu-lhe a mão, tomou-o e lhe disse: Homem de pouca fé, por que duvidaste?" (Mt 14,31).

Hélcio Vicente Testa

VINDE, ESPÍRITO DE ENTENDIMENTO

Os sinais da presença de Deus povoam o nosso dia a dia; muitas vezes não entendo essa força criativa. Dai-me hoje o dom do entendimento para crescer na fé e poder entender e assimilar a presença de Deus no mundo.

Ajudai-me a superar as aparências para que eu possa perceber realmente a vossa ação, auxiliai-me a ter um olhar mais límpido para ver o mundo como vós o vedes.

"Então abriu-lhes o entendimento para compreenderem as Escrituras" (Lc 24,45).

Hélcio Vicente Testa

VINDE, ESPÍRITO DE PIEDADE

Meu coração muitas vezes está duro como a pedra; isso impossibilita que eu me abra com ternura para Deus e para os meus irmãos. Enchei-me de piedade para que eu possa rezar confiante, mesmo nos momentos difíceis, tão propícios a rebeldias interiores.

Para tornar possível a civilização do amor, quero um coração puro, repleto de compreensão, de tolerância, de perdão. Que a vossa piedade me cubra neste dia.

"E à piedade amor fraternal, e ao amor fraternal caridade" (2Pd 1,7).

Hélcio Vicente Testa

VINDE, ESPÍRITO DO TEMOR DE DEUS

Muitas vezes abuso da graça divina; despertai em mim o amor filial para que sempre confiante eu vos busque.

Quero caminhar por este dia sem falhar, sem vos ofender, porque vos amo e respeito. Que a vivência deste dom não seja somente para o meu proveito, mas para a edificação do vosso Reino.

"O temor do Senhor é o princípio da sabedoria" (Sl 111,10).

Hélcio Vicente Testa

ORAÇÃO DE AGRADECIMENTO À SANTÍSSIMA TRINDADE

Obrigado, Senhor, Deus Santo e fonte de toda santidade.

Nós te louvamos, Trindade Santa, Pai, Filho e Espírito, pois nos ofereces a possibilidade de participar de tua vida.

Nós te agradecemos, pois nos colocas tantos santos vivos, ao nosso lado.

Homens e mulheres de carne e osso, limitados como nós, mas cheios da tua graça, como esponjas encharcadas de água.

Obrigado pelos santos que já estão na tua glória, gozando da tua presença e intercedendo por nós.

E especialmente, nós te agradecemos Maria, que está tão perto de ti e tão perto da gente.

Por sua bondade, seu carinho de mãe, seu poder, que vem somente de ti.

Com Maria, nós dizemos: "O Senhor fez em mim maravilhas, santo é seu nome" (Lc 1,49).

CNBB

ORAÇÃO DA MANHÃ À SANTÍSSIMA TRINDADE

Santíssima e augustíssima Trindade, um só Deus em três pessoas, creio que estais aqui presente. Eu vos adoro com os sentimentos da mais profunda humildade e vos rendo de todo o meu coração as homenagens que são devidas à vossa soberana majestade. Meu Deus e Senhor, humildemente vos agradeço todos os benefícios que até aqui me tendes feito, reconhecendo que por particular graça me fizestes chegar a este dia, o qual quero empregar em vosso santo serviço. Para este fim, vos ofereço desde já todos os meus pensamentos, palavras e ações, todos os meus trabalhos e moléstias, como também proponho fugir do pecado. Concedei-me, Senhor, vos suplico, vossa graça, para que guarde esta resolução e não pratique ação alguma que não seja animada de vosso amor e que não vá dirigida à vossa maior glória. Amém.

Ó MEUS TRÊS

Ó meu Deus, Trindade que eu adoro, ajudai-me a me esquecer inteiramente para me estabelecer em vós, imóvel e pacífico, como se minha alma já estivesse na eternidade.

Que nada possa perturbar a minha paz nem me fazer sair de vós, ó meu Imutável, mas que cada minuto me leve mais longe, na profundeza de vosso Mistério.

Pacificai minha alma: fazeis em vosso céu nossa morada amada e o lugar do vosso repouso; que eu não vos deixe mais sozinho, mas que eu esteja lá todo inteiro, todo vivo em minha fé, todo adorante, todo entregue à vossa ação criadora.

Ó meu Cristo amado, crucificado por amor, eu quereria ser uma esposa para o vosso coração; quereria cobrir-vos de glória, quereria amar-vos até morrer. Mas sinto minha fraqueza, e vos peço que me revistais de vós mesmo, que identifiqueis minha alma com todos os movimentos de vossa alma; que eu seja submerso, invadido e substituído por vós, a fim de que minha vida não seja senão a irradiação de vossa vida. Vinde a mim como adorador, reparador e salvador.

Ó Verbo eterno, palavra do meu Deus, eu quero passar minha vida a vos escutar, quero tornar-me discípulo, para tudo eu aprender de vós; pois através de todas as noites, de todos os vazios e de todas as incapacidades, eu quero me fixar sempre e morar sob a vossa grande luz: ó meu Astro amado, fascinai-me para que não possa mais afastar-me da vossa irradiação.

Ó fogo devorador, Espírito de amor, vinde sobre mim, a fim de que se realize em minha alma algo como uma encarnação do Verbo; que eu lhe seja uma humanidade a mais, na qual ele renove todo o seu mistério.

E vós, ó Pai, inclinai-vos para a vossa pequena criatura, não vendo nela senão o vosso bem-amado, no qual puscstes todas as vossas complacências.

Ó meu Três, meu tudo, minha beatitude, solidão infinita, imensidade onde me perco, eu me entrego a vós como uma presa, sepultai-vos em mim, para que eu me sepulte em vós, esperando ir contemplar, em vossa luz, o abismo de vossas grandezas.

Elizabeth da Trindade (1904)

HINO A DEUS

Ó tu que estás acima de tudo,
poema algum pode celebrar-te,
palavra alguma pode exprimir-te.
És inefável,
mas tudo o que se diz procede de ti!
Todos os seres te celebram: os que falam
e os que permanecem mudos.
O universal desejo,
o gemido de todos os seres aspira por ti.
Tudo o que existe te invoca.
Todo o ser que sabe ler teu universo
eleva para ti um hino de silêncio.
Tudo o que subsiste, subsiste em ti.
O impulso do universo para ti se precipita.
És o único termo de todos os seres,
És cada um deles e não és nenhum.
Não és solitário e não és o conjunto:
possuis todos os nomes.
Como te chamarei?
Ó ser que tudo sobrepuja,
Tem piedade de mim!

São Gregório Nazianzeno († 390)

MEU DEUS, TRINDADE QUE ADORO

Meu Deus, Trindade que adoro, ajudai-me a esquecer inteiramente de mim mesma para me fixar somente em vós, imóvel e tranquila como se minha alma já estivesse na eternidade. Nada possa perturbar minha paz nem lançar-me para fora de vós, ó Deus imutável, mas que em todo instante eu mergulhe sempre mais na profundidade do vosso mistério.

Dai a paz à minha alma, transformai-a em vosso céu, em vossa habitação predileta e lugar de vosso repouso. Que eu não vos deixe jamais sozinho, mas esteja presente em vós, com fé viva, mergulhada na adoração, abandonada piedosamente em vossa ação criadora.

Jesus, meu querido, crucificado por amor, eu desejaria cobrir-vos de glória, desejaria amar-vos mesmo com a morte, mas sinto a minha fraqueza e peço para me revestir de vós, para identificar a minha alma com todas as emoções de vossa alma, para mergulhar em mim, invadir-me, substituir-me, para que a minha vida seja um reflexo de vossa vida. Vinde como Adorador, como Reparador, como Salvador.

Ó Verbo eterno, Palavra de meu Deus, desejo passar minha vida ouvindo-vos. Desejo tornar-me dócil aos vossos ensinamentos para aprender tudo de vós. E assim, nas trevas do espírito, no meu vazio, na minha fraqueza, desejo fixar meu olhar em vós e permanecer na luz do vosso resplendor. Ó meu astro adorado, encantai-me, a fim de que eu não possa mais afastar-me de vossa luz.

Ó fogo devorador, Espírito de amor, pousai sobre mim, para que se faça em minha alma como uma nova encarnação do Verbo, e eu seja uma humanidade unida a ele, renovando o seu mistério.

E vós, ó Pai, dignai-vos curvar-vos diante de vossa pobre criatura, e vede nela somente vosso Filho querido em quem pusestes todas as vossas complacências.

Ó minha Trindade, meu tudo, minha felicidade, solidão infinita, imensidão em que me perco, eu me entrego a vós como uma presa. Mergulhai em mim para que eu mergulhe em vós, esperando conseguir contemplar em vossa luz o abismo de vossa grandeza.

HINO DOS ROMEIROS DA TRINDADE

Somos povo de Deus caminhando
para a luz da Trindade sem véu.
Se à Trindade aqui vimos rezando,
somos todos romeiros do céu.

Pelo Espírito Santo guiados,
demandamos à Casa do Pai.
Para nós, em Deus-Filho irmanados,
uma voz vem do céu: Caminhai!

Vendo a Virgem coroada de glória,
junto a Deus no seu trono de luz,

compreendemos que a nossa vitória
é conquista de amor pela cruz.

Nossa fé, testemunho profundo,
alimenta-se em graça e oração.
Consagrar para Deus este mundo,
há de ser nosso anseio cristão.

MEU SENHOR E MEU PAI

Meu Senhor e meu Pai!
Que eu te conheça e te faça conhecer.
Que eu te ame e te faça amar.
Que eu te sirva e te faça servir.
Que eu te louve e te faça louvar
por todas as criaturas.
Faze, ó meu Pai,
que todos os pecadores se convertam,
todos os justos perseverem na graça
e todos consigamos a glória eterna. Amém.

Antônio Maria Claret († 1870)

PAI SANTO

Pai Santo,
em nome de teu filho,
nosso Senhor Jesus Cristo,
eu te peço que
minha vida, minha família,
meus empreendimentos
e tudo o que eu possa fazer
sejam marcados e envolvidos
pelo teu amor e pela tua paz.

Que eu seja,
ó Deus Todo-Poderoso,
iluminado pelo teu Espírito,
na saúde, no emprego... e em toda
e qualquer circunstância da minha vida.

Ao chegar a hora
do nosso encontro definitivo,
seja esta oração para mim
um auxílio seguro de minha pertença a ti.
Por intercessão de Nossa Senhora,
mãe de todos os homens,
de São Miguel Arcanjo
e de toda milícia celeste. Amém.

Pe. Marcelo Rossi

A ORAÇÃO DO PAI-NOSSO

Pai nosso, que estás nos céus...
venha o teu Reino.

Quando estarei em teu Reino?

Minha alma deseja, minha alma desfalece, suspirando pelas moradas eternas, por esta cidade permanente.

Tudo passa, tudo acaba; quando verei a ti, tu que não passas?

Quando estarei unido a ti de modo a não poder mais perder-te?

Enquanto espero, reina em mim, reina sobre todos os meus desejos, reina tu somente.

Enquanto espero, *Pai, seja a tua vontade*; que ela seja feita em toda parte e por todos; que eu ame, que todos a amem.

Seja feita a tua vontade na terra como no céu, pelos homens como pelos anjos.

Que ela seja feita por amor, por amor puro, por amor constante e imutável.

Enquanto espero, *Pai, dá-nos o pão nosso.*

Dá-nos o pão para o sustento desta vida, que tu nos confiaste, para cumprir o tempo de nosso serviço e de nossa penitência e, enfim, chegarmos à liberdade perfeita.

Dá-nos cada dia esse pão, isto é, as coisas que tu fizeste necessárias para nós.

Dá-nos tudo o que nos é necessário.

E, *Pai, perdoa-nos.*

Possa eu, como a pecadora, ouvir da boca do Salvador essa doce e consoladora palavra:

"Seus pecados lhe foram perdoados porque ela amou muito".

Perdoa-nos como nós perdoamos...

As ofensas de meus irmãos, Senhor, eu as perdoo como quero obter teu perdão, com a mesma sinceridade.

Não deixo nenhuma ofensa fora do meu perdão, e assim quero que faças comigo.

E *não nos deixes cair em tentação*, porque nossa fraqueza é tão grande que, se tentados, sucumbimos e sofremos tanto dano.

E livra-nos do mal.

Enquanto esperamos a perfeita libertação.

Livra-nos do pecado: que não reine mais sobre nós.

Livra-nos dos maus desejos: que não cessemos de combatê-los e de vencê-los.

Livra-nos dos males desta vida, ou dá-nos a graça de que eles nos sejam úteis para a eternidade.

Apressa-te em nos livrar; suspiramos por essa libertação.

O teu amor é a nossa liberdade; reina desde já, ó divino amor; eu te entrego o meu coração.

Jacques-Benigne Bossuet (1627-1704)

PAI, CONHECES PERFEITAMENTE AS TUAS CRIATURAS

Senhor,
meu coração transborda de reconhecimento
pelos teus dons e pelas tuas bênçãos
de todo tipo.
A gratidão do coração e dos lábios
seria insuficiente
se eu não colocasse a minha vida a teu serviço,
para dar testemunho de ti mediante
as minhas ações.
A ti a gratidão e os louvores,
porque me criaste do nada,
a fim de fazer de mim um filho teu,
e porque me tornaste feliz com o teu amor

e o sentimento da tua presença
que invade a minha vida.
Não te conheço perfeitamente,
não conheço tampouco
as minhas necessidades,
mas tu, ó Pai, conheces perfeitamente
as tuas criaturas
e as suas necessidades.
Criaste-me com um só coração,
a fim de que pertença somente a ti,
que me criaste.
Neste momento, ofereço-me a ti em holocausto
sobre o teu altar e a teus pés.
Aceita-me quando e como o quiseres.
Utiliza-me de acordo com os teus desejos.
És meu e eu sou teu.
Criaste-me à tua imagem
e concedeste-me o direito
de me tornar teu filho.
Honra, glória e louvor a ti,
nos séculos dos séculos.
Amém.

S. Singh

OBRIGADO, SENHOR, PELA MEDIAÇÃO DE MARIA

Nós vos agradecemos, ó Pai, Jesus, que com sua morte nos alcançou os dons de sua superabundante redenção.

Com seus braços abertos pediu e conseguiu paz e misericórdia em nosso favor.

E vos agradecemos Maria, que pusestes ao lado de Jesus como nossa advogada, para distribuir-nos o fruto de seus méritos.

Ela é guia segura que conduz a Cristo.

Ela é nosso socorro na dor.

Ela nos reanima no desânimo e vos expõe delicadamente nossas necessidades, quando nos faltam a saúde, a esperança, o trabalho ou a felicidade.

Graças, Senhor, por esta mulher solidária e atenta, na qual aprendemos a sentir-nos irmãos e a interceder por outros.

Obrigado, Senhor.

OBRIGADO, SENHOR, PELA MÃE DA ESPERANÇA

Senhor, que alegria e que segurança nos envolvem o saber que caminhais conosco.

Nosso canto de peregrinação se transforma em gratidão ao perceber vossa sombra protetora que nos guia e sustenta.

Em Cristo cumpriu-se a promessa de um futuro coroado de dons: a paz, a bênção, a vida junto a vós.

Em sua ressurreição colocamos a esperança de um consolo final e interminável.

Graças, Senhor, por Maria, a mãe da santa esperança, pois nela fizestes com que se cumprissem todas as profecias, em favor de um povo que esperou salvar-se por vossa aliança e vossa misericórdia.

Em Maria vos bendizemos, e nela renovamos a confiança que nos dá ser vossos filhos.

Obrigado, Senhor, pela esperança.

NÓS TE SEGUIREMOS, SENHOR JESUS

Nós te seguiremos,
Senhor Jesus.
Mas, para que te sigamos,
chama-nos.
Pois, sem ti,
ninguém caminha.

Tu és, com efeito,
o Caminho,
a Verdade
e a Vida.

Recebemos,
como estrada acolhedora.
Acalma-nos,
como só a verdade pode acalmar.
Vivifica-nos,
porque só tu és a vida.

Santo Ambrósio (340-397)

REALIZA AS PROMESSAS QUE FIZESTE À IGREJA

Glória às tuas misericórdias,
Cristo, nosso Rei.
Filho de Deus, que o universo adora,
tu és o nosso Senhor e o nosso Deus,
o chefe que nos vivifica,
a nossa esperança bendita.
Tu fundaste na terra uma Igreja santa,
e a desposaste com amor,
em tua misericórdia tu a tomaste,
por teu sofrimento a tornaste perfeita.
Mas eis que o inimigo dos homens a perturba;
por isso, Senhor, não te afastes de tua Igreja,
que as tuas promessas não sejam frustradas.
Fortifica suas portas, firma seus ferrolhos,
reanima sua força, ergue seus muros,
abençoa seus filhos, confirma seus sacerdotes,
confunde aqueles que o odeiam.
Concede-nos vivermos calmos
e sem perturbação,
guardando a fé, a boa esperança
e a perfeita caridade.

Liturgia caldéia

CONHECER-ME E CONHECER-TE

Senhor Jesus,
conhecer-me e conhecer-te,
e nada desejar além de ti.
Desapegar-me de mim mesmo e te amar,
só agir por amor a ti.
Não ter senão a ti, Senhor,
em meus pensamentos;
morrer para mim e viver em ti,
desejar seguir-te sempre.
Desconfiar de mim para confiar só em ti;
sim, apegar-me somente a ti
e ser pobre de tudo por causa de ti.
Olha para mim, Senhor, e eu te amarei;
chama-me para que eu te veja
e me alegre em ti eternamente. Amém.

Santo Agostinho (354-430)

LOUVOR A JESUS

Jesus, tu és bendito por toda bondade.
Jesus, contigo é bendito
também o Pai celeste,
Deus de toda consolação,
e teu Espírito Santo, cheio de bondade.
Teus benefícios me inundam,
tua bondade é festejada sem cessar
no mais alto dos céus.

Jesus, tu és benfeitor e Todo-Poderoso;
é de tuas mãos que depende a vida de todos.
Todos os seres põem em ti sua esperança
e têm necessidade de tua graça,
tenham caído no pecado
ou sejam exaltados em santidade,
senhores ou servos.

Gregório de Narec (944-1010)

ENSINA-ME A SER GENEROSO

Senhor Jesus, ensina-me a ser generoso,
a servir-te como tu o mereces,
a dar sem contar,
a combater sem medo de feridas,
a trabalhar sem procurar repouso,
a dedicar-me sem esperar outra recompensa
que não seja a de saber que faço a tua vontade.
Amém.

Inácio de Loyola (1491-1556)

MEU CANTO HOJE

Bem o sabes, meu Deus, para amar-te aqui na terra, só tenho o dia de hoje! Eu te amo, Jesus; por ti minh'alma aspira...

Por um dia somente, sê meu doce amparo. Vem reinar em meu coração. Dá-me o teu sorriso, somente por hoje!

Que me importa, Senhor, se o futuro é sombrio! Pedir-te para amanhã, não, isso não posso... Conserva puro meu coração, cobre-me com tua sombra, somente por hoje! Quero, meu Deus, a prova e o sofrimento, somente por hoje! No entardecer de minha vida, aparecerei diante de ti com as mãos vazias, porque não te peço que contes minhas obras. Quero, pois, revestir-me de tua própria justiça, e receber de teu amor a posse eterna de ti mesmo. Tu somente, Jesus, podes contentar minha alma, porque tenho necessidade ao infinito de amar. Não tenho outro meio de provar-te meu amor senão atirando-te flores, isto é, não deixando escapar nenhum pequeno sacrifício, nenhum olhar, nenhuma palavra, não deixando de aproveitar as menores coisas, fazendo-as por amor.

Teresa do Menino Jesus (1873-1897)

LIVRA-ME DO ABISMO

Deus Espírito Santo,
com tua infinita misericórdia
livra-me do abismo de minha miséria.
Ilumina minhas trevas
com tua luz que tudo devassa.
Fortalece minha debilidade
com teu poder irresistível.
Supre minha absoluta pobreza
com a tua riqueza incomensurável.
Santifica meus pensamentos, palavras e obras
e faze que eu saiba e possa glorificar-te
com a glória que tiveste desde sempre. Amém.

Da Liturgia de São Tiago

PEDINDO A GRAÇA DO ESPÍRITO

Que a graça do Espírito Santo nos esteja presente!
Que ela faça de nossos corações sua morada!
Espírito que iluminas e alimentas
a humanidade,
apagando todos os vícios espirituais,
dissipa as noites e as securas de nossas almas.
Santo que amas os bons pensamentos,
tem a bondade de ungir com teu óleo
os nossos sentidos.

Tu, que apagas todas as nossas vergonhas,
torna límpido o olhar do homem interior:
que ele possa ver o Pai que está nos céus,
porque só os corações puros podem atingi-lo.
Espírito Santo,
quando com a tua Palavra criaste
o céu e a terra,
pairaste sobre as águas como ave no ninho,
fecundando-as para que dessem a vida.
Teu sopro deu aos homens o ser espiritual.
Tu inspiraste os profetas
para que anunciassem antecipadamente
as maravilhas de Cristo.
Fortaleceste os Apóstolos para que
levassem ao mundo inteiro a sua mensagem.
Tu reúnes em unidade os vários povos.
Tu os ensinas a adorar o Deus verdadeiro,
tu, o mais perfeito dos Mestres,
que instruis de maneira admirável
os santos de todos os séculos.
Ouve, pois, com benevolência,
as nossas preces.
Sem ti, elas são vãs e indignas de Deus.

Liturgia dominicana

CONSAGRADO PELO ESPÍRITO

O Espírito de Deus repousa sobre mim.

O Espírito de Deus repousa sobre mim,
o Espírito de Deus me consagrou,
o Espírito de Deus me enviou
a proclamar a alegria e a paz.

O Espírito de Deus me escolheu
para dilatar o Reino de Cristo entre as nações,
para proclamar a Boa-Nova a seus pobres.
Exulto de alegria em Deus, meu Salvador.

O Espírito de Deus me escolheu
para dilatar o Reino de Cristo entre as nações,
para consolar os corações esmagados
pelo sofrimento.
Exulto de alegria em Deus, meu Salvador.

O Espírito de Deus me escolheu
para dilatar o Reino de Cristo entre as nações,
para acolher o pobre que chora e pena.
Exulto de alegria em Deus, meu Salvador.

O Espírito de Deus me escolheu
para dilatar o Reino de Cristo entre as nações,
para anunciar a graça do livramento.
Exulto de alegria em Deus, meu Salvador.

O Espírito de Deus me escolheu
para dilatar o Reino de Cristo entre as nações,

para celebrar sua glória entre todos
os povos.
Exulto de alegria em Deus, meu Salvador.

Hino da Liturgia das Horas

INTERCESSÃO DO ESPÍRITO SANTO

Espírito Santo,
estamos diante de ti,
sob o peso de nossas culpas,
mas reunidos em teu nome.
Vem a nós e fica conosco.
Penetra em nossos corações.
Ensina-nos o que devemos fazer,
que caminho seguir.
Mostra-nos como devemos agir,
para podermos, com tua ajuda,
agradar-te em tudo.
Tu somente sê o inspirador
e dador de nossos pensamentos.
Tu, que amas infinitamente a equidade,
não permitas que subvertamos a justiça.
A ignorância não nos leve a praticar o mal;
não nos deixe guiar pela parcialidade,
nem por interesses pessoais ou de cargos,
mas une-nos firmemente a ti,
para que sejamos uma só coisa contigo,
jamais nos desviando da verdade.
Espírito Santo,
assim como nos reunimos em teu nome,

do mesmo modo, guiados pelo teu amor,
permaneçamos na justiça.
E que nesta terra jamais nos afastemos de ti
e, na vida futura, alcancemos a felicidade
eterna. Amém.

IV Concílio de Toledo

CONSAGRAR-SE AO ESPÍRITO

Espírito Santo!
Divino Espírito da luz e do amor.
Consagro-te a minha inteligência,
o meu coração e a minha vontade,
tudo quanto sou, para o tempo e a eternidade.
Que minha inteligência
sempre atenda às tuas celestes inspirações
e aos ensinamentos da santa Igreja Católica,
cujo guia infalível és tu.
Arde sempre meu coração
de amor a Deus e ao próximo,
e minha vontade concorde sempre
com a vontade divina,
de modo que minha vida
se torne perfeita imitação
da vida e das virtudes
de Nosso Senhor e Salvador, Jesus Cristo,
a quem, com o Pai e o Espírito Santo,
sejam dadas honra e glória. Amém.

Pio X

VEM, ESPÍRITO SANTO!

Vem, Espírito Santo,
toma meu corpo para templo teu!
Vem e fica sempre comigo!
Dá-me profundo amor
ao Sacratíssimo Coração de Jesus,
a fim de servi-lo de todo coração,
com toda a minha alma,
com todas as minhas forças.
Consagro-te todas as faculdades
de minha alma e de meu corpo.
Domina todas as minhas paixões,
emoções e sentimentos.
Recebe a minha inteligência e minha vontade,
minha memória e minha fantasia.
Ó Espírito Santo de amor,
dá-me rica medida de tua graça eficaz.
Dá-me a plenitude de todas as virtudes,
aumenta-me a fé, fortalece minha esperança,
aumenta-me a confiança e inflama meu amor.
Concede-me os teus sete dons,
teus frutos e bem-aventuranças.
Santíssima Trindade,
que minha alma seja teu templo. Amém.

Pio XII

BATISMO NO ESPÍRITO

Deus Espírito Santo,
a quem tantas vezes entristeci,
a quem não deixei de resistir,
desde a minha infância;
enche-me de reverência por tua pessoa,
por tua essência, presença e poder.
Faze-me conhecer a graça dos teus sete dons:
o dom da inteligência e ciência,
o dom do conselho e fortaleza,
o dom da sabedoria e piedade,
e o dom do temor de Deus.
És amor do Pai e do Filho.
Batizas com fogo
e difundes o amor nos corações.
Infunde-o em meu coração.
Só uma coisa peço a Deus:
não são riquezas nem bem-estar,
nem poder nem alegrias passageiras,
nem bens temporais.
O que apenas desejo é uma centelha
do teu fogo divino para abrasar-me todo
nas chamas do amor de Deus.
Que este fogo santo me purifique
de todas as máculas do corpo e da alma.
Plenifica-me com teus sete dons.
Aceita-me como vítima agradável.
Inflama-me de zelo,
dá-me arrependimento a fim de viver e morrer
como fervoroso penitente. Amém.

Cardeal Manning

AO ESPÍRITO CRIADOR

Vem, Espírito venerado e Todo-Poderoso,
pelo qual tudo foi feito.
Tu tens tudo em tuas mãos,
tu que estás acima de toda sabedoria
e de todo poder.
Nada pode descrever-te, compreender-te,
sondar-te.
Tu terminas toda a criação em sua essência;
tu és inseparável de todas as coisas
em sua força.
Nós te bendizemos,
Senhor de todas as coisas e muito bom!
De ti procedem toda existência,
toda respiração,
todo pensamento, todo conhecimento de Deus.
Nós te bendizemos porque és tu
que nos fazes ver
a beleza do céu, o percurso do sol,
o círculo da lua, a magnificência das estrelas.
Por isso nós proclamamos: Glória a ti!

Da liturgia oriental

A DEUS ESPÍRITO SANTO

Deus Espírito Santo, renova a nossa vida: envia a tua luz e dá-nos coragem e força.
— Vem, Espírito Santo.
Vem a nós com teus dons: bondade, mansidão e paciência.
— Vem, Espírito Santo.
Não permitas que o mal nos destrua, mas ajuda-nos a superar o mal pelo bem.
— Vem, Espírito Santo.
Dirige nosso pensamento e nossa ação, ajuda-nos na nossa fraqueza, pois sem ti nada podemos fazer.
— Vem, Espírito Santo.
Faze-nos boas testemunhas de Cristo e deixa-nos encontrar alegria junto de ti.
— Vem, Espírito Santo.

Adriano Backx

DÁ-ME A TUA LUZ

Ó amor puro, sincero e perfeito,
ó luz substancial,
ilumina-me para que reconheça a tua luz
e descubra o teu amor;
dá-me a tua luz,
a fim de que veja as tuas entranhas paternas.
Meu Deus, dá-me coração para te amar
e olhos para te ver;

dá-me ouvidos para ouvir a tua voz
e lábios para falar de ti.
Dá-me o gosto para te apreciar,
o olfato para sentir teu perfume;
dá-me mãos para te tocar
e pés para te seguir.
Na terra e no céu
só desejo a ti, meu Deus!
És meu único desejo, minha consolação,
o fim de todas as angústias e sofrimentos.
Procuro só a ti,
só em ti está minha alegria e minha felicidade,
no tempo e, como espero, na eternidade.

Tikhon de Zadonsk
Bispo da Igreja ortodoxa russa

RENOVADOS PELO ESPÍRITO SANTO

Vem, Santo Espírito,
pois que sem ti Deus está longe,
Jesus ressuscitado perde-se no passado,
o Evangelho parece uma palavra morta,
a Igreja uma simples organização,
a autoridade um puro exercício de poder,
a missão uma propaganda,
o culto um arcaísmo,
o agir moral um agir de servos.
Contigo, entretanto, Espírito Santo,
o Cosmos revive,
o Ressuscitado faz-se presença,

Deus está perto,
o Evangelho é poder de vida,
a Igreja torna-se comunhão,
a autoridade é um serviço alegre e forte,
a liturgia é viva e penetrante,
o agir humano ético e moral
é um caminho firme e construtivo
para a liberdade.

Patriarca Atenágoras

LOUVOR AO ESPÍRITO SANTO

Louvor a ti, Senhor poderoso,
Espírito consolador,
generoso dispensador de todos os bens,
igual ao Pai e ao Filho,
a ti a glória e a soberania.
És a luz e portador da luz.
És bondade e fonte de toda bondade.
És o Espírito que forma profetas
e suscita apóstolos.
Dás a vitória aos mártires
e poder aos confessores.
Tornas inteligentes os que te procuram,
orientas os que estão sem destino,
consolas os tristes e fortaleces os fracos,
cuidas dos feridos, ergues os que caíram,
dás coragem aos que têm medo,
acalmas os violentos,
abranda os corações endurecidos,

confirmas os fiéis e resguardas os que creem.
Eu te suplico, Espírito consolador,
desce ao templo de meu coração,
como desceste à sala do cenáculo,
testemunha da Santa Ceia.
Vivifica-me com teus dons benfazejos,
abrasa-me o coração com o fogo do teu amor,
concede-me tua sabedoria eterna
e que tua luz resplandecente
me purifique o coração.
Que eu te conheça com verdadeiro
discernimento,
tu que reinas com o Pai e o Filho.
Guia-me para que te glorifique e te adore
com toda pureza, amor e obediência,
com o Pai de quem procedes e
com o Filho de quem recebes,
agora e sempre. Espírito Santo,
vem rezar em mim.

Ofício de Taizé

ESPÍRITO DO CRISTO RESSUSCITADO

Senhor Jesus Cristo,
ainda que tivéssemos
a fé que remove montanhas,
sem a caridade, que seríamos nós?
Vós nos amais.
Tomando sobre vós o peso de tudo,
vós nos abristes um caminho na direção da fé,

da confiança em Deus,
que não quer nem o sofrimento
nem a desgraça humana.
Espírito do Cristo ressuscitado,
Espírito de compaixão,
Espírito de louvor,
vosso amor por cada um de nós
não se apartará jamais.

Senhor Jesus Cristo,
para os que compreendem vosso convite
a pronunciarem um sim por toda a vida,
podem surgir hesitações, receios.
Mas pelo vosso Espírito Santo,
vós depositastes esse sim
nos recônditos das regiões
mesmo inconscientes do nosso ser
— o sim que estava em Maria.
Esse sim nos mantém despertos.
Como descansar,
quando a Igreja se acha sacudida
por todos os lados
e o mundo mortificado pelas provações?
Este sim nos expõe.
Mas vós o ofereceis para sempre,
e ele está enraizado em cada um de nós.

Teresa de Calcutá

TU SANTIFICAS

Ó Espírito Santo,
quanto deveríamos ser-te reconhecidos
e quão pouco o somos!
Consola-nos o fato de que és
uma coisa só com Jesus e com o Pai,
a quem freqüentemente nos dirigimos,
mas isso não nos justifica.
Queremos estar contigo...
"consolador ótimo,
doce hóspede da alma, doce refrigério."
Tu és a luz, a alegria, a beleza.
Tu atrais com veemência as almas,
tu inflamas os corações
e inspiras pensamentos
profundos e decididos de santidade,
com propósitos individuais inesperados.
Tu realizas aquilo que muitas pregações
não poderiam ensinar.
Tu santificas.
E, sobretudo, Espírito Santo,
tu que és tão discreto,
embora impetuoso e arrebatador,
que sopras como tímida brisa
que poucos sabem escutar e sentir,
olha a rudeza de nossa ignorância grosseira
e faze-nos devotos teus.
Que não passe um dia
sem te invocarmos, sem agradecer-te,
sem adorar-te, sem amar-te,
sem viver como assíduos discípulos teus.

Esta é a graça que te pedimos.
Envolve-nos na tua grande luz de amor,
sobretudo na hora das mais densas trevas:
ao se apagar a visão desta vida,
que se há de transformar na eterna.

Chiara Lubich

PENTECOSTES

Uma luz jubilosa, maravilhosa,
um fogo saindo do poder de Deus
se difundiram sobre os discípulos de Cristo;
encheram seus corações,
enriqueceram suas línguas
e os convidaram ao recital de louvores.
Soberano Consolador,
vem a nós ainda agora!
Fecunda nossas línguas,
tranqüiliza nossos corações.
Sem a tua graça, não há alegria,
nem salvação,
nem paz, nem sorriso de amor
nem plenitude.
Tu, a luz e o perfume,
és a origem do amor divino,
que confere à água batismal
sua força e seu poder misterioso.
Tu fizeste de nós nova criação,
de agora em diante somos filhos
da graça divina.

Tu, que dás e ao mesmo tempo és Dom,
tu, que derramas sobre nós todo bem,
torna nossos corações
aptos para teu louvor,
e nossos lábios prontos
para proclamar tuas
maravilhas.
Autor de toda inocência,
renova-nos em Cristo
e concede-nos que saboreemos
a plenitude da alegria.

Adão de São Vítor, monge

LOUVOR A MARIA

Nós vos saudamos, Maria, Mãe de Deus,
venerável tesouro do universo,
Luz que jamais se apaga,
templo jamais destruído,
que contém aquele que nada pode conter.
Mãe e Virgem,
por vós a Trindade é santificada,
por vós a cruz é venerada,
por vós o céu se enche de alegria,
por vós os Anjos e Arcanjos rejubilam;
por vós o tentador foi precipitado do céu;
por vós a criatura tombada foi elevada ao céu;
por vós o santo batismo vem aos que creem,
por vós o óleo da alegria,
por vós os povos são levados à conversão.

Concílio de Éfeso — 431

A NOSSA SENHORA DAS GRAÇAS

Ó Maria, Mãe admirável de Nosso Senhor Jesus Cristo, Mãe de Deus, e por isso Mãe da Divina Graça! Por Deus fostes estabelecida depositária, tesoureira, medianeira e dispensadora de todas as graças! Com toda confiança apelamos para o vosso Imaculado Coração de

Mãe, suplicando nos obtenhais a nós e a todos os homens as graças gerais e especiais: aos justos a perseverança; às almas tristes, consolação; aos corações desanimados, coragem e confiança; aos enfermos, cura e saúde; aos pecadores, arrependimento e perdão; às almas do purgatório, alívio e livramento; enfim, a cada um de nós, as graças particulares... para as quais imploramos neste momento, de um modo especial, o socorro de vossa bondade maternal e de vosso poder. Solicitamos sobretudo, ó Mãe Santíssima, vossa assistência na hora de nossa morte, a fim de que, neste derradeiro momento, possamos ser achados dignos de participar da glória de Jesus, vosso Divino Filho, que, sendo Deus, vive e reina, com o Pai e o Espírito Santo, por todos os séculos dos séculos. Amém.

Nossa Senhora das Graças, rogai por nós!

A NOSSA SENHORA DA SAÚDE

Maria, Mãe de Jesus, coloco-me junto de ti, em humilde oração. Tu te mostraste tão verdadeira e tão admirável em tuas qualidades humanas, atenta, forte e decidida.

Vem fazer tua presença — agora — quando sinto dificuldade em acolher o mistério de Jesus Cristo em minha vida.

É difícil compreender tanto sofrimento humano, tanta limitação, em mim e nos irmãos, tantos irmãos sofredores.

Ó Mãe solícita, envolve-me a mim e a todos os que sofrem doenças e dores, físicas, emocionais e morais; ajuda-nos com tua vida e tua coragem.

Tu me vês, tu me ouves e estás sempre junto de mim, com teu carinho de mãe. Dá-me força para vencer e assumir, nos momentos de dor, cansaço e, muitas vezes, de angústias.

Torna-me simples e paciente como tu, pessoa de fé e que sabe escutar Deus, na vida, na Palavra de Deus e nos acontecimentos do mundo.

Oferece comigo minhas preocupações e dores, associando aos teus sofrimentos e aos sofrimentos de teu Filho Jesus, tu que soubeste aceitar as cruzes e os sofrimentos de tua vida, que soubeste estar firme ao pé da cruz de Jesus, até o fim.

Alcança-me do Pai, por Jesus Cristo, todos os dons do Espírito Santo e a esperança da ressurreição, que promete a vitória sobre toda dor e a morte. Amém.

Salve-Rainha.

A NOSSA SENHORA DOS NAVEGANTES

Ave, Estrela do mar, Virgem poderosíssima, Mãe e advogada de todos os que navegam no mar proceloso da vida! À vossa valiosa proteção confiou-nos o vosso Divino Filho, para serdes nossa guia, proteção, consolo e alento durante a nossa vida terrestre. Refugiando-nos, cheios de confiança, debaixo do vosso manto maternal, sede-nos farol, sede-nos sempre a brilhante Estrela do mar que nos oriente, a fim de que nunca pereçamos, nem nos desnorteemos da rota segura que nos levará ao porto da eterna bem-aventurança, onde em companhia vossa, do vosso Divino Filho e de todos os santos gozemos a serenidade da vida em Deus para sempre. Amém.

A NOSSA SENHORA DA SALETE

Lembrai-vos, ó Nossa Senhora da Salete, das lágrimas que derramastes no Calvário. Lembrai-vos também dos angustiosos cuidados que tendes por mim para livrar-me da justiça de Deus. Depois de terdes demonstrado tanto amor por mim, não podeis abandonar-me. Animado por este pensamento consolador venho lançar-me a vossos pés, apesar de minhas infidelidades e ingratidões. Não rejeiteis a minha oração, ó Virgem reconciliadora, mas atendei-me e alcançai-me a graça que tanto necessito.

Ajudai-me a amar a Jesus sobre todas as coisas.

Eu quero enxugar as vossas lágrimas por meio de uma vida santa e assim merecer um dia viver convosco e desfrutar a felicidade eterna do céu. Amém.

A NOSSA SENHORA DE LOURDES

Bendita sejais, Virgem puríssima, que por dezoito vezes vos dignastes aparecer na gruta de Lourdes, toda imersa nas irradiações do vosso próprio esplendor, da vossa doçura, da vossa magnificência e ali vos revelastes à humilde e ingênua criança, para que, no êxtase de sua contemplação, vos ouvisse dizer: "Eu sou a Imaculada Conceição".

Bendita sejais, Senhora, na vossa Imaculada Conceição. Bendita sejais, pelos extraordinários benefícios que não cessais de espargir naquele lugar. E nós, ó Maria, pelo vosso amor de Mãe e pela glória que vos tributa a santa Igreja, nós vos conjuramos que realizeis as esperanças de conversão, de santificação, de perseverança, numa palavra, as esperanças de salvação que nasceram em nós com a proclamação do dogma da Imaculada Conceição.

Fostes, Virgem Maria, imaculada na vossa Conceição. Rogai por nós ao Pai, cujo Filho Jesus, concebido do Espírito Santo, destes à luz.

A NOSSA SENHORA DA PAZ

Ó Maria, doce Mãe de Jesus Cristo, Príncipe da Paz, eis a vossos pés vossos filhos tristes, perturbados e cheios de confusão, pois afastou-se de nós a paz pelos nossos pecados.

Intercedei por nós para que gozemos a paz com o nosso Deus e nosso próximo, por vosso Filho Jesus Cristo. Ninguém pode dá-la senão esse vosso Filho, que recebemos das vossas mãos. Quando nasceu de vossas puríssimas entranhas em Belém, os anjos nos anunciaram a paz e quando ele abandonou o mundo no-la prometeu e deixou-a como sua herança. Vós, ó Bendita, trazeis sobre os vossos braços o Príncipe da Paz, mostrai-nos esse Jesus e deitai-o em nosso coração! Ó Rainha da Paz, estabelecei entre nós o vosso reino e reinai com vosso Filho no meio de vosso povo que, cheio de confiança, se recomenda à vossa proteção. Afastai para longe de nós os sentimentos de amor-próprio; expulsai de nós o espírito de inveja, de maledicência, de ambição e de discórdia!

Fazei-nos humildes na fortuna, fortes no sofrimento, em paciência e caridade, firmes e confiantes na divina Providência! Com o Menino nos braços abençoai-nos, dirigindo os nossos passos no caminho da paz, da união e mútua caridade, para que, formando aqui a vossa família, possamos no céu bendizer-vos e a vosso divino Filho por toda a eternidade. Assim seja.

A NOSSA SENHORA DE NAZARÉ

Ó gloriosa Virgem de Nazaré, cujos louvores os anjos cantam no céu, também eu me junto de alma e coração a este hosana e vos dirijo minhas saudações. E já que nada recusais a vossos servos, alcançai-me todas as graças que são necessárias, mas principalmente a graça inestimável de amar a Jesus, como vós o amastes, e morrer como vós da morte dos justos. Amém.

A NOSSA SENHORA DO DESTERRO

Ó incomparável Senhora do Desterro! Mãe de Deus, Rainha dos anjos, advogada dos pecadores, refúgio e consolação dos aflitos e atribulados. Virgem Santíssima, cheia de poderes de bondade, lançai sobre nós um olhar favorável para que sejamos socorridos por vós em todas as necessidades em que nos achamos.

Lembrai-vos, ó clementíssima Mãe, Nossa Senhora do Desterro, que nunca se ouviu dizer que algum daqueles que têm recorrido, invocado vosso santíssimo nome e implorado vossa singular proteção, fosse por vós abandonado. Animados com esta confiança, a vós recorremos tomando-vos de hoje para sempre por nossa Mãe, nossa protetora, consolação e guia, esperança e luz na hora da morte. Amém.

3 Ave-Marias.

Nossa Senhora do Desterro, rogai por nós que recorremos a vós.

A NOSSA SENHORA DA CABEÇA

Salve, Imaculada, Rainha da Glória, Virgem Santíssima da Cabeça, em cujo admirável título fundam-se nossas esperanças, por serdes Rainha e Senhora de todas as criaturas.

"Refúgio dos pecadores, rogai por nós."

Essa jaculatória, repetida milhares de vezes em todo o universo, sobe ao trono de glória em que estais sentada e volta à terra, trazendo aos pobres pecadores torrentes de luzes e de graças.

Socorrei-me, pois, ó dulcíssima Senhora da Cabeça. Eu vos suplico com filial confiança, pelos merecimentos das dores que sentistes ao ver vosso Divino Filho com a cabeça coroada de espinhos, que me livreis, e a todos os meus, de qualquer enfermidade da cabeça. Rogo-vos, também, ó Virgem poderosíssima da Cabeça, que intercedais junto ao Bom Jesus, vosso dileto Filho, pelos que sofrem desses males, a fim de que, completamente curados, glorifiquem a Deus e exaltem vossa maternal bondade.

Pai-nosso, Ave-Maria, Glória ao Pai e Salve Rainha.

Nossa Senhora da Cabeça, rogai por nós.

A NOSSA SENHORA DA MEDALHA MILAGROSA

Ó Imaculada Virgem, Mãe de Deus e nossa Mãe, ao contemplar-vos de braços abertos espargindo graças sobre os que vo-las pedem, cheios da mais viva confiança na vossa poderosa e segura intercessão, inúmeras vezes manifestada pela Medalha Milagrosa, embora reconhecendo a nossa indignidade por causa de nossas numerosas culpas, ousamos acercar-nos de vossos pés para vos expor as nossas prementes necessidades...

(Um instante de silêncio. Pedem-se as graças que se desejar.)

Concedei, pois, ó Virgem da Medalha Milagrosa, este favor que confiantes vos solicitamos para maior glória de Deus, engrandecimento do vosso nome e bem de nossas almas. E, para melhor servir-vos ao vosso divino Filho, inspirai-nos um profundo ódio do pecado e dai-nos coragem de nos afirmar sempre verdadeiros cristãos. Amém.

3 Ave-Marias, acrescentando em cada uma:

"Ó Maria, concebida sem pecado, rogai por nós que recorremos a vós!"

Oração final

Santíssima Virgem, eu creio e confesso vossa santa e Imaculada Conceição, pura e sem mancha. Ó puríssima Virgem Maria, por vossa Conceição Imaculada e gloriosa prerrogativa de Mãe de Deus, alcançai-me do vosso amado Filho a humildade, a caridade, a santa pureza de coração, de corpo e de espírito, a perseverança na prática do bem, uma santa vida e uma santa morte. Amém.

A NOSSA SENHORA DO MONTSERRAT

Ó clementíssima Virgem Maria, minha soberana e Mãe, augusta Senhora do Montserrat, venho lançar-me no seio da vossa misericórdia e ponho, desde agora e para sempre, a minha alma e o meu corpo debaixo da vossa salvaguarda e da vossa bendita proteção.

Confio-vos e entrego nas vossas mãos todas as minhas esperanças e consolações, todas as minhas penas e misérias, bem como o curso e o fim da minha vida, para que, por vossa intercessão e vossos merecimentos, todas as minhas ações se dirijam e se disponham segundo a vontade de vosso divino Filho, nosso Senhor Jesus Cristo, e que minha alma depois desta vida possa alcançar a salvação eterna.

Ó Mãe, concebida sem pecado, rogai por nós, que recorremos a vós.

Nossa Senhora do Montserrat, rogai por nós. Amém.

A NOSSA SENHORA DA GLÓRIA

Ó dulcíssima soberana, Rainha da Glória, bem sabemos que, miseráveis pecadores, não éramos dignos de vos possuir neste vale de lágrimas, mas sabemos também que a vossa grandeza não vos faz esquecer a nossa miséria e, no meio de tanta glória, a vossa compaixão, longe de diminuir, aumenta cada vez mais para conosco. Do alto desse trono em que reinais sobre todos os anjos e santos, volvei para nós os vossos olhos misericordiosos; vede a quantas tempestades e mil perigos estaremos, sem cessar, expostos até o fim de nossa vida! Pelos merecimentos de vossa bendita morte obtende-nos o aumento de fé, da confiança e da santa perseverança na amizade de Deus, para que possamos, um dia, ir beijar os vossos pés e unir as nossas vozes às dos espíritos celestes, para louvar e cantar as vossas glórias eternamente no céu. Assim seja.

3 Ave-Marias.

A NOSSA SENHORA DA BOA VIAGEM

Virgem Santíssima, Senhora da Boa Viagem, esperança infalível dos filhos da Santa Igreja, sois guia e eficaz auxílio dos que transpomos a vida por entre perigos do corpo e da alma.

Refugiando-nos sob o vosso olhar materno, empreendemos nossas viagens certos do êxito que obtivestes quando vos encaminhastes para visitar vossa prima Santa Isabel.

Em ascensão crescente na prática de todas as virtudes transcorreu a vossa vida, até o ditoso momento de subirdes gloriosa para os céus; nós vos suplicamos, pois, ó Mãe querida: velai por nós, indignos filhos vossos, alcançando-nos a graça de seguir os vossos passos, assistidos por Jesus e José, na peregrinação desta vida e na hora derradeira de nossa partida para a eternidade. Amém.

A NOSSA SENHORA DA CONSOLAÇÃO

Ó Santíssima Virgem Maria que, para inspirar-nos uma ilimitada confiança, quisestes tomar o dulcíssimo nome de Mãe da Consolação, eu vos suplico me consoleis em todo o tempo e lugar; em minhas tentações, nas minhas recaídas, dificuldades e misérias e mais que tudo na hora da morte. Concedei-me, ó amantíssima Mãe, o pensamento e o costume de recorrer sempre a vós porque estou certo de que sendo eu fiel em invocar-vos, vós mais o sereis em consolar-me. Obtende-me, pois, esta que é a maior das graças, recorrer a vós sem cessar e sempre, com confiança de filho, a fim de que, em virtude da minha constante súplica, mereça vossa perpétua consolação e a perseverança final.

Dai-me, ó terna e cuidadosa Mãe, a vossa bênção e rogai por mim agora e na hora da minha morte. Amém.

A NOSSA SENHORA DO SAGRADO CORAÇÃO

Lembrai-vos, ó Nossa Senhora do Sagrado Coração, do poder inefável que o vosso divino Filho vos concedeu sobre o seu Coração adorável. Com a maior confiança em vossos merecimentos, nós vimos implorar a vossa proteção. Ó Celeste tesoureira do Coração de Jesus, daquele coração, que é o manancial inexaurível de todas as graças, e que podeis abrir a vosso bel-prazer, para fazer descer sobre os homens todos os tesouros, de amor e misericórdia, de luz e salvação, que ele encerra.

Concedei-nos, vo-lo pedimos, os favores que vos suplicamos.

Não, não podemos receber de vós recusa alguma, e já que sois nossa mãe, ó Nossa Senhora do Sagrado Coração, acolhei benignamente as nossas preces e dignai-vos deferi-las. Assim seja.

A NOSSA SENHORA DO BOM CONSELHO

Ó Virgem gloriosa, escolhida por decreto eterno para Mãe do Verbo eterno humanado, tesoureira das graças divinas e advogada dos pecadores! Eu, vosso indigno servo, recorro a vós para que me sejais guia e conselheira neste vale de lágrimas. Alcançai-me, pelo preciosíssimo sangue de vosso divino filho, o perdão de meus pecados, a salvação de minha alma e os meios necessários para obtê-la. Alcançai também para a Santa Igreja a propagação do reino de Jesus Cristo em todo o mundo. Amém.

A NOSSA SENHORA DO SANTÍSSIMO SACRAMENTO

Ó Virgem imaculada, Mãe do Salvador, cuja carne e sangue tomados em vosso castíssimo seio nos alimentam na divina Eucaristia, nós vos saudamos sob o título de Nossa Senhora do Santíssimo Sacramento, porque fostes a primeira a praticar os deveres da vida eucarística, ensinando-nos, com o vosso exemplo, a assistir ao santo sacrifício da missa, a comungar menos indignamente e a visitar freqüentemente e com devoção o augustíssimo sacramento do altar.

Ó Maria, fazei que, seguindo os vossos passos, possamos cumprir sempre mais perfeitamente nossos sagrados deveres e mereçamos assim a eterna recompensa. Assim seja.

A NOSSA SENHORA DE GUADALUPE

— Mãe do Céu Morena,
Senhora da América Latina,
de olhar e caridade tão divinos,
de cor igual à cor de tantas raças.
Virgem tão serena,
Senhora destes povos tão sofridos,
Patrona dos pequenos e oprimidos,
derrama sobre nós as tuas graças.
— Derrama sobre os jovens tua luz.
Aos pobres vem mostrar o teu Jesus.
Ao mundo inteiro traz o teu amor de Mãe.

Ensina quem tem tudo a partilhar,
ensina quem tem pouco a não cansar,
e faz o nosso povo caminhar em paz.
— Derrama a esperança sobre nós,
ensina o povo a não calar a voz,
desperta o coração de quem não acordou.
Ensina que a justiça é condição
de construir um mundo mais irmão.
E faz o nosso povo conhecer Jesus.

A NOSSA SENHORA DOS IMPOSSÍVEIS

Ó Virgem Mãe de Deus e nossa Mãe, nós vos veneramos com o sugestivo título de Nossa Senhora dos Impossíveis, porque sois Mãe de Deus, sois Virgem e Mãe, sois a Imaculada Conceição. Esses privilégios não foram concedidos a nenhuma outra criatura. Somente a vós.

Virgem bendita e bondosa. Mãe de Deus e nossa. Humildemente vos pedimos: socorrei os que passam fome e vivem na miséria. Curai os doentes de corpo e de espírito. Fortalecei os fracos. Consolai os aflitos. E pedi pelas vocações sacerdotais e religiosas. Transformai as famílias em santuários vivos de fé e caridade, no seio da Igreja.

Pedi pelo papa, pelos bispos e por todas as autoridades civis, militares e eclesiásticas, para que governem com justiça e amor.

E agora, Senhora dos Impossíveis, olhai para nós, que fazemos esta novena, e alcançai-nos de

Jesus, vosso divino Filho, as graças que agora suplicamos...

Pai-nosso, Ave-Maria, Glória ao Pai.

Maria, Mãe de Deus, rogai por nós.

Maria, Virgem e Mãe, rogai por nós.

Maria, concebida sem pecado, rogai por nós.

Maria, Nossa Senhora dos Impossíveis, rogai por nós.

A NOSSA SENHORA DA PENHA

Breve oração para qualquer ocasião

Virgem Santíssima, Nossa Senhora da Penha, sois a Consoladora dos aflitos. Infundi em nossos corações o conforto e o alívio. Sois a nossa Esperança. Em vós depositamos a nossa confiança e esperamos da vossa bondade o lenitivo para as dores que nos acabrunham. Assisti-nos neste vale de lágrimas. Enxugai-nos o pranto, para que, na paciência e na conformidade com a vontade divina, possamos merecer as vossas bênçãos e as de Jesus, vosso divino Filho. Amém.

A NOSSA SENHORA DO PERPÉTUO SOCORRO

Grandioso sinal de nossa esperança, nós te invocamos. Ó Virgem do Perpétuo Socorro, Santa Mãe do Redentor, socorre o teu povo que quer ressurgir. Concede a todos a alegria de caminhar para o futuro, numa consciente e ativa solidariedade com os mais pobres, anunciando de modo novo e corajoso o Evangelho de teu Filho, fundamento e cume de toda a convivência humana, que aspira a uma paz justa e duradoura.

Também nós queremos apertar a tua mão como o Menino Jesus que admiramos neste quadro venerando. Não te falta nem poder nem bondade para nos socorrer em qualquer necessidade e situação. A hora atual é tua hora!

Vem pois, em nosso auxílio, e sê para nós o refúgio e a esperança. Assim seja.

Papa João Paulo II

ROSÁRIO DE NOSSA SENHORA DO PERPÉTUO SOCORRO

Oferecimento:

Ó Virgem do Perpétuo Socorro, um dom eu quero vos pedir *(apresente aqui seu pedido)*. Ofereço-vos este rosário, unindo-me aos méritos do Senhor Jesus Cristo, meu Salvador.

Confio em vossa maternal assistência, vós que estais no céu cercada de anjos, iluminada pelo Sol da Justiça, coroada de flores, ornada de ouro do céu e da terra. Vinde, ó Mãe, socorrer-me!

Reze o Credo.

Nas contas grandes:

Ó Mãe do Perpétuo Socorro, que estivestes ao pé da cruz de vosso Divino Filho, apressai-vos em socorrer-me!

Nas contas pequenas:

Vinde em meu socorro, ó Mãe Caridosa!

ORAÇÃO DAS MÃES GRÁVIDAS

Maria Santíssima, Mãe de Nosso Senhor Jesus Cristo, que no ventre da Senhora Sant'Ana fostes concebida sem a mancha do pecado original. Virgem antes de conceberdes Jesus por obra e graça do Espírito Santo. Virgem durante a vossa gravidez. Virgem depois de haverdes dado à luz aquele que é a luz do mundo. Humildemente vos peço, pela vossa intercessão junto ao vosso Filho, perdão para os meus pecados. Rogo-vos, Senhora, pelas sete espadas que transpassaram o vosso coração, quando vistes vosso Filho agonizante na cruz, a vossa proteção e a vossa assistência nas horas do meu parto, aliviando-me as dores, concedendo-me um feliz sucesso. Maria concebida sem pecado, rogai por nós que recorremos a vós.

3 Ave-Marias, Salve-Rainha.

À SANTÍSSIMA VIRGEM

Santíssima Virgem Imaculada, Maria, minha Mãe, a vós, que sois a Mãe do meu Senhor, a Rainha do mundo, a advogada, a esperança e o refúgio dos pecadores, recorro hoje eu, que sou o mais miserável de todos. Aos vossos pés me prostro, ó grande Rainha, e vos dou graças por todos os benefícios que até agora me tendes feito, especialmente por me haverdes livrado do inferno, por mim tantas vezes merecido.

Eu vos amo, Senhora amabilíssima e, pelo amor que vos tenho, prometo servir-vos sempre e fazer quanto possa para que de todos sejais servida. Em vós, depois de Jesus, ponho todas as minhas esperanças, toda a minha salvação. Aceitai-me por vosso servo e acolhei-me debaixo do vosso manto, ó Mãe de misericórdia! E, já que sois tão poderosa para com Deus, livrai-me de todas as tentações, ou impetrai-me forças para vencê-las até à morte.

A vós suplico o verdadeiro amor a Jesus Cristo. De vós espero alcançar uma boa morte.

Minha Mãe, pelo amor que tendes a Deus, vos rogo me ajudeis sempre, mormente no último instante de minha vida. Não me desampareis enquanto não me virdes já salvo no céu, a bendizer-vos e a cantar as vossas misericórdias, por toda a eternidade. Assim espero. Assim seja.

Santo Afonso Maria de Ligório (1696-1787)

MARIA, TU ÉS BELA!

Maria, quero falar contigo.
Neste instante de calma e de silêncio,
quero estar um pouco contigo,
minha Mãe e Mãe de Jesus.

Deixa que eu contemple um pouco teu rosto:
teu rosto belo e puro de moça,
que acolhe a vontade de Deus
e responde com um sim generoso
ao plano do teu Senhor;
teu rosto de alegria e ternura,
ao contemplar esse menino
que nascia de teu seio
e que tu envolvias em paninhos quentes
e com o calor de teu amor;
teu semblante confiante e sereno da vida
de Nazaré, quando cantavas melodias de paz
e de tranquilidade enquanto o Menino
ia crescendo em idade e sabedoria
diante de Deus e diante dos homens;
teu rosto grave e inquieto
quando vinham te contar
que teu Filho era perseguido
e que queriam apedrejá-lo;
teu rosto triste e dolorido
quando percorrias as ruas de Jerusalém
ou quando ficaste como um soldado
ao pé da cruz de teu Filho,
na montanha do sacrifício.
Deixa, Maria toda bela,
que eu contemple teu rosto.

Maria, tu és maior do que Abraão,
tu és maior que os profetas,
porque em teu seio foi tecida
a carne bendita do Filho de Deus.
Tu geraste, minha Mãe,
a esperança de meus dias
que se chama Cristo Jesus.
Tu és vaso transparente,
tu és a mulher fiel,
tu és a virgem de toda pureza,
tu és a serva e a escrava do Senhor,
a Mãe das Dores e a Mãe da Esperança,
a Mãe de Jesus e a minha Mãe!

Frei Almir Ribeiro Guimarães, OFM

A NOSSA SENHORA DO TERCEIRO MUNDO

Irmã peregrina dos pobres de Javé,
Profetisa dos pobres libertados,
Mãe do Terceiro Mundo,
Mãe de todos os homens deste mundo único
porque era a Mãe de Deus feito homem.
Com todos os que creem em Cristo
e com todos aqueles que de algum modo
procuram seu Reino,
nós te invocamos, Mãe,
para que lhe fales de todos nós.
Pede a ele, que se tornou pobre,

que nos comunique as riquezas de seu amor,
que sua Igreja se despoje,
sem subterfúgios,
de toda outra riqueza.

A ele, que morreu na cruz
para salvar os homens,
pede-lhe que nós, seus discípulos,
saibamos viver e morrer
pela total libertação de nossos irmãos.
Pede-lhe que nos devore a fome
e a sede daquela justiça
que despoja e redime.

A ele, que derrubou o muro da separação,
pede-lhe que todos nós,
que trazemos o selo de seu nome,
procuremos de fato,
acima de tudo o que divide,
aquela unidade reclamada
por ele mesmo em testamento
e que só é possível na liberdade
dos filhos de Deus.

Pede-lhe, a ele que vive ressuscitado
junto do Pai,
que nos comunique a força jubilosa
de seu espírito
para que saibamos vencer o egoísmo,
a rotina e o medo.

Mulher camponesa e operária,
nascida numa colônia
e martirizada pelo legalismo e hipocrisia:
ensina-nos a ler sinceramente
o Evangelho de Jesus
e a traduzi-lo para a vida
com todas as revolucionárias consequências,
no espírito radical das bem-aventuranças
e no risco total daquele amor
que sabe dar a vida pelos que ama.
Por Jesus Cristo,
teu Filho e Filho de Deus, nosso Irmão.

Dom Pedro Casaldáliga

SENHORA DO SILÊNCIO

Mãe do silêncio e da humildade, tu vives perdida e encontrada no mar sem fundo do mistério do Senhor.

Tu és disponibilidade e receptividade. Tu és fecundidade e plenitude. Tu és atenção e solicitude pelos irmãos. Estás revestida de fortaleza. Resplandecem em ti a maturidade humana e a elegância espiritual. És senhora de ti mesma antes de ser nossa Senhora.

Em ti não existe dispersão. Em um ato simples e total, tua alma, toda imóvel, está paralisada e identificada com o Senhor. Estás dentro de Deus, e Deus dentro de ti. O Mistério total te envolve e te penetra e te possui, ocupa e integra todo o teu ser.

Parece que em ti tudo ficou parado, tudo se identificou contigo: o tempo, o espaço, a palavra, a música, o silêncio, a mulher, Deus. Tudo ficou assumido em ti, e divinizado.

Jamais se viu figura humana de tamanha doçura, nem se voltará a ver nesta terra uma mulher tão inefavelmente evocadora.

Entretanto, teu silêncio não é ausência mas presença. Estás abismada no Senhor e ao mesmo tempo atenta aos irmãos, como em Caná. A comunicação nunca é tão profunda como quando não se diz nada, e o silêncio nunca é tão eloqüente como quando nada se comunica.

Faz-nos compreender que o silêncio não é desinteresse pelos irmãos mas fonte de energia e de irradiação, não é encolhimento mas projeção. Faz-nos compreender que, para derramar, é preciso preencher-se.

Afoga-se o mundo no mar da dispersão, e não é possível amar os irmãos com um coração disperso. Faz-nos compreender que o apostolado, sem silêncio, é alienação, e que o silêncio, sem apostolado, é comodidade.

Envolve-nos em teu manto de silêncio e comunica-nos a fortaleza de tua fé, a altura de tua esperança e a profundidade de teu amor.

Fica com os que ficam e vem com os que partem.

Ó Mãe Admirável do Silêncio!

Ignácio Larrañaga

PRECE A MARIA

Ó Maria, onde estarei sem ti?
A cada passo de minha vida
eu te encontro, Mãe e amiga.

Se caio, tu me levantas.
Se vacilo, tu me sustentas.
Se me extravio, tu me reconduzes.

És boa para todos nós.
Mas para mim és um milagre
de ternura.

A SÃO MIGUEL ARCANJO

Gloriosíssimo Príncipe dos exércitos celestes, Arcano São Miguel, defendei-nos na batalha contra as potências das trevas e sua malícia espiritual.

Vinde em nosso auxílio, nós que fomos criados por Deus e resgatados com o Sangue de Jesus Cristo, seu Filho, da tirania do demônio.

Vós sois venerado pela Igreja como seu Guarda e Protetor. A vós o Senhor confiou as almas que um dia ocuparão os tronos celestes.

Por isso, orai ao Deus da paz para que esmague Satanás debaixo de nossos pés, para que ele não consiga fazer dos homens os seus escravos, nem provocar danos à Igreja.

Apresentai ao Altíssimo as nossas orações junto com as vossas, para que desça sobre nós a sua divina misericórdia.

Acorrentai a Satanás e lançai-o nos abismos, onde não possa mais seduzir as almas. Amém.

Papa Leão XIII

DEFESA CONTRA O DEMÔNIO

São Miguel Arcanjo, defendei-nos no combate; sejais nossa defesa contra a perfídia e as ciladas do diabo; que Deus exerça seu domínio sobre ele, nós vos pedimos suplicantes. E vós, príncipe da milícia celeste, com o poder divino, precipitai no inferno a Satanás e aos outros espíritos malignos, que vagueiam pelo mundo para perder as almas.

Papa Leão XIII

AO ANJO DA GUARDA

Anjo de Deus, destinado a me guardar,
iluminai e protegei a minha vida;
guiai meus passos para o Senhor. Amém.

Anjo de Deus, Anjo da minha guarda,
iluminai-me, guardai-me,
dirigi-me e governai-me,
porque eu fui confiado a vós
pela bondade divina. Amém.

ORAÇÃO LITÚRGICA

Ó Deus, que desejais que os anjos e os homens cooperem com vosso plano de salvação, concedei a nós, peregrinos nesta terra, a proteção dos espíritos celestes, que estão diante de vós no céu para vos servir, e contemplam a glória de vossa face. Por nosso Senhor. Amém.

INVOCAÇÃO ÀS HIERARQUIAS ANGÉLICAS

Em nome do Pai † do Filho † do Espírito Santo.

Glória a Deus nas alturas e paz na terra aos homens de boa vontade.

Glória ao Senhor Deus Sabaót, Adonai, El-Elohim, Criador do céu e da terra, das coisas visíveis e invisíveis.

Glória a Deus Filho, nosso Senhor Jesus Cristo.

Glória a Deus Espírito Santo.

Glória a Deus Uno e Trino. Santo. Santo. Santo.

Serafins, Espíritos puríssimos, chamas que ardeis em torno do trono do Altíssimo Senhor Deus, Pai, Filho e Espírito Santo.

Querubins, espíritos de luz ardente e pura, que derramais sobre o mundo o clarão de vossa sabedoria.

Virtudes, Tronos, Potestades, Dominações, Arcanjos e Anjos, Espíritos cheios de amor, de caridade, de coragem e de força, vontade, amor, caridade, ciência, a serviço de Deus.

Miguel, armado de espada de fogo, vencedor de Lúcifer, do Dragão, defensor da fé, comandante das hostes que militam contra as forças das trevas.

Gabriel, mensageiro do Espírito Santo, clarão que ilumina o céu, lábios que traduzem as palavras de Deus.

Rafael, guia iluminado e prudente, que acende o clarão do amor divino nos corações humanos.

Ariel, consciência do bem, inspirador de justiça e de bondade, na mente dos homens.

Israfel, conselheiro e juiz, no tribunal divino.

Arcanjos e Anjos de luz, eu vos reverencio e humildemente vos dirijo meu pensamento.

Santos Anjos, derramai vossa luz, vossa sabedoria, vosso amor sobre as nossas almas, purificando-as, animando-as, encorajando-as, fortificando-as, ensinando-lhes a prática da caridade e do bem, a fim de que possamos, um dia, participar da glória que esperam aqueles que andam no caminho de Deus, nosso Senhor.

Sede nossos guardiões, nossos defensores, nossos escudos, contra a investidade das forças do mal. Tocai a mente dos nossos inimigos para que não perseverem no pecado do ódio, da injustiça, da perdição.

Que o Santíssimo nome de Deus seja ouvido e proclamado, no céu e na terra, por todos os séculos dos séculos.

Rezar um Creio em Deus Pai.

N.B.: Ao fim da invocação fazer o pedido da graça que se desejar, convindo repetir esta invocação nove dias seguidos, visto serem nove as hierarquias angélicas.

A SÃO JUDAS TADEU I

São Judas Tadeu, apóstolo escolhido por Cristo, eu vos saúdo e louvo pela fidelidade e amor com que cumpristes vossa missão.

Chamado e enviado por Jesus, sois uma das doze colunas que sustentam a verdadeira Igreja fundada por Cristo.

Inúmeras pessoas, imitando vosso exemplo e auxiliadas por vossa oração, encontram o caminho para o Pai, abrem o coração aos irmãos e descobrem forças para vencer o pecado e superar todo o mal.

Quero imitar-vos, comprometendo-me com Cristo e com sua Igreja, por uma decidida conversão a Deus e ao próximo, especialmente o mais pobre.

E, assim convertido, assumirei a missão de viver e anunciar o Evangelho, como membro ativo de minha comunidade. Espero, então, alcançar de Deus a graça que imploro confiando na vossa poderosa intercessão. São Judas Tadeu, rogai por nós! Amém.

A SÃO JUDAS TADEU II

São Judas, glorioso apóstolo, fiel servo e amigo de Jesus, o nome do traidor foi causa de que fosseis esquecido por muitos, mas a Igreja vos honra e invoca universalmente como o patrono dos casos desesperados, nos negócios sem remédio.

Rogai por mim que eu sou tão miserável! Fazei uso, eu vos imploro, desse particular privilégio que vos foi concedido de trazer viável e imediato auxílio, no qual o socorro desapareceu quase por completo. Assisti-me nesta grande necessidade, para que eu possa receber as consolações e o auxílio do Céu em todas as minhas precisões, atribulações e sofrimentos, alcançando-me a graça de ... *(aqui faz-se o pedido particular)*, e para que eu possa louvar a Deus convosco e com todos os eleitos, por toda a eternidade.

Eu vos prometo, ó bendito Judas, lembrar-me sempre deste grande favor e nunca deixar de vos honrar, como meu especial e poderoso patrono, e fazer tudo o que estiver a meu alcance para incentivar a devoção para convosco. Amém.

São Judas, rogai por nós e por todos os que vos honram e invocam o vosso auxílio!

3 Pai-nossos, 3 Ave-Marias, 3 Glória ao Pai.

A SÃO JOSÉ OPERÁRIO

A vós, São José, recorremos em nossas dificuldades e incertezas e, cheios de confiança, solicitamos o vosso auxílio. São José, veneramos em vós o modelo dos operários. Pedimos por todos os operários que não ganham o suficiente para sustentar a própria família. Queremos lembrar com amor e carinho todos os desempregados de nosso país. São José, abençoai os operários e todas as nossas famílias. Amém.

A VÓS, SÃO JOSÉ

A vós, São José, recorremos em nossa tribulação e, depois de ter implorado o auxílio de vossa santíssima esposa, cheios de confiança solicitamos também o vosso patrocínio. Por esse laço sagrado de caridade que vos uniu à Virgem, Imaculada Mãe de Deus, e pelo amor paternal que tivestes ao Menino Jesus, ardentemente suplicamos que lanceis um olhar benigno sobre a herança que Jesus Cristo conquistou com seu sangue, e nos socorrais em nossas necessidades com o vosso auxílio e poder. Protegei, ó guarda providente da divina família, o povo eleito de Jesus Cristo. Afastai para longe de nós, ó pai amantíssimo, a peste do erro e do vício. Assisti-nos do alto do céu, ó nosso fortíssimo sustentáculo, na luta contra o poder das trevas, e assim como outrora salvastes da morte a vida ameaçada do

Menino Jesus, assim também defendei agora a Santa Igreja de Deus das ciladas de seus inimigos e de toda a adversidade.

Amparai a cada um de nós com o vosso constante patrocínio, a fim de que, a vosso exemplo e sustentados com o vosso auxílio, possamos viver virtuosamente, morrer piedosamente e obter no céu a eterna bem-aventurança. Amém.

A SANTA BÁRBARA

Santa Bárbara, sois mais forte que a violência dos furacões e o poder das fortalezas. Fazei que os raios não me atinjam, os trovões não me assustem. Ficai sempre comigo, para me dar forças. Conservai meu coração em paz. Que em todas as lutas da vida, eu saiba vencer, sem humilhar ninguém. Conservai serena a minha consciência. E que eu possa cumprir da melhor maneira os meus deveres. Santa Bárbara, minha protetora, ensinai-me a louvar a Deus no fundo do meu coração. Intercedei junto a ele, quando eu me encontrar em meio a tempestades. Ele que é o Criador e Senhor de toda a natureza. Alcançai dele, para todos nós, a proteção nos perigos. E alcançai, para todo o mundo, a paz, fazendo desaparecer todo rancor e toda guerra. Santa Bárbara, rogai por nós e pela paz dos corações, das famílias, das comunidades, das nações e do mundo inteiro. Assim seja.

A SANTO AFONSO MARIA DE LIGÓRIO

Ó glorioso e muito amado protetor meu, Santo Afonso, vós, que tanto haveis trabalhado e sofrido para assegurar aos homens o fruto da redenção, valei as necessidades da minha pobre alma. Por vossa tão poderosa intercessão para com Jesus e Maria, obtende-me a verdadeira contrição e o perdão das minhas faltas passadas, um horror profundo ao pecado e fortaleza suficiente para resistir às tentações. Comunicai-me, vos suplico, uma centelha daquela caridade ardente em que o vosso coração sempre viveu inflamado. Fazei que, à vossa imitação, a vontade de Deus seja a regra única de minha vida. Alcançai-me um ardente e constante amor a Jesus, uma terna e fiel devoção a Maria; a graça de orar sempre e de perseverar ao serviço até chegar o dia mil vezes ditoso em que possa ir juntar-me convosco, para vos louvar por toda a eternidade. Amém.

Pai-nosso, Ave-Maria, Glória ao Pai.

A SÃO SEBASTIÃO

Glorioso mártir, valoroso São Sebastião, soldado de Jesus Cristo, que morrestes trespassado de flechas, amarrado a um tronco de laranjeira. Pelos vossos méritos, sede o nosso protetor guardando-nos, livrando-nos dos perigos que nos ameaçam, a nós, à nossa família e a toda a humanidade. Senhor Deus Todo-Poderoso, pela intercessão do mártir São Sebastião atendei a nossa prece. Jesus Cristo, Filho de Deus, sede propício aos rogos que vos dirigimos por intermédio de São Sebastião. Glorioso mártir, protegei-nos contra a peste, contra o mal terrível que nos ameaça e que tem ceifado tantas vidas preciosas. Amém.

A SÃO JOAQUIM E SANTA ANA

Beatíssimos pais da Mãe de Deus, São Joaquim e Santa Ana, eu vos saúdo e bendigo com devoção e amor, e alegro-me de todo o meu coração convosco, pela vossa glória e por aquela sublime prerrogativa, pela qual Deus vos escolheu para serdes os pais da Mãe de Deus, Maria Santíssima. Rogai por mim a Jesus e Maria, para que lhes agrade de modo perfeito. Tende caridade de mim como os pais o têm do filho. Sede meus consoladores na vida e na morte. Assisti-me na minha última agonia, para que dignamente receba os santos sacramentos da Igreja e, partindo deste mundo com o coração perfeitamente contrito, possa chegar ao céu, por nosso Senhor Jesus Cristo. Amém.

A SÃO ROQUE

Ó Deus, que concedestes a São Roque, o vosso servo fiel, a graça de curar pelo sinal da cruz todos os que eram contaminados da peste, pelos seus merecimentos e intercessão vos pedimos nos preserveis, pela vossa misericórdia, de toda enfermidade contagiosa e duma morte repentina e imprevista. Por Jesus Cristo nosso Senhor. Assim seja.

A SANTO ANTÔNIO

Santo Antônio, que sois invocado como protetor dos namorados, olhai por mim nesta importante fase da minha vida, para que não perturbe este tempo bonito com futilidades, mas o aproveite para um melhor conhecimento daquele ser que Deus colocou ao meu lado e para que ele melhor me conheça. Assim, juntos preparemos o nosso futuro, onde nos aguarda uma família que, com vossa proteção, queremos cheia de amor, de felicidade, mas sobretudo cheia da presença de Deus.

Santo Antônio, padroeiro dos namorados, abençoai este nosso namoro, para que transcorra no amor, na pureza, na compreensão e na sinceridade. Amém!

TERÇO MILAGROSO DE SÃO GERALDO

Na cruz:
O Credo
3 Ave-Marias em louvor a Nossa Senhora
1 Glória ao Pai em honra à Santíssima Trindade.

Nas contas maiores do terço:
Ó Milagroso São Geraldo, pela Santa Cruz de nosso Senhor Jesus Cristo, que tendes em vossos braços, valei-nos, ajudai-nos, salvai-nos e socorrei-nos em todas as nossas dificuldades e aflições.

Nas contas menores do terço:
Por amor de Jesus Cristo, socorrei-nos, São Geraldo!

Termina com uma Salve-Rainha.

ORAÇÃO DA MÃE

Senhor, aqui estou eu novamente
em tua presença.
Eu te agradeço o lar que me deste,
as crianças que enchem minha vida de alegria,
o marido que me ampara, me apoia
e me quer bem.

Minha história já é bem longa!
Já não sou mais aquela mocinha
dos sonhos dourados e de fantasia
incontrolável!
Olhando a estrada percorrida,
só tenho que te agradecer!

As alegrias que meus filhos me dão
valem mais do que o ouro precioso.
Eu te agradeço a coragem que me deste
de aceitar situações delicadas na trajetória
de minha vida.

Eu te agradeço a energia que me deste
para ficar vigilante ao lado de meu filho
que esteve doente durante vários meses.

Eu te agradeço a calma e compreensão
que me inspiraste nos instantes delicados
da vida.

Eu te agradeço as cruzes que a vida
me deu e que, com tua força,
eu pude abraçar e assim me tornar
grande por dentro.

Neste instante eu sinto que minha vida
está cheia de sentido e de vigor!

Na simplicidade das coisas de cada dia,
nas preocupações e nos projetos
de cada instante,
na atenção e no cuidado por meus filhos,
Senhor, em tudo isso, eu sou mãe.

Neste momento eu te suplico,
Senhor de toda bondade,
a coragem e a energia de continuar
a ser a mãe que tu queres que eu seja.

Abençoa, Senhor, os filhos que são
a ventura de minha existência.
Que tua presença se infiltre
nas paredes de meu lar!

Frei Almir Ribeiro Guimarães, OFM

ORAÇÃO DE UM PAI

Senhor, já não sou mais uma criança.
Tenho a impressão de que estou chegando
à plenitude de meus dias.

Meu lar, meus filhos,
minha mulher, meu trabalho
me dizem que já realizei alguma coisa!

Hoje volto meus olhos para os filhos
que tua bondade me concedeu!

Não posso esconder
a minha alegria incontida de ser pai!
Quando nasceu meu primeiro filho,
meu coração quase explodiu de alegria.

Depois vieram os outros,
e a alegria continuou.

Senhor, neste dia eu te dou graças
pelos filhos que me deste.

Não posso esconder, nesta hora,
uma certa preocupação.

Eles são tão frágeis, eles têm tantas riquezas
escondidas nessa fragilidade.

De noite, quando eles estão dormindo,
eu vou contemplá-los no quarto.

Fecho os olhos e penso no futuro.

Quem serão eles? Que lhes reserva a vida?

Quero ser amigo de meus filhos,
quero escutá-los, quero servir a cada um deles.
Quero rir, quando estiverem rindo.
Quero chorar com eles.

Senhor, faze que eu saiba respeitar
a personalidade de cada um deles.

Faze, Senhor, que eu seja paciente
e compreensivo.

Neste dia, eu imploro tuas mais ricas bênçãos
para os filhos da minha vida.

ORAÇÃO PELOS PAIS

Obrigado, Senhor, pelos meus pais.
Eles me amam tanto e cuidam de mim.
Dá-lhes, hoje, nova força,
e a mim a capacidade
de não atrapalhar a sua alegria,
mas antes de aumentá-la.
Ajuda-me a reconhecer os meus defeitos
e a compreendê-los.
Faz que conservemos a unidade
e a paz no teu amor.

Senhor, às vezes me é difícil compreender os meus pais. Frequentemente as minhas opiniões são opostas às deles e não nos entendemos. Concede-nos disponibilidade interior nas discussões, e serenidade na busca da verdade, através de um sincero diálogo.

Mostra-me como nós, filhos, devemos viver e crescer na família: recebendo dos nossos pais o melhor da sua experiência, e dando-lhes o melhor da nossa alegre juventude.

ORAÇÃO PELAS MÃES

Louvado sejas, meu Senhor, pelas mães.
Pela mãe de cada um de nós;
por tua mãe, Maria de Nazaré,
que quiseste que também fosse nossa mãe,
por todas as mães, as vivas e as falecidas.
Louvado sejas, meu Senhor,
pelas mães pobres ou doentes,
pelas mães sobrecarregadas pelo trabalho,
no emprego ou em casa;
pelas mães doadoras de muitas vidas;
pelas mães não amadas por seus filhos;
pelas mães solteiras
e pelas mães que morreram
ao darem à luz uma vida nova.
Louvado sejas, meu Senhor,
pela dedicação que cada um de nós
recebeu de sua mãe;
pela doação de todas as mães a seus filhos.

Louvado sejas, meu Senhor,
porque pelo amor das mães
revelas o rosto materno de teu amor
a todos os homens.

Da tradição portuguesa

ORAÇÃO DOS ESPOSOS I

Senhor Jesus, fazei do nosso lar um lugar do vosso amor. Que não haja injúrias, porque vós nos dais compreensão. Que não haja aflição, porque vós nos abençoais. Que não haja egoísmo porque vós nos alimentais. Que saibamos caminhar para vós, em nossa vida de cada dia. Que em cada manhã nasça mais um dia de doação e sacrifício. Fazei, Senhor, de nossos filhos aquilo que desejais. Ajudai-nos a educá-los e a orientá-los em vosso caminho. Fazei que nos esforcemos em nos consolar mutuamente. Ó Maria, Mãe amorosíssima de Jesus e nossa Mãe, fazei, por vossa piedosa intercessão, que Jesus acolha bondosamente a oferta que lhe fazemos de nossa família e nos conceda as suas bênçãos e graças. Amém.

ORAÇÃO DOS ESPOSOS II

Eis-nos diante de vós, Senhor, para manifestar-vos nosso agradecimento e para vos dirigir nossa oração.

Obrigado, Senhor, porque um dia, após um sorriso, uma atenção, um presente, acendeu-se em nossos corações a chama de nosso amor.

Obrigado, Senhor, por nos terdes unido em matrimônio, pois em dois melhor se vive, melhor se sofre, se alegra, se caminha, se enfrentam as dificuldades.

E agora, Senhor, vos pedimos que nossa família se espelhe na Sagrada Família de Nazaré e reine sempre em nosso meio o respeito, a bondade, a compreensão.

Mantende nosso amor sempre vivo, Senhor. Não permiti que ele se deteriore por causa da monotonia ou da atividade febril da vida. Ensinai-nos a viver em perfeito diálogo e que nos manifestemos reciprocamente grande afeto. Fazei que nossa vida seja uma descoberta sempre nova de nossas pessoas e de nosso amor, como se estivéssemos revivendo sempre as alegrias de nossos primeiros encontros. Que nossos filhos manifestem sempre a alegria e a paz que aprenderam no lar e a possam transmitir a seus ambientes.

ORAÇÃO PELA FAMÍLIA

Pai do Céu, o Senhor, com o Filho e o Espírito Santo são uma família. Jesus, quando habitou entre nós, nasceu em uma família. Eram Jesus, Maria e José. O Senhor quer que nós sejamos famílias boas e cheias de amor.

Agradeço pela família que somos. Louvo pelo bem que fazemos e pelo amor que vivemos.

Em meio às dificuldades pelas quais passamos, venho pedir a proteção, o auxílio e a bênção para minha querida família. Temos dificuldades, mas temos também muitas alegrias.

Rezo que o Senhor nos ajude a viver bem, com carinho e respeito, amor e ajuda mútua. Peço saúde e paciência nas dificuldades. Peço por este problema que passamos neste momento (contar ao Pai o que está acontecendo em casa...).

Todos estes agradecimentos e pedidos fazemos por meio de Jesus nosso Salvador, pelo Espírito Santo nosso conforto e na amorosa intercessão de Maria. Amém.

Pe. Luiz Carlos de Oliveira

ORAÇÃO PELOS FILHOS

Senhor, Pai de nossa família, contemplando o rosto bonito de meus filhos, meu coração agradece tão precioso dom.

Eles trazem alegria e preenchem nossa vida. Sei que criar os filhos e educá-los é participar da obra da criação que o Senhor continua no mundo. Agradeço e louvo ao Senhor poder colaborar em tão grande obra.

Às vezes o coração se aperta com as preocupações. Eles passam por perigos de todos os tipos. Neste momento me refugio no amor que o Senhor tem por nós. Peço força e coragem para continuar amando, mesmo quando não correspondem como queremos. Entrego ao Senhor os meus filhos. Cuide deles comigo. Amém.

Pe. Luiz Carlos de Oliveira

ORAÇÃO DA MANHÃ

Meu Deus,
agradeço porque
tenho a vida.
Tenho mais um dia.
Quero usar bem
esse presente
que o Senhor me faz.

Fl. Castro

FALANDO COM JESUS

Jesus, você é meu amigo
e pode me fazer feliz.
Eu preciso de sua ajuda.
Só assim
posso conhecer o bem
e fazer o que é certo.
Ajude-me a fazer o bem
para todos.

Fl. Castro

ANTES DE COMER

Meu Deus,
eu agradeço ao Senhor
este alimento que sua bondade nos dá.
Dê também o necessário para todos.
Abençoe os que trabalham
para termos o que comer.

Fl. Castro

DEPOIS DE COMER

Senhor, eu lhe agradeço
este alimento.
Que nunca falte a comida
na mesa de todos.

Fl. Castro

ANTES DO ESTUDO OU DA AULA

Jesus,
você nos mostra o Pai.
Por sua causa, tudo foi criado:
as pessoas e as coisas.
Ajude-me no estudo,
para que eu possa
conhecer as coisas,
as pessoas, o Pai do céu.

Fl. Castro

DEPOIS DA AULA OU DO ESTUDO

Jesus, eu pude aprender
tantas coisas.
Abençoe as pessoas
que me ensinaram
a conhecer a verdade,
o bem, a beleza.
Ajude os que
não podem estudar,
mas poderiam ser
muito melhores do que eu.

Fl. Castro

ORAÇÃO DO BRINQUEDO

Meu Deus,
é gostoso brincar.
E mais gostoso ainda
é brincar
com as outras crianças.

Brincando,
eu quero mostrar
como o Senhor é bom.

Por isso
vou ser alegre.
Vou mostrar amizade.
Vou cuidar de quem é menor.

Vou ajudar os grandes
a encontrarem de novo
a alegria.

Vou brincar
como o raio de sol
que faz o mundo
mais bonito.

Fl. Castro

ORAÇÃO DA NOITE

Meu Deus,
mais um dia se acabou.
Eu lhe agradeço tudo
o que aconteceu hoje.
Fique comigo nesta noite.
Quero dormir com sua bênção
e a bênção de meus pais.
Maria, minha Mãezinha,
peço-lhe a bênção também.
Meu Anjo da Guarda
proteja o meu sono.

Fl. Castro

BONI CONSILII ORA PRO NOBIS
JESUM

OLHANDO O MUNDO

Meu Deus,
como o Senhor é bom!
Fico alegre vendo o mundo
da janela do meu quarto.

O dia está começando,
o sol brilha colorindo tudo:
as flores do canteiro,
as árvores grandes,
a serra lá longe.

O Senhor fez tudo:
os passarinhos,
as borboletas,
o cavalo...

Fez para mim
as fruteiras,
e o arrozal.

Como o Senhor é bom,
poderoso e inteligente.
Só o Senhor é capaz
de fazer tudo
tão bom e tão bonito.

Fl. Castro

O CAMINHO DA FELICIDADE

Senhor,
feliz quem não segue
as ideias dos maus,
nem vai andando
em caminhos errados.

Feliz é quem segue
e procura sempre
a sua Lei, Senhor.
Será como a árvore
bem regada e verde,
coberta de flores
e cheia de frutas.
Senhor, não quero ser
folha seca como os maus.
Eles não são felizes
nem trazem felicidade.

Fl. Castro

GLÓRIA A DEUS

Pai, Filho, Espírito Santo,
eu os adoro
como um só Deus.
De seu amor eu recebo tudo,
todo o amor,
todo o bem,
toda a felicidade.
Sejam benditos,
e que eu também
tenha sempre
a bênção
da vida nova
que me deram.

Fl. Castro

PEDINDO FÉ

Meu Deus,
eu creio tudo
o que o Senhor quer
que eu acredite.
Eu quero viver sempre
fazendo o que Jesus
mandou fazer.
Peço a fé para mim
e para todos.

Fl. Castro

CONFIANÇA EM DEUS

Meu Deus,
espero tudo
da sua bondade.
Espero ser feliz
aqui na terra
e depois
ser feliz
para sempre
no céu.

Fl. Castro

PEDINDO A PROTEÇÃO DE MARIA

Santa Mãe de Deus,
eu procuro sua proteção.
Que a Senhora me escute
e não me abandone em minhas necessidades:
livre-me sempre de todos os perigos.

Fl. Castro

ORAÇÕES PELOS AGONIZANTES, PELOS MORTOS E PELAS ALMAS DO PURGATÓRIO

ORAÇÃO PARA A HORA DA MORTE

Senhor,
conheces desde sempre a morte,
entretanto estremeceste quando
ela se aproximou,
relembra tua agonia, tu o forte dentre os fortes
e perdoa meus gritos e gestos de fantoche,
quando chegar meu fim.

Lembras-te daquele jardim
imerso na noite escura,
quando o pai permaneceu
surdo a teus clamores?
Acode Senhor, à angústia suprema,
que me sacudirá na fraqueza e no medo,
ao receber tua última unção.

Relembra o cálice amargo,
a estocada da lança
e a compaixão de tua mãe;
perdoa minhas lágrimas
e sê indulgente à minha última revolta,
pensando no Calvário, em que tu, Senhor,
foste tão semelhante a cada um de nós.

Salmon Malebranche (1965)

ORAÇÃO A MARIA SANTÍSSIMA PARA PEDIR UMA BOA MORTE

Ó Maria Santíssima, doce refúgio dos pobres pecadores; na hora em que minha alma sair do meu corpo, assisti-me com a vossa misericórdia, pela dor que sofrestes ao pé da cruz, presenciando a morte de vosso Filho. Afastai de mim os inimigos infernais, e vinde receber minha alma, para a apresentardes ao eterno juiz. Ó minha Senhora e Rainha, não me desampareis. Depois de Jesus haveis de ser o meu conforto naquele terrível instante. Rogai ao vosso Filho, que pela sua bondade me conceda a graça de morrer abraçado aos seus pés, e de entregar a minha alma nas suas santíssimas chagas, dizendo: Jesus, Maria e José, dou-vos o meu coração e a minha alma.

São José, padroeiro dos agonizantes, rogai por mim.

Santo Afonso Maria de Ligório (1696-1787)

PELOS FALECIDOS

Dá, Senhor,
a alegria da vida que não termina
aos meus falecidos, a todos os falecidos.
Abre para eles de par em par
a felicidade da tua Casa,
onde não há “nem choro, nem pena,
nem dor, nem sofrimento, nem morte”.

Permite-lhes, Senhor,
recordar-se de nós,
para que nos ajudem
a não nos esquecermos jamais de ti.

ORAÇÃO POR UMA ALMA SOFREDORA

Em nome do Pai † do Filho † e do Espírito Santo.

Senhor Deus, Misericordioso e Justo, que sois todo amor para com vossas criaturas, para cuja salvação enviastes vosso amado Filho, eu vos peço, contrito de meus pecados, vossa complacência para com as almas dos cristãos que partiram deste mundo e que ainda padecem, afastados da mansão celeste.

Senhor meu, Jesus Cristo, a quem honra e glória sejam dadas, por todos os séculos dos séculos, vós derramastes vosso sacrossanto sangue pela redenção da humanidade. Ouvi, pois, a minha prece, em favor da alma de fulano (ou das almas sofredoras). Dai-lhe a paz, concedei-lhe a visão celestial e a participação no coro das almas bem-aventuradas que convosco celebram a glória do Altíssimo, Criador do Universo.

Do abismo clamei a vós, ó Senhor.
Senhor, ouvi a minha prece.
Assim seja.
Rezar um Pai-nosso e uma Ave-Maria.

TERÇO DAS ALMAS

Em cada conta onde se reza o Pai-nosso rezar:
Meu Jesus misericordioso, meu Deus. Creio em vós porque sois a mesma verdade. Espero em vós porque sois fiel às vossas promessas. Amo-vos porque sois infinitamente bom e amável.

Nas três contas junto da cruz rezar:
Meu bom Jesus, não me deixeis morrer sem receber os últimos sacramentos.

Nas dezenas, rezar:
Doce Coração de Maria, sede a minha salvação.

NOVENA DAS ALMAS

Eterno Pai, eu vos ofereço o preciosíssimo sangue, as santas chagas, e todos os méritos, da Paixão e Morte de Jesus; as lágrimas e as dores de sua Mãe Santíssima, pedindo-vos alívio para as almas do Purgatório.

Nossa Senhora do Carmo, rogai por elas.

São José, rogai por elas.

São Miguel Arcanjo, intercedei por elas.

E vós almas santas e benditas, ide perante Deus, apresentar a minha súplica. Amém.

ORAÇÃO AO SAGRADO CORAÇÃO DE JESUS

Sacratíssimo Coração de Jesus de infinita misericórdia, que estais em todos os sacrários da Terra, convertei os pecadores, salvai os agonizantes e tende piedade das almas do Purgatório, dai-lhes a paz, o descanso e a luz eterna. Amém.

ORAÇÃO ÀS ALMAS

Ó almas! Ó almas! Ó almas santas, benditas, milagrosas e abençoadas pela Santíssima Trindade, almas das pessoas que morreram queimadas, afogadas, enforcadas, vós fostes como eu; serei como vós! Ó almas santas dos cativos, almas dos pontífices, almas dos vigários, almas dos prelados, almas daqueles que estão mais perto de verem a Deus rogai por mim e alcançai-me a graça que vos peço... pelo amor de Deus Pai, pelo poder de Deus Filho e pelo poder de Deus Espírito. Ó almas benditas fazei o meu pedido... Assim como nosso Senhor Jesus Cristo desce à terra na hora da consagração da hóstia, venham todos em meu socorro, sem demora em meu auxílio, para alcançar a graça que vos peço... Eu vos peço pela força dos Três Poderes, Pai, Filho e Espírito Santo, reunidos nas Três Pessoas da Santíssima Trindade que formam grande mistério. Ó almas aflitas do Purgatório, rogai por mim e realizai o meu pedido... Almas das pessoas que morreram afogadas, enforcadas, queimadas, almas benditas que a Cristo adorais, glorificadas, bendizei e contemplai por nós e fazei-lhe preces por mim, para que eu seja livre de todos os perigos do corpo e da alma, seja feliz e obtenha bons resultados nos meus negócios, alcançai-me a graça que vos peço... Minhas almas benditas eu vos peço pela hora em que nascestes, pelo Senhor que adorais, pelas penas do Purgatório em que estais, venham em meu socorro... Valei-me na aflição em que me acho... Livrai-me de todos os perigos do corpo e da alma, de todas as calúnias, intrigas e perseguições, de todos os obstáculos e dificuldades que se opuserem às realizações de minha petição ou fizerem demorar mais tempo. Ajudai-me, oh! almas benditas do Purgatório, almas abandonadas, almas aflitas, almas dos afogados, enforcados e dos que morreram queimados, pedi e rogai ao Senhor Jesus Cristo por mim para que não me falte ao seu socorro o pão de cada dia... Pedi e rogai a nosso Senhor Jesus Cristo, principalmente pela chaga de seu ombro, que tanto fez sofrer aquele corpo santíssimo, pelas agonias de Jesus Cristo no Horto das Oliveiras, quando prostrado por terra suou sangue pelos nossos pecados, pela coroa de espinhos que transpassou a cabeça de Jesus, pela cruz que levou nos ombros pelas ruas de Jerusalém, pelo último suspiro que exalou na cruz, por todos estes martírios deste Coração Candíssimo, pedi e rogai por mim para que eu alcance a graça que vos peço... Rogai a Jesus na hóstia e no cálice sagrado, no Santíssimo Sacramento da Eucaristia, pela sua gloriosa ressurreição, para eu alcançar a graça que vos peço... Ó almas benditas, santas, principalmente as que morreram afogadas, queimadas, enforcadas, abandonadas, aflitíssimas, eu vos peço pelas dores e amarguras que Maria Santíssima sofreu no mundo, desde o nascimento de Jesus até a morte, por todas as lágrimas que ela derramou durante a Paixão e Morte de seu Filho Adorado, pela triste e amargurada solidão de quando as viu só no mundo, sem seu Santíssimo Filho, por todos os martírios da Mãe Altíssima e desolada, alcançai-me a graça que vos peço... Pedi a Jesus e a Maria que me livre de todas as faltas e perigos a que estou exposto. Devo-vos graças principalmente por me terdes preservado de tantas faltas. Esclarecei minha consciência, iluminai-me com a luz celestial a fim de que conheça todas as faltas e suas malícias. Amém.

Reza-se esta oração durante 9 segundas-feiras seguidas.

Rezam-se 2 terços. Reza-se outra vez esta oração pedindo a graça. Reza-se outro terço.

OFÍCIO DAS ALMAS

Matinas
Abrirei meus lábios/ em tristes assuntos,
para sufragar/ os fiéis defuntos.
Sede em meu favor,/ Salvador do mundo,
e das almas santas/ do lago profundo.
Nós vos pedimos/ pronta salvação,
preferindo aquelas/ da nossa tenção.
Para que por vós,/ Jesus, sumo bem,
elas já descansem/ para sempre, Amém.

Hino
Deus vos salve, Cristo,/ em vossa Paixão,
Redentor das almas/ dos filhos de Adão.
Por tal benefício/ público notório,
socorrei as almas/ lá no Purgatório.
Não entreis com elas,/ Senhor, em juízo,
para que não tenham/ total prejuízo.
Porque na presença/ do Crucificado,
nenhum dos viventes/ é justificado.
Pelo sacrifício/ da sagrada Missa,
não useis com elas/ da vossa justiça.
Com as tristes almas,/ meu Senhor, usai
das misericórdias/ de Deus, vosso Pai.
Vós sois o Cordeiro/ todo ensanguentado,
para o bem das almas/ tão sacrificado.
Supra o vosso Sangue,/ precioso e santo,
o dever das almas,/ que padecem tanto.
Peçamos a Deus/ a eterna luz,
para os que já dormem/ em Cristo Jesus.
Ouvi, meu bom Deus,/ o deprecatório,

em favor das almas/ lá no Purgatório.
Pai-nosso e Ave-Maria.

Oração

Onipotente e misericordioso Deus e Senhor nosso, supremo dominador dos vivos e dos mortos, pelos merecimentos infinitos do vosso Unigênito Filho, e também pelos grandes merecimentos da sempre Virgem Maria, sua Mãe, e por todos os merecimentos dos bem-aventurados, concedei propício o perdão das penas que merecem as almas dos fiéis defuntos, pelas quais fazemos estas preces para que, livres do Purgatório, vão gozar da eterna glória, por todos os séculos dos séculos. Amém.

Prima
Sede em meu favor etc...

Hino
Deus vos salve, excelso/ Senhor, compassivo,
das almas que penam/ entre o fogo vivo.
Segundo Batismo/ lhes dai, meu Senhor,
batismo de fogo/ purificador.
Como em Babilônia/ os três inocentes
só de vós se lembram/ nas chamas ardentes.
Só a vossa clemência/ as pode remir
do fogo que arde/ sem as consumir;
fogo que formastes/ com tais predicados,
para expiação/ dos nossos pecados.
Muito mais ativo/ que o calor do sol,
pior que uma frágoa,/ que um vivo crisol.

Supra o vosso sangue,/ que é tão meritório,
o dever das almas/ lá no Purgatório.
Aplacai das chamas/ também o calor,
daquele tremendo/ fogo expiador.
Peçamos a Deus etc.

Oração

Onipotente e misericordioso Deus etc.

Terça
Sede em meu favor etc.

Hino
Deus vos salve, Pai/ de misericórdia,
onde resplandece/ a paz e a concórdia
por tal excelência/ que em vós adoramos,
socorrei as almas,/ por quem suplicamos.
Tão enferrolhadas,/ como Manassés,
mover não podem/ suas mãos nem pés.
Privadas de verem/ o grande Adonai.
Seu eterno Rei,/ seu divino Pai.
Mais penalizadas/ do que Absalão,
por já não gozarem/ de Deus a visão
como o santo Jó/ tão amargamente
lágrimas derramam/ para Deus somente.
Qual o Rei Profeta,/ seus olhos aflitos
estão já enfermos/ por falta de espírito.
Médico divino,/ só vossa virtude
pode dar às almas/ eterna saúde.
Peçamos a Deus etc.

Oração

Onipotente e misericordioso Deus etc.

Sexta

Sede em meu favor etc.

Deus vos salve, nosso/ divino Mecenas,
protetor das almas/ que estão entre penas
vós sois nosso irmão/ pela humanidade,
nosso advogado/ com a divindade.
Derramai mil graças/ dessas vossas mãos
sobre aquelas almas/ dos nossos irmãos.
Obrai, pois, com elas,/ já com brevidade,
um rasgo estupendo/ da vossa bondade.
Apressai as horas/ chegai os momentos
de finalizarem/ seus grandes tormentos.
Não vos recordeis/ dos tempos passados,
quando cometeram/ seus grandes pecados.
Supra o vosso Sangue/ tão satisfatório
o dever das almas/ lá no Purgatório,
acabai as vossas/ correções fraternas.
Para que já gozem/ delícias eternas.
Peçamos a Deus etc.

Oração

Onipotente e misericordioso Deus etc.

Noa

Sede em meu favor etc.

Hino

Deus vos salve, Cristo,/ pastor piedoso
das almas benditas/ do lago penoso.
Libertai as almas,/ pastor sempiterno,
daquele lugar/ junto do inferno.
Qualquer dessas almas,/ que pena terá!
Porque no inferno/ quem vos louvará?
Nestas tristes almas,/ Senhor, acabai
os justos castigos/ de Deus, vosso Pai.
Supra vosso Sangue,/ tão satisfatório
o dever das almas/ lá no Purgatório.
Quebrai, meu Jesus/ poderoso e forte,
aquelas prisões/ dos laços da morte.
Seja o vosso braço/ o libertador
das almas que penam/ em tanto rigor.
Por vós finalize,/ Jesus soberano,
nessas tristes almas/ a pena do dano.
Peçamos a Deus etc.

Oração

Onipotente e misericordioso Deus etc.

Vésperas

Sede em meu favor etc.

Hino

Deus vos salve, Filho/ do Onipotente,
com as tristes almas,/ sempre tão clementes.
Tende compaixão/ dessas tristes almas,
que estão padecendo/ rigorosas chamas.
Bem como as securas/ do rico avarento,
padecem as almas/ outro igual tormento.
Assim como os cervos/ dos vales e montes,
quando sequiosos/ procuram as fontes.
Assim mesmo as almas/ querem excessivas
só a vós, meu Deus,/ fonte d'águas vivas.
Mandai-lhes propício/ as águas da graça,
para melhorarem/ daquela desgraça.
O perdão das almas,/ Senhor, alcançai,
das misericórdias/ de Deus vosso Pai.
Vosso Sangue seja/ propiciatório,
de Deus para as almas/ lá do Purgatório.
Peçamos a Deus etc.

Oração

Onipotente e misericordioso Deus etc.

Completa

Deus vos salve, Esposo/ das almas fiéis
que estão padecendo/ tormentos cruéis.
Converta-nos Deus,/ nós todos juntos,
para sufragarmos/ os fiéis defuntos.
Sede em meu favor etc.

Hino

Deus vos salve, Esposo/ das almas fiéis
que estão padecendo/ tormentos cruéis
mesmo assim vos amam/ em tal padecer,
sem aqueles toques/ do doce prazer.
Como as virgens loucas/ foram imprudentes,
perdoai as suas/ ações negligentes.
Celebrai depressa/ as núpcias eternas,
com aquelas almas/ humildes e ternas.
Olhai compassivo/ para as fadigas
dessas que não são/ vossas inimigas.
Conduzi-as logo/ à feliz herança
da vossa suprema/ Bem-aventurança.
Transportai-as já,/ sem mais dilação,
para os tabernáculos/ da santa Sião.
Por vós gozem elas/ sem maior detença
os doces efeitos/ da vossa presença.
Peçamos a Deus etc.

Oração

Onipotente e misericordioso Deus etc.

Oferecimento

Nós vos oferecemos,/ ó bom Deus propício,
pelas tristes almas,/ este breve ofício.
Vós que sabeis tudo/ quanto nós pensamos,
bem sabeis que almas/ hoje sufragamos.
Participem todas/ por vossa bondade,
conforme a justiça/ e a caridade.
Para que por vós,/ Jesus, Sumo Bem,
em paz já descansem/ para sempre. Amém.

ORAÇÃO PELOS DEFUNTOS

Com o coração dolorido recordo, diante do Senhor, de meus queridos familiares e amigos falecidos. Seja feita a vontade de Deus! Como nos ensina Jó, Deus deu, Deus tirou, bendito seja seu santo nome!

A morte é condição de todo mortal. É caminho da vida. Mas fere nosso coração. Sei que chorar é bom e não significa que estamos contra Deus. Aceitamos sua divina vontade.

Num sentimento cristão de caridade rezo por meus falecidos. Ofereço por eles o sacrifício de minha oração, que é o único lugar onde posso encontrá-los e a única coisa que posso fazer por eles.

Se necessitam de minha oração, eu peço que o Senhor os receba em sua casa. Que tenham a alegria de estar no Céu. Que meus sofrimentos e minha oração ajudem na sua purificação. Assim, chegando à casa do Senhor, possam interceder e rezar por nós. Amém.

Pe. Luiz Carlos de Oliveira

ORAÇÃO PELOS NECESSITADOS

Nós te suplicamos, ó Todo-Poderoso, sê o nosso socorro e nosso defensor. Salva os oprimidos, tem piedade dos pequenos, levanta os que caíram, mostra-te aos que padecem necessidade, cura os enfermos, traz de volta os que se perderam, dá alimento aos que têm fome, a liberdade aos prisioneiros. Que todos os povos reconheçam que só tu és Deus, que Jesus Cristo é teu Filho, que somos o teu povo e ovelhas do teu redil.

Dá misericórdia e paz a nós e a todos os habitantes da terra, como deste a nossos pais, que te rogavam na fé e na verdade, submissos ao teu poder infinito e à tua santidade.

Só tu tens o poder de realizar estas coisas e outras maiores ainda. Nós te damos graças pelo Sumo Sacerdote e Protetor de nossas pessoas, Jesus Cristo. Por ele te sejam dadas glória e magnificência agora e de geração em geração, pelos séculos dos séculos. Amém.

São Clemente de Roma

ORAÇÃO ANTES DA CONFISSÃO

Meu Senhor Jesus Cristo, que estais sempre disposto a acolher o pecador, esclarecei o meu espírito para que conheça todas as minhas culpas; inflamai de amor o meu coração para que as deteste sinceramente; dai-me a coragem para declará-las integralmente ao confessor e assim possa conseguir o perdão de todas elas. Pela vossa sagrada Paixão e Morte, pelo amor que tendes à vossa Mãe Imaculada, não deixeis de socorrer esta alma, pela qual derramastes vosso sangue redentor. Assim seja.

ORAÇÃO DEPOIS DA CONFISSÃO

Jesus misericordioso,
tu não vieste para julgar
mas para procurar aquilo que está perdido,
para libertar os que estão presos
pela angústia da culpa,
para nos salvar,
quando o nosso coração nos acusa.
Aceita o teu povo com todo o seu
passado pecaminoso.
Tu és maior do que o nosso coração,
maior do que toda a culpa.
Tu és o Criador de um novo futuro,
um Deus de amor eterno.
Tu nos perdoas, Senhor Jesus.
Podemos continuar a nossa vida

porque não nos condenaste,
porque nos aceitaste
assim como realmente somos,
com toda a nossa fraqueza.
Nós te agradecemos
esta nova oportunidade de vida
e te suplicamos,
dá-nos força
para não mais pecar. Amém.

Adriano Backx

ORAÇÃO DEPOIS DA COMUNHÃO

Senhor Jesus, unido comigo,
teu coração se estende a tudo
que é pequeno e fraco,
o teu Reino é para os pobres
e para os enfermos.
Tu também te tornaste pequeno e vulnerável;
nós te pedimos que sejamos,
na fraqueza da nossa doença, semelhantes a ti.

Senhor Deus, Pai misericordioso,
nesta comunhão recebemos o teu Filho,
Jesus Cristo.
Ele é para nós o grande milagre de amor,
e quando ele está conosco,
nossa vida deixa de ser tenebrosa
e angustiante.

Nós te pedimos que ele possa sempre
viver conosco,
para que a dúvida, o desânimo e a tristeza
se afastem do nosso coração,
e este fique repleto de fé,
de coragem, de simplicidade e de paz.
Deus eterno, que esta comunidade
seja para nós um sinal da tua proximidade,
e da felicidade de sermos
chamados teus filhos,
alimentados e amados por ti.
Não nos abandone ela, nós te pedimos,
seja como a luz do dia que nos ilumina.
Seja para nós uma terra firme
e muito mais ainda
seja o nosso futuro no teu Reino. Amém.
Senhor Jesus Cristo,
cumpriste a vontade do Pai até na cruz,
para dar a vida ao mundo.
Dá-nos cumprir a vontade do mesmo Pai
e nunca separar-nos de ti. Amém.

Adriano Backx

ORAÇÃO PELOS MÉDICOS E ENFERMEIROS

Senhor Jesus, que disseste:
"Os sãos não precisam de médico,
mas os enfermos",
tu que és também a fonte da vida
e da solidariedade humana,
que, ao teu exemplo,
haja sempre pessoas dotadas
de amor desinteressado e sincero,
que vão ao encontro do irmão enfermo
com amor e amizade;
concede, portanto,
a todos os médicos e enfermeiros
serem canais dessa vida e desse amor
que queres dar a todas as criaturas,
apressando assim,
a hora em que teu Reino se realize na saúde,
no bem e na felicidade para todos os homens.
Amém.

Adriano Backx

ORAÇÃO DO MÉDICO

Senhor, eu sou um médico. Um dia, depois de anos de estudos, me entregaram um diploma, dizendo que eu estava oficialmente autorizado a clinicar. E eu jurei fazê-lo... conscienciosamente! Não é fácil, Senhor, não é nada fácil viver este juramento na rotina sempre repetida da vida de um médico: consultório... diagnósticos... operações... receitas...

Contudo, Senhor, eu quero ser médico... alguém junto de alguém.

Não mecânico duma engrenagem, mas gente salvando gente!

Que todo aquele que me procura em busca de cura física encontre em mim algo mais que o profissional...

Que eu saiba parar para ouvi-lo... sentar junto ao seu leito para animá-lo... tomar sua dor como minha para ajudá-lo.

E é muito importante, Senhor: que eu não perca a capacidade de chorar!

Que eu saiba ser médico... alguém junto de alguém... gente salvando gente. COMO TU, SENHOR!

Attílio Hartmann

ORAÇÃO PELOS SOLITÁRIOS

É terrível sentir-se solitário, Senhor!

Às vezes, até mesmo num ambiente cheio de pessoas me sinto só... Sinto que o mundo está repleto de gente solitária, sentada nos bancos das praças ou nos tamboretes do bar, ou no cinema, ou nas festinhas.

Meu vizinho tampouco bateu jamais à minha porta.

Por que há de ser assim, Senhor?

Ajudai os vossos solitários a sair de si mesmos. Se não temêssemos tanto sofrer ferimentos na ação, verdadeiramente quereríamos chegar a conhecer e responder melhor ao próximo.

Dai-me força para afrontar o risco. A ferida não pode ser pior do que esta terrível sensação de solidão.

Ajudai-nos, ó Deus, a vencer nossa solidão, a compenetrar-nos e a unir-nos a vós. Amém.

Frei Silva Neiva

ORAÇÃO PELAS VOCAÇÕES

Senhor, Jesus Cristo,
o vosso amor nos chamou à vida.
Fizestes de nós,
vossos filhos, pelo Batismo;
que possamos assumir nossa missão
de libertar o mundo
e servir à comunidade.
Ajudai-nos a combater
todas as forças que levam à morte.
Chamai trabalhadores para a vossa messe.
Dai-nos pais responsáveis
na vivência do amor,
do serviço nas famílias e na comunidade.
Dai-nos cristãos-leigos
que deem verdadeiro testemunho de vida
no meio do povo.

Dai-nos sacerdotes e religiosos
que sejam verdadeiros profetas
a serviço de vossa Igreja
e do vosso povo sofrido.
Maria, Mãe da Igreja,
abençoai nossas dioceses
e nossos bispos.
Ajudai-nos a responder sempre SIM
aos apelos de Deus. Amém.

ORAÇÃO PELOS PADRES

Ó Deus, que constituíste a teu Único Filho supremo e eterno Sacerdote para glória de tua Majestade e salvação de todos os homens, concede que aqueles que ele escolheu como ministros e distribuidores dos seus mistérios, sejam constantes em cumprir a missão que receberam. Por Jesus Cristo, na unidade do Espírito Santo. Amém.

ORAÇÃO POR AQUELES QUE NÃO CONHECEM A CRISTO

Senhor Jesus Cristo, vós que, nos momentos mais angustiados da vossa Paixão, manifestastes uma sede ardente de salvar a todos os homens, comunicai também a nós essa sede. Dai-nos luz para nos formarmos no conhecimento de vossa palavra e forças para que, colaborando na sua difusão, em todos os momentos de nossa vida, levemos a vós, através da vossa Santa Igreja e por intermédio de vossa Santa Mãe, tantas almas que vivem distanciadas da verdade. Que por vós, convosco e em vós elas se reconciliem com o Pai Eterno, em união do qual e com o Espírito Santo, viveis e reinais pelos séculos dos séculos. Amém.

ORAÇÃO PELOS AMIGOS

Pai, o Senhor falava com Moisés como um amigo fala com o amigo. Louvo e agradeço pela amizade que o Senhor tem para comigo e para com todos.

O Senhor sabe ser amigo, mesmo quando não sei corresponder a essa amizade. Venho ao Senhor para rezar pelos meus amigos, aqueles a quem quero tanto bem.

Sei que o Senhor vai olhar para cada um com carinho. Peço que abençoe sua vida, sua família e seus empreendimentos. Sejam protegidos e amparados em suas necessidades. Que a alegria invada seus corações e vivam na paz. Que nossa amizade cresça sempre mais e sejamos amigos como o Senhor sabia ser amigo de Lázaro, Maria e Marta. *(Enumere seus amigos nominalmente e reze por cada um uma prece.)* Amém.

Pe. Luiz Carlos de Oliveira

ORAÇÃO PELOS INIMIGOS

Jesus, o Senhor mandou que rezássemos pelos inimigos. O cristão perdoa os inimigos. Como é difícil perdoar os inimigos que nos aborrecem tanto. Estou errado justificando meu desamor e meu modo de pensar. Quero aprender a perdoar.

Para começar a perdoar, rezo por todos os meus inimigos, aqueles que não amo, e aqueles que não me amam. Peço que sejam felizes, tenham boa saúde, muita realização em seus negócios e haja muita alegria em suas casas. As bênçãos do Senhor sejam fecundas para eles.

Peço, Senhor Jesus, que eles não sintam o mal querer que tenho por eles. Peço que se abra uma estrada e apareça uma oportunidade para que voltemos à fraternidade em seu amor. Amém.

Pe. Luiz Carlos de Oliveira

ORAÇÕES NO SOFRIMENTO E NA TRIBULAÇÃO

POR QUEM SOFRE

Senhor Deus, tu tens no coração
a vida de todos os teus filhos,
porque todos são preciosos
diante do teu coração de Pai.
Recorda-te de quantos estão na dor,
na solidão, na dificuldade.
Faz que sintam a proximidade dos irmãos,
que sejam sua consolação e esperança.
E lá, onde o homem não pode chegar,
porque é incapaz de penetrar
nos abismos da dor
presente no coração de tantos
seus semelhantes,
chegue a tua bondade paterna,
o sopro do teu Espírito consolador,
o doce remédio que Jesus,
médico da humanidade ferida,
sabe levar a todos aqueles
que invocam o seu santo nome. Amém.

ABENÇOA, SENHOR

Abençoa o coração inclinado
dos sofredores,
a difícil solidão dos homens,
o ser inquietante,
o sofrimento, que ninguém
confia ao outro.
E abençoa esse caminhar
dos bandos errantes da noite,
que não se deixam amedrontar
com o fantasma de caminhos desconhecidos.
Abençoa a miséria dos homens,
que morrem agora.
Dá-lhes, Deus,
um bom fim.
Abençoa os corações, Senhor,
os ásperos.
Dá sobretudo alívio
aos doentes.
Àqueles de quem tiraste o mais querido,
ensina-os a esquecer.
Não deixes ninguém nesta terra imensa
em perigo de alma.
Abençoa os alegres, Senhor,
conserva-os.
De mim nunca tiraste a tristeza.
Ela pesa às vezes
muito sobre mim.
Mas me dá força,
assim carrego-a.

Edith Stein

VÊ TEU FILHO FERIDO

Vê, ó meu Deus, teu filho ferido.
Examina essas mãos inocentes,
das quais escorre um sangue sagrado,
e perdoa nossos pecados.
Considera esse lado sem defesa,
atravessado pela lança cruel,
e renova-me na sagrada fonte que dele jorrou.
Pai de misericórdia,
como não és todo olhar
para a cabeça desse jovem, caro entre todos?
Para essa nuca inclinada?
Para essa morte preciosa e para esse abandono?
Considera, ó tu, muito amável, que nos geras,
a humanidade desta criatura bem-amada e tem
piedade da fraqueza de toda carne criada!

Pai, se a humanidade que teu Filho tomou é branca e o peito nu, vê: na cruz ele está vermelho de sangue, seu lado está lacerado e suas entranhas estão ardendo de secura.

Seus olhos admiráveis estão transtornados, toda desfigurada está sua face real!

Os braços abertos estão enrijecidos, as pernas estão pendentes; e de seus pés perfurados se difunde a onda de sangue sagrado!

Ah! Pai, considera essa natureza dilacerada em todos os membros de teu Filho, e lembra-te de qual natureza também eu sou.

Jean de Fécamp († 1078)

SOFRER COM HUMILDADE

Concede-nos, Senhor, um verdadeiro,
novo e mais profundo conhecimento de ti
através do sofrimento.
Faze que possamos perceber
com o afeto do coração
o teu mistério, que está além
de qualquer compreensão.
Faze que o exercício de paciência e da mente,
o percurso espinhoso da inteligência,
seja o sinal de uma verdade
que não foi alcançada simplesmente
com os parâmetros da razão humana,
mistério inacessível e também salutar
para a existência do homem,
pelos seus dramas e seus aparentes absurdos.
Desejamos oferecer-te os nossos sofrimentos
e dividir as dores da humanidade,
as dificuldades nas quais se debatem
muitos corações,
para retornar a uma sempre renovada
e mais autêntica experiência contigo.
Senhor, Deus nosso,
tu habitas numa luz eterna,
que a ninguém foi dado contemplar
senão a teu Filho,
que no-la revelou do alto da cruz.
Concede-nos penetrar no mistério de Jesus
de tal maneira a ponto de conhecer algo de ti,
na graça do Espírito Santo.

De poder penetrar no mistério da dor
com paciência, com humildade,
convencidos da nossa total ignorância,
do muito que ainda não conhecemos
da tua Trindade de Amor,
do teu plano de salvação.
Faze com que nos humilhemos
em nosso sofrimento,
para poder merecer ao menos uma partícula
de conhecimento daquele mistério
que nos saciará na eternidade.
Nós te suplicamos por intercessão de Maria
que sofreu, mas acreditou profundamente
e alcançou, também por nós,
o supremo e perfeito conhecimento
da tua glória.

Cardeal Martini

EM UM MOMENTO DE CANSAÇO

Senhor, hoje estou triste
pelos motivos que sabes.
Tu, porém, me queres alegre,
sereno e sempre aberto ao bem.
Então, vence dentro de mim o meu cansaço
e torna novo o meu espírito.

Dá-me a coragem
de enfrentar com maior alegria a vida,
não obstante as nuvens escuras deste período.

Tu és o sol da minha vida;
dissipa as trevas que trago dentro do coração
e faz que eu possa cantar logo os teus louvores
e reconhecer o teu amor que salva.

LEVAR A CRUZ QUE LIBERTA

Levar a cruz dos outros,
levar a cruz com os outros.
Levar a cruz sem os outros,
levar a cruz e os outros.

Levar a cruz do Cirineu,
levar a cruz com o Cirineu.
levar a cruz e o Cirineu.

Levar a cruz que Deus me dá,
levar a cruz que me dão os outros,
levar a cruz que eu me imponho.

Levar a cruz que não quero,
levar a cruz que não espero,
levar a cruz que não amo.

Levar a cruz que pesa,
levar a cruz que dói,
levar a cruz que liberta,
levar a cruz da Via-Sacra.

Levar a cruz ao Calvário,
levar o Calvário à Páscoa.

LIVRA-ME DO ERRO

Almejo-te; e novamente te peço aquilo que se necessita para almejar-te. Perece aquele a quem abandonares; mas não abandonas, porque és o bem supremo a quem não deixa de encontrar aquele que procura corretamente. E procura corretamente todo aquele a quem conduzes para que procure corretamente. Faze, Pai, que eu te procure, mas livra-me do erro. Nenhuma outra coisa, além de ti, se apresente a mim, que te estou procurando. Se nada mais desejo senão a ti, Pai, então eu te encontro logo. Mas se houver em mim desejo de algo supérfluo, limpa-me e torna-me apto a ver-te.

Santo Agostinho (354-430)

QUEBRA OS MEUS BLOQUEIOS!

Senhor, provoca-nos!
Passa no meio de nós,
onde quer que estejamos,
seja entre a multidão,
seja na solidão da prece recolhida,
seja na dureza da realidade cotidiana!
Faze com que não haja diferença
entre uma e outra,

que não reneguemos na rotina diária
aquele que desejamos conhecer
sobre o monte.
Faze com que haja unidade
nos diversos momentos de nossa existência!
Senhor, através da contemplação da tua face
que, despertado do sono
e ressuscitado da morte,
me infundes confiança,
desfaze, eu te suplico, os meus temores,
os meus medos, as minhas indecisões,
os meus bloqueios nas escolhas decisivas,
nas amizades,
no perdão,
nas relações com os outros,
nos atos de coragem
para manifestar a minha fé.
Dissolve os meus bloqueios, Senhor!

Cardeal Martini

CLAMAR A DEUS NA HORA DA ANGÚSTIA

"De minha angústia clamei a Javé
e ele me respondeu;
do seio do Xeol pedi ajuda
e tu ouviste a minha voz.
Lançaste-me nas profundezas,
no fundo dos mares,
e a torrente me cercou,
todas as tuas ondas
e vagas passaram sobre mim.

E eu dizia: fui expulso
de diante dos teus olhos.
Como poderei contemplar novamente
o teu santo templo?
As águas me envolveram até o pescoço,
o oceano primitivo cercou-me,
e as algas enrolaram-se
em volta de minha cabeça.
Eu desci até às raízes das montanhas,
à terra, cujos ferrolhos estavam
atrás de mim para sempre.
Mas tu fizeste subir da fossa a minha vida,
Javé meu Deus.
Quando minha vida em mim desfalecia,
lembrei-me de Javé;
minha prece chegou até ti,
até o teu santo templo.
Aqueles que veneram os ídolos vãos,
abandonaram seu amor.
Quanto a mim, com cantos de ação de graças,
vou te oferecer sacrifícios
e vou cumprir os votos que tiver feito:
A Javé pertence a salvação."

Jonas 2,2-11

LIVRAI-ME DO MAL

Senhor Jesus,
se algum mal me aconteceu,
em minha alma, em meu corpo,
em meu trabalho, em minha família,
com vosso poder, por vossa misericórdia,
por vossa vontade,
fazei que eu, a partir deste momento,
possa voltar a uma plena graça,
a uma completa saúde,
a uma perfeita união ao desejo
da Santíssima Trindade.
Eu vos peço, ó Jesus, por vossos méritos,
por vosso Sangue precioso,
derramado na cruz,
pelas dores da Virgem Maria
e pela intercessão do Patriarca São José,
para a glória da Santíssima Trindade. Amém.

ORAÇÕES DE ABANDONO E CONFIANÇA

MINHA CONFIANÇA

E agora, Senhor, qual é minha esperança?
Na verdade, ela está toda em ti.
Olha, Senhor, eu sou teu filho,
teu filho pródigo e perdido, mas teu filho.
Em tuas mãos eu me coloco,
nas mãos de meu Criador fiel.
Senhor, nasci à tua imagem.
Não toleres que ela seja desfigurada
a ponto de não reconhecer-te,
mas restaura-a na retidão
e na verdadeira santidade.
Em tuas mãos eu me coloco,
porque tu te lembras de mim,
meu Pai, Deus de verdade.

Lancelot de Andrewes,
bispo anglicano (1555-1626)

ENTREGO-TE MEUS SENTIMENTOS

Tu és, Jesus Cristo,
todo o bem que há em mim,
minha única herança
e toda minha riqueza.
Para que quero mais?

De tal modo és minha ambição,
que não quero viver para mim mesmo.
Diz-me se há algo no entanto
que devo sacrificar para agradar-te,
e concede-me força para fazê-lo.

Toma posse
de quanto sou e tenho.
Entrego-te meus sentimentos,
dou-te minhas afeições,
a toda recompensa renuncio,
e deixo toda procura
que não sejas tu.
Possuir-te a ti
me basta.

Santo Afonso Maria de Ligório
(1696-1787)

POR QUE ME OCULTAS TUA FACE?

Ó Cristo, luz do mundo,
brilha sobre mim e ilumina minha alma,
ilumina meus olhos para que te vejam,
a ti, que és a alegria, a felicidade, a vida eterna;
a ti, que és o Reino dos céus.

Revela-te segundo a tua palavra
e manifesta-te a mim!
Sim, não me feches a porta
de tua luz, ó meu Cristo.

Não me deixes, ó Cristo,
perder-me no meio do mundo,
pois só a ti eu amo,
eu que ainda não te amei,
e só de ti espero poder observar
os mandamentos,
eu que sou tão entregue às paixões,
eu que não te conheço.
Quem, te conhecendo,
tem necessidade da glória do mundo?
Quem, te amando,
irá procurar outra coisa?
Inclina-te, pois, tem piedade
deste pobre que eu sou.
Amar-te-ei com todo o meu ser
e procurarei tua glória.
Que misericórdia sem medida
a tua, Salvador!
Como te dignaste fazer-me
membro de teu corpo?
Como me revestiste da veste
fulgurante da imortalidade,
que transforma meus membros em luz?
Eu vejo a beleza, considero o brilho,
refletindo a luz da tua graça.
Contemplo, com estupor,
esse esplendor indizível,
e fico fora de mim,
ao pensar em mim mesmo:
o que eu era, o que vim a ser!
Tu és o Reino dos céus,
a terra prometida aos mansos,

tu és o prado do paraíso,
a sala do banquete divino,
o tálamo das bodas inefáveis,
a mesa posta para todos.
Tu és o pão da vida,
a bebida mais saborosa,
ao mesmo tempo a talha de água
e a água da vida.
Tu és a lâmpada inextinguível
para cada santo,
a veste e a coroa,
a alegria e o descanso,
as delícias e a glória, a felicidade.
A tua graça, ó meu Deus,
brilhará como o sol,
graça do Espírito de toda santidade
em todos os santos.
Ó Deus único, longânime
e juiz de todos os homens!
Ó maravilha, inacreditável dom
de tua bondade!
Que os homens possam ser
"em forma de Deus"
e que neles se forme aquele
que nada pode conter. Amém.

Simeão, o Novo Teólogo (949-1022)

NAS TUAS MÃOS

Nas tuas mãos, Pai santo e misericordioso,
colocamos a nossa vida.
Tu no-la concedeste.
Tu a guias e a completas com teus dons.
Tu permaneces junto a nós,
como rocha firme e amigo fiel,
também quando de ti nos esquecemos.
Porém, hoje retornamos a ti.
Queremos abandonar-nos à guia segura
das tuas mãos, que nos conduzem à cruz.
Sentimos a necessidade de meditar
e de calar longamente,
sentimos, ainda, o desejo de falar
para agradecer-te,
e para tornar conhecidas a todos os homens
as maravilhas do teu amor.
Nós nos separamos de ti, fonte da vida,
e encontramos a morte.
O teu Filho, porém, não se deteve
diante do pecado e da morte
mas, com a força do amor, destruiu o pecado,
redimiu a dor, venceu a morte.
A cruz de Jesus nos revela que o teu amor
é mais forte que tudo;
o dom misterioso e fecundo,
que emana da cruz, é o Espírito Santo,
que nos faz participantes
da obediência filial de Jesus,
comunica-nos a tua vontade
de atrair cada homem para a alegria de uma vida
reconciliada e renovada pelo amor.

Cardeal Martini

MINHA VIDA É UM INSTANTE

Minha vida é um instante,
uma hora passageira,
minha vida é um momento
que me escapa e foge.
Tu o sabes, ó meu Deus,
para amar-te sobre a terra,
eu não tenho senão o dia de hoje!
Oh! eu te amo Jesus!...
por ti minha alma aspira...
Por um dia somente sê meu doce apoio!
Vem reinar em meu coração,
dá-me teu sorriso
apenas no dia de hoje!
Pão vivo, Pão do céu, Divina Eucaristia,
ó mistério tocante que o amor produziu,
vem habitar meu coração,
Jesus minha branca Hóstia,
apenas no dia de hoje!
Logo morrerei e irei dizer teus louvores
quando o dia sem fim
despontar para minha alma
então eu cantarei sobre a lira dos anjos
o eterno dia de hoje!

Santa Teresinha

ORAÇÕES DE ADORAÇÃO, DE LOUVOR E DE AÇÃO DE GRAÇAS

GRATIDÃO: FONTE DE PAZ

Olho ao meu redor.
O que posso dizer?
Percebo que tudo o que tenho,
tudo o que sou e virei a ser
procede das mãos do Pai.

Meu olhar é reverente
e adora a majestade divina
presente em cada obra da criação.

Minha vida é expressão
gratuita e generosa
do amor que penetra todas as realidades.

Sou fruto do hálito de Deus
que inspirou dentro de meu ser
o princípio da eternidade.

E em meu coração surge,
cândida e mansamente,
uma palavra que me envolve por inteiro:
GRATIDÃO!

Por tudo, Pai,
sou grato a ti,
Senhor de minha existência.

Em minha vida só virá
aquilo que permitires.
Por isso, aos poucos, tudo o que há em mim
vai se transformando em
atitude de GRATIDÃO.
Meu coração vai se enchendo de paz,
daquela paz que o mundo não pode dar.

E eu descanso em ti
junto aos regatos de vida
que brotam do teu amor!
Assim seja, hoje e sempre.
Amém.

Pe. Sérgio Luiz e Silva

HINO DE LOUVOR

Louvado sejas tu, ó Senhor,
nosso Deus e Deus dos nossos pais.
Deus de Abraão, Deus de Isaac, Deus de Jacó.
Grande, poderoso, venerado Deus, supremo.

Concedeste a misericórdia
com uma grande generosidade.
Não te esqueceste das ações dos nossos pais,
enviarás o resgate
para os filhos dos seus filhos,
por causa do teu amor
e pelo amor da tua glória.

Tu és o Rei que ajuda, que salva e protege.
Louvado sejas tu, ó Senhor, escudo de Abraão.

O teu poder, ó Senhor, é eterno;
sustentas os vivos com misericórdia;
com grande bondade
dás nova vida aos mortos;
ajudas os abatidos, curas os doentes,
libertas os cativos;
confias naqueles que dormem sobre o pó.
Quem se pode comparar ao teu poder,
ó Senhor e rei?
Tu és o Senhor da vida,
da morte e da salvação.

Generosamente, deste inteligência ao homem;
ensinaste-lhe a sabedoria,
o conhecimento e a inteligência.
Louvado sejas tu, generoso Senhor.

Salva-nos das nossas próprias angústias
e liberta-nos;
dá-nos logo a redenção,
pois tu és o poderoso Redentor.
Louvado sejas tu, ó Senhor,
redentor de Israel.

Cura-nos, ó Senhor, e ficaremos curados;
ajuda-nos e salva-nos,
pois em ti está a nossa glória.

Amidá — rezado nas sinagogas

EU TE LOUVO E TE GLORIFICO, PAI

Senhor, Deus Todo-Poderoso,
Pai de teu Filho bem-amado, Jesus Cristo,
pelo qual recebemos
o conhecimento de teu nome,
Deus dos anjos, de toda a criação
e de todos os justos que vivem em tua presença,
eu te bendigo por me teres considerado digno
de pertencer às tuas testemunhas
e de participar do cálice de teu Cristo.
Com todos os que creem em ti
possa eu ser admitido à tua presença
como oferenda agradável.
Por esta graça e por todas as coisas,
eu te louvo e te glorifico
por Jesus Cristo, teu Filho bem-amado.

Policarpo de Esmirna († 167)

LOUVOR AO CRISTO

Nós te glorificamos
— Altíssimo Senhor Jesus.
Tu te abaixaste
— para nos elevar.
Tu te humilhaste
— para nos exaltar.
Tu te fizeste pobre
— para nos enriquecer.

Homem nasceste
— para que pudéssemos nascer.
Jejuaste, Senhor
— e mataste nossa fome.
Prisioneiro te fizeste
— e nos libertaste.
Foste julgado criminoso
— e nos deste a inocência.
Guardaste silêncio
— para perdoar nossas palavras.
A ti as bofetadas
— a nós revestiste da graça.
Amarramos-te à coluna
— e nos desamarraste do pecado.
Nós te crucificamos
— e tu nos salvaste.
Foste coroado de espinhos
— para que fôssemos reis.
A ti o fel e o vinagre
— a nós o teu amor.

Liturgia maronita

AÇÃO DE GRAÇAS

Agradecemos-te, Pai nosso,
a vida e o conhecimento que nos deste
— por Jesus, teu filho querido.
Glória a ti, por todos os séculos!

Como este pão, que agora partimos,
foi outrora espalhado,

em forma de grão de trigo,
pelos campos e pelas colinas,
e foi recolhido para formar um só pão,
assim também reúne toda a Igreja
das extremidades da terra
em teu reino.

Agradecemos-te, Pai santo,
o teu santo nome,
conservado em nossos corações,
a fé e a imortalidade que nos deste
— por Jesus, teu filho querido.

Tu, Senhor Todo-Poderoso,
criaste o universo para teu louvor
e deste aos homens alimento e bebida
para que, recebendo-os com alegria,
te rendam graças.
Mas tu nos gratificaste também
com um alimento e uma bebida espirituais,
para a vida eterna,
— por Jesus, teu filho querido.

Lembra-te, Senhor, de libertar a tua Igreja
de todo o mal e de aperfeiçoá-la no amor.
Reúne a Igreja que santificaste,
agora dispersa aos quatro ventos,
no reino que lhe preparaste,
pois de ti é o poder e a glória,
— por todos os séculos.
Amém.

Didaqué (final do século I)

ORAÇÃO SOBRE O CORPO

Pai, o Senhor criou o meu corpo penetrado de um espírito imortal e de um sopro de vida. Fez o homem e a mulher à sua imagem. E viu que era muito bom. O Senhor gostou e achou bonito o corpo que fez para nós. É imagem do Senhor.

Mesmo marcado pelo pecado e pela debilidade da natureza finita e sempre em crescimento, este corpo de carne e osso é destinado à ressurreição e transfiguração total na consumação dos tempos.

Este corpo é habitação da Trindade Santa e templo do Espírito Santo. É adotado como filho do Senhor. É lugar do meu encontro com o Senhor — encontro amoroso. Este corpo ama os irmãos. É o meio pelo qual posso amar, acariciar e entrar em contato com as pessoas. Sendo corpo realizo-me plenamente como pessoa.

Este corpo é igual ao corpo que Jesus, o Filho bendito, assumiu no corpo de Maria. Neste corpo o Redentor nos salvou. Este corpo bendito do Redentor, unido à divindade, foi-nos dado como alimento e vida na celebração da Eucaristia, quando diz: tomai e comei, isto é o meu corpo; tomai e bebei, isto é o meu sangue derramado para a redenção.

Agradeço a beleza que o Senhor colocou no corpo humano. Agradeço toda a alegria que ele me proporciona. Se desvio, peço a força do perdão para colocar-me de corpo, alma e vida a serviço dos irmãos. Se o mal me atinge, uno-me ao corpo chagado e crucificado de Jesus para que seja redenção.

Peço que meu corpo seja instrumento de paz, alegria e redenção para o mundo. Amém.

Pe. Luiz Carlos de Oliveira

ORAÇÃO SOBRE AS PAIXÕES

Senhor, Pai amado, criando o homem e a mulher à sua imagem, o Senhor colocou neles as faíscas divinas das forças internas que me fazem viver e crescer. Somos uma fornalha de fogo e luz, reflexo da imagem divina.

O Senhor deixa em nossas mãos usar livremente essa energia, buscando o bem e evitando o que nos faz menos humanos.

Agradeço todos estes dons preciosos que são nossas paixões. Louvo pelo bem que faço com essas energias que me fazem vivo. Certo que tenho de pedir perdão pelo mau uso e o abuso que tantas vezes me cegaram, enfraqueceram minha vontade, fizeram sofrer a mim e aos outros e sujaram meu coração.

Peço o amor que me toma por inteiro seja dedicado aos irmãos e ao Senhor.

Que a tendência ao ódio seja para cortar todo o mal, principalmente o que atinge os humilhados, mesmo com risco de minha vida.

Que a aversão que sinto por pessoas e coisas seja acalmada com a simplicidade do não querer só fazer meu gosto, mas colaborar com o gosto dos outros.

Que minha alegria seja uma explosão jovial da presença do Cristo Ressuscitado e instrumento de felicidade para os irmãos.

Que minha tristeza não me leve à fossa, mas partilhe dos sofrimentos dos irmãos, seja companheira dos oprimidos e abatidos.

Que minha audácia não seja temeridade, mas arrojo pelo bem dos irmãos e pelo crescimento do Reino.

Que minha esperança se funde nos bens que duram e seja arrimo dos fracos e desesperados.

Que o desespero que me tome, seja vencido pela conformidade e uniformidade com a vontade de Deus. Que tenha sempre presente que nada está perdido. Tudo tem um lado bom.

Que minha cólera não fira ninguém. Que essa paixão violenta se direcione a colocar todo o meu vigor para que o Senhor seja amado e seus prediletos defendidos. Que eu seja um leão de seu amor.

Peço que o Santo Espírito, força do alto, venha sobre mim, queime o que em mim for desordenado, fecunde as energias boas e assim possa, tendo as paixões domesticadas, servir ao amor e ao Reino dos Céus na Igreja, no meu povo, em particular nos pobres e abandonados. Amém.

Pe. Luiz Carlos de Oliveira

DEFESA CONTRA O MALIGNO

Augusta Rainha do céu e Senhora dos Anjos, vós que recebestes de Deus o poder e a missão de esmagar a cabeça de Satanás, nós vos imploramos humildemente: enviai-nos as legiões celestes para, sob o vosso comando, perseguirem e combaterem os demônios em toda a parte, destruírem a sua audácia e os lançarem nos abismos.

Ó bondosa e terna Mãe, vós sereis sempre o nosso amor e a nossa esperança.

Ó Mãe divina, enviai os Santos Anjos para nos defender e expulsar para longe de nós o cruel e infernal inimigo.

Santos Anjos e Arcanjos, defendei-nos e guardai-nos.

FÉ E ABANDONO

Vós sois santo, Senhor Deus único, vós que operais maravilhas. • Vós sois forte. • Vós sois grande. • Sois o altíssimo. • Sois o rei onipotente. • Sois o pai santo, Rei do céu e da terra. • Sois uno e trino, Senhor Deus, todo o bem. • Sois o bem, todo o bem, o sumo bem, o Senhor vivo e verdadeiro. • Sois caridade e amor. • Sois sabedoria. • Sois humildade. • Sois paciência. • Sois segurança. • Sois tranquilidade. • Sois gáudio e alegria. • Sois justiça e temperança. • Sois a riqueza completa e suficiente. • Sois beleza. • Sois mansidão. • Sois protetor. • Sois guarda e defesa. • Sois fortaleza. • Sois refrigério. • Sois a nossa esperança. • Sois a nossa fé. • Sois a nossa grande doçura. • Sois a nossa vida eterna, ó grande e admirável Senhor, Deus onipotente, Salvador misericordioso.

"LANÇAI AS REDES..."

Liberta-nos, Senhor Jesus,
da escravidão das palavras:
transforma nosso coração,
os nossos lábios,
os nossos ouvidos
em instrumentos dóceis ao sopro do Espírito.
Realiza a tua obra
pois que o compromisso torna-se
cada vez mais difícil e, subitamente,
nos damos conta de que
caminhamos verdadeiramente no deserto,
por fidelidade a ti, que desejamos encontrar.
Concede-nos a graça de saber caminhar.
Nós estamos diante de ti, Senhor Jesus,
como os sete pescadores sem sorte
que, repetindo o gesto de puxar a rede,
a recolhem vazia e, mesmo assim,
ainda uma vez estão prontos,
sob teu comando,
a repetir o gesto.
Ordena, Senhor, e lançaremos a rede.

Cardeal Martini

PROFISSÃO DE FÉ I

Enquanto durar a vida que me deste,
Pai santo, Deus Todo-Poderoso,
quero proclamar-te como o Deus eterno
e como o eterno Pai.
Suplico-te que conserves intacto em mim
o respeito de minha fé
até o fim de minha existência.
Dá-me esta consciência de meu saber,
de modo que eu guarde firmemente
o que professei no símbolo da fé,
quando fui batizado
em nome do Pai e do Filho e do Espírito Santo.

Dá-me a graça de te adorar, a ti,
nosso Pai, e a teu Filho contigo;
a graça de ser digno do Espírito Santo,
que procede de ti pelo Filho único.
Tomo como testemunha
de minha fé aquele que diz:
Pai, tudo que é meu é teu,
e o que é teu é meu,
meu Senhor Jesus Cristo,
que é teu, que está em ti e contigo,
sem deixar de ser Deus
que é louvado pelos séculos dos séculos.
Amém.

Santo Hilário de Poitiers († 367)

PROFISSÃO DE FÉ II

Cremos em Deus, nosso Pai, que é Senhor da vida e que não criou o homem para morrer, mas para participar definitivamente de sua felicidade.

Cremos que Deus vive e trabalha no nosso meio e que é protetor dos pobres, dos órfãos, das viúvas e dos estrangeiros. Cremos que ele escutou o grito dos pobres e se inclinou para libertá-los, enviando seu Filho Jesus Cristo para que se fizesse irmão e pobre entre os pobres de seu povo...

Ele passou pelo mundo fazendo o bem, anunciou a salvação aos pobres, a visão aos cegos e a liberdade aos oprimidos; e foi presença e proximidade de Deus entre os seus...

Cremos que o Espírito Santo comunicou o amor e a coragem de Jesus a tantos homens e mulheres de nosso continente que anunciaram o evangelho até derramar seu sangue. Cremos na Igreja Católica que, governada pelo Pai e por nossos pastores, anuncia a salvação aos homens e quer ser cada dia mais "a voz dos que não têm voz". Cremos em nossos santos e mártires, nos mártires de hoje na América Latina. Todos eles nos inspiram e nos ajudam a servir ao Reino, como eles fizeram. Amém. Aleluia.

Conferência Latino-Americana dos Religiosos

LER A BÍBLIA QUANDO...

Há um texto bíblico para cada situação, para cada ocasião. Porque os autores sagrados são pessoas que passaram, como nós, pelas mais diferentes condições e retrataram nos textos inspirados os seus sentimentos.

Vão aqui algumas sugestões para você aplicá-los às diversas situações que encontra na vida.

Somos perseguidos ou caluniados: Sl 10; 12; 120; 140; Jr 20,7-13; Mt 10,17-25

Somos tentados: Sl 73; 141; Dt 8,1-16; Mt 4,1-11; Tg 1,12-15

Estamos profundamente arrependidos: Sl 51; Jó 42,1-6; Lc 15,1-32; 1Jo 3,3-24

Não sabemos que rumo tomar: Sl 1; Dt 30,15-20; Mq 6,1-8; Jo 3,1-21; Rm 7,14-25

Achamos a vida inútil e sem sentido: Sl 90; Ecl 4,1-12; Lc 24,12-35

Estamos revoltados contra a injustiça e a opressão: Sl 58; 94; 101; Is 33,1-6; Hb 2,5-20; Jo 10,1-21

Sentimos dificuldades em perdoar alguém: Sl 130; Jn 1,3; Mt 18,23-35; 1Cor 13,1-13

Deus nos parece distante: Sl 139; Mt 6,25-34; Fl 4,4-9

Necessitamos de confiança e refúgio: Sl 3; 27; 42; 56; 61; 63; Dt 32,1-4; Mt 11,28-30

Achamos que não adianta rezar: Sl 4; 6; Lc 11,1-13; Jo 17

Estamos doentes: Sl 38; 88; 102; Tg 5,11-15
Conseguimos sair vitoriosos numa dificuldade ou reivindicação: Sl 18; 118; Êx 15,1-21; Jt 16,1-17; Is 42,10-17
Queremos agradecer: Sl 40; 113; 138; Dn 3,57-88; Lc 1,46-55; Ap 15,3-4
Vamos participar do culto na igreja: Sl 15; Is 1,10-20; Lc 18,9-14; Tg 2,14-26

QUANDO REZAR OS SALMOS

Para pedir sabedoria: 1, 24
Quando me sinto oprimido: 2
Quando estou confiante: 3, 15, 22, 27, 39, 40, 45, 126, 129, 130
Para descansar em Deus: 4
Na insegurança: 5
Quando estou arrependido: 6
Na perseguição: 7, 82, 139
Louvando a Deus: 8, 18, 28, 32, 35, 47, 64, 75, 91, 95, 98, 107, 110, 112, 116, 134, 135, 137, 148, 149, 150
Para me alegrar em Deus: 9
Na aflição: 10, 55, 59, 63, 73, 78
Pedindo proteção: 11, 16, 19, 53, 58, 90, 120, 124
Buscando refúgio: 12, 34, 56, 60, 61, 141
Na descrença: 13, 52
Para bem agir: 14, 33, 36, 38, 48, 74, 100, 111
Para dar glória a Deus: 17, 65, 76, 86, 92
Para agradecer: 20, 29, 66, 102, 106, 114, 115, 123, 125, 128
No sofrimento: 21, 68
Na presença de Deus: 23, 83, 138
Pedindo justiça: 25, 57, 71, 81, 93, 108
Para pedir a esperança: 26
Procurando abrigo: 30
Pedindo perdão: 31, 37, 50
No desânimo: 41
Quando estou abatido: 42, 101
Na angústia: 43, 87, 142

NOVENA DAS MÃES

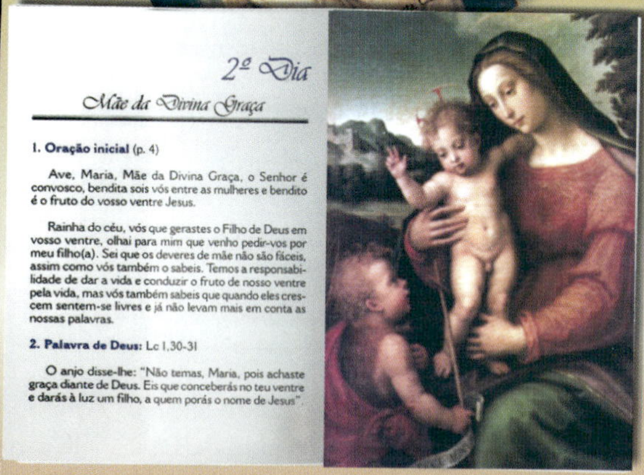

2º Dia

Mãe da Divina Graça

1. Oração inicial (p. 4)

Ave, Maria, Mãe da Divina Graça, o Senhor é convosco, bendita sois vós entre as mulheres e bendito é o fruto do vosso ventre Jesus.

Rainha do céu, vós que gerastes o Filho de Deus em vosso ventre, olhai para mim que venho pedir-vos por meu filho(a). Sei que os deveres de mãe não são fáceis, assim como vós também o sabeis. Temos a responsabilidade de dar a vida e conduzir o fruto de nosso ventre pela vida, mas vós também sabeis que quando eles crescem sentem-se livres e já não levam mais em conta as nossas palavras.

2. Palavra de Deus: Lc 1,30-31

O anjo disse-lhe: "Não temas, Maria, pois achaste graça diante de Deus. Eis que conceberás no teu ventre e darás à luz um filho, a quem porás o nome de Jesus".

Pe. Hélcio Vicente Testa, C.Ss.R.

32 páginas

formato 10,5x14,5 cm

ilustrado em cores

Ser Mãe é o maior presente de Deus...
e toda mulher traz no coração esse dom divino.

Os filhos não precisam só do cuidado e da ternura das mães, eles precisam principalmente de suas orações e de seu amparo espiritual.

Através dessa novena, as mães recorrem a Deus, conforme as necessidades de seus filhos.
São nove meditações dirigidas ao coração materno de Maria, a Mãe de Deus.

ISBN 978-85-7914-264-2

PUBLIFOLHA
Divisão de Publicações do Grupo Folha
Al. Barão de Limeira, 401, 6º andar, CEP 01202-900, São Paulo, SP
Tel.: (11) 3224-2186/2187/2197
www.publifolha.com.br

COORDENAÇÃO DO PROJETO: PUBLIFOLHA
Editora-assistente: Mell Brites
Coordenação de produção gráfica: Soraia Pauli Scarpa
Produção gráfica: Mariana Metidieri

PRODUÇÃO EDITORIAL: Editora Página Viva
Tradução: Anna Quirino
Edição: Carlos Tranjan
Assistência de edição: Laura Vecchioli
Revisão: Beatriz Chaves e Pedro Ribeiro
Direção de arte: Priscylla Cabral
Assistência de arte: Bianca Galante

AA TRAVEL GUIDES
Texto: Sally Roy

Impresso na Leo Paper Products, China.

Dados Internacionais de Catalogação na Publicação (CIP)
(Câmara Brasileira do Livro, SP, Brasil)

Lisboa / AA Publishing ; [tradução Anna Quirino]. -- São Paulo : Publifolha, 2011. -- (Guia espiral)

Título original: Spiral guide Lisbon.
ISBN 978-85-7914-264-2

1. Lisboa (Portugal) - Descrição e viagens - Guias I. AA Publishing. II. Série.

10-13062 CDD-914.69425

Índices para catálogo sistemático:
1. Guias de viagem : Lisboa : Portugal 914.69425
2. Lisboa : Portugal : Guias de viagem 914.69425

A grafia deste livro segue as regras do Novo Acordo Ortográfico da Língua Portuguesa.

Foi feito o possível para garantir que as informações deste livro fossem as mais atualizadas disponíveis até o momento da impressão. No entanto, alguns dados como telefones, preços, horários de funcionamento e informações de viagem estão sujeitos a mudanças. Os editores não podem se responsabilizar por qualquer consequência do uso deste guia, nem garantir a validade das informações contidas nos sites indicados.

Os leitores interessados em fazer sugestões ou comunicar eventuais correções podem escrever para a Publifolha, Al. Barão de Limeira, 401, 6º andar, CEP 01202-900, São Paulo, SP, enviar um fax para: (11) 3224-2163 ou um e-mail para: atendimento@publifolha.com.br

Fique por Dentro

Mistura de Raças – Herança Colonial

Quem são os lisboetas? Obviamente, os habitantes de Lisboa. Mas se você passear por qualquer rua do centro verá uma diversidade étnica que lembra muitas metrópoles cosmopolitas. Fora da capital, a população portuguesa é uma das mais homogêneas da Europa: uma amálgama de ibéricos e celtas com traços de sangue romano e mouro. Mas Lisboa tem uma história diferente, e a explicação está no passado imperial português.

Acima: detalhe do brasão da bandeira nacional portuguesa

No alto, à dir.: traje tradicional

À dir.: a estátua de dom Pedro 4º se destaca no Rossio

As grandes navegações nos séculos 15 e 16 não só desvendaram as rotas comerciais internacionais como também anunciaram o início da colonização portuguesa na Índia, na América do Sul e no Extremo Oriente. Por volta de 1560, Portugal controlava áreas imensas nos litorais ocidental e oriental da África, em Cabo Verde, em Goa e outras partes do oeste da Índia e no atual Sri Lanka; havia assentamentos mais para o leste, nas ilhas que se tornaram a Nova Guiné e o Timor, outros na China e no Japão e o vasto território do Brasil. Com o passar do tempo essas possessões foram gradualmente perdidas, dividiram-se ou obtiveram independência. A última colônia portuguesa, Macau, foi reincorporada à China em 1999.

Dê uma volta por Lisboa e esse legado colonial aparecerá nos rostos, nas atrações turísticas, nos sons e aromas da África, da Ásia e do Brasil. Estima-se que existam mais de 200 mil africanos na capital, vindos principalmente de Cabo Verde, Angola, Moçambique e Guiné-Bissau, além de um grande número de *retornados*, como são conhecidos os portugueses brancos que saíram das colônias africanas e voltaram para casa na década de 1970. Todos eles mantêm a cultura viva, carregando consigo comidas, danças e músicas tradicionais. Isso também vale para os brasileiros, que vêm para cá desde a década de 1990, trazendo sua música e a caipirinha, e que conquistaram uma boa quantidade de moradores de Lisboa com o jeito brasileiro. Há um carinho especial, também, com os indianos de Goa, local que se transformou num elemento da consciência portuguesa desde que Vasco da Gama descobriu o caminho marítimo para a Índia em 1498, e com um

número menor de timorenses que começaram a chegar durante a ocupação dessa ex-colônia portuguesa pelos indonésios. Misture alguns europeus do leste, uma pitada de chineses de Macau e outra de malaios da Indonésia, e você terá os clássicos ingredientes do cadinho multicultural que confere às grandes cidades um fascínio extra.

Naturalmente existe o outro lado da moeda. Apesar da tradição de tolerância com os migrantes, há discriminação e a chamada exclusão social, que transformam em estrangeiros muitos jovens negros em seu próprio país. A pobreza e o uso de drogas deixam alguns grupos étnicos em péssimas condições, e o número de imigrantes ilegais, principalmente da Ucrânia, atingiu níveis epidêmicos.

Henrique, o Navegador, e os Descobrimentos

Apenas 140 anos separam a primeira incursão marítima de Portugal das ingerências bem-sucedidas do direito de comércio exclusivo com a China e o Japão. A partir do momento em que foi lançado o primeiro ataque a Ceuta, no norte da África, o pequeno Portugal mostrou que estava destinado a grandes feitos, e o infante dom Henrique, mais conhecido como príncipe Henrique, o Navegador, foi quem deu início a esse processo.

Nascido em 1394, filho de dom João 1º e de sua esposa inglesa, Filipa de Lancaster, Henrique, como quarto filho, teria de se esforçar para achar uma ocupação. Sua oportunidade surgiu em 1415, quando o pai o encarregou de organizar um ataque ao porto de Ceuta, no norte da África. Esse era o momento certo; o país estava pronto para a expansão, estimulado pela cobiça, pelo espírito aventureiro e pelo fervor religioso contra os árabes. Os esforços de Henrique foram recompensados. Ceuta se rendeu, dando a ele o poder para virar treinador de marinheiros e inovador marítimo. Ele redesenhou as caravelas de alto-mar e fundou a Escola de Navegação de Sagres, no Algarve, tornando possível explorações mais longínquas. A partir de então, seus navios navegaram pelo Atlântico rumo ao Oriente, descobrindo as ilhas Canárias em 1416, a ilha da Madeira por volta de 1419 e os Açores na década de 1430. Ansioso para fazer negócios com o Extremo Oriente, mas bloqueado por Veneza e Gênova pelas rotas terrestres, Portugal começou a cogitar a possibilidade de achar uma passagem marítima para o Oriente, contornando o continente africano. O cabo Bojador, no litoral oeste da África, o ponto mais meridional nas

Acima: Henrique, o Navegador

No alto, à dir.: mapa-múndi em mosaico na base do impressionante Monumento aos Descobrimentos

À dir.: Henrique, o Navegador, e dom Manuel 1º, duas figuras históricas na proa do monumento

cartas marítimas, era o desafio insuperável. Ali ficava a extremidade do mundo conhecido, além da qual estava um "mar de escuridão". O litoral ao norte tinha correntes oblíquas, vagalhões e névoas no inverno, e o mar ficava tingido de vermelho pelas areias do deserto.

Entre 1421 e 1433 nada menos que 14 expedições fracassaram na tentativa de contornar o cabo, e Henrique já estava sem paciência com seus comandantes. Em 1434, ele estimulou Gil Eanes com promessas de recompensas e riquezas. Eannes passou pelas Canárias e contornou o cabo, acabando com a superstição e abrindo o caminho para o sul.

Henrique morreu em 1460, mas sua obra continuou. Em meados da década de 1470, os navios portugueses cruzavam o Equador e em 1488 Bartolomeu Dias contornou o cabo da Boa Esperança. Estava aberta a rota para o Oriente, e nove anos depois Vasco da Gama partiu de Restelo (atual Belém) com três caravelas e chegou a Calicute (Calcutá), na Índia, em 1498. Confusões e violência acompanharam o navegante e seus marujos, que atacaram e mataram inúmeros muçulmanos, o que foi repetido conforme os portugueses ampliavam seu império, enquanto o litoral africano fornecia milhares de escravos para as plantações de cana-de-açúcar nas ilhas do Atlântico – o outro lado da moeda do período áureo de Portugal.

SABORES DE LISBOA

A parte antiga e pobre de Portugal ainda é vista pelos críticos como uma espécie de deserto gastronômico, no qual as porções são enormes mas as habilidades culinárias são pequenas. Lisboa não merece essa classificação, pois hoje ela oferece comidas muito variadas, embora fiéis a suas raízes. E são essas raízes que fazem a diferença – uma tradição de comida boa e simples, ótimos peixes e frutos do mar, uma cultura fantástica de cafés, bolos e doces maravilhosos e vinhos que constituem um dos segredos mais bem guardados do país. Então, escolha uma mesa, examine o menu e muna-se de garfo e faca.

Mas... o que comer? Lisboa oferece a culinária portuguesa, as comidas vindas das ex-colônias do Brasil, Angola, Macau e Goa, as cozinhas italiana e francesa e a fusão mediterrânea. Há ensopados e sopas ricas em feijões e legumes, bolinhos saborosos, tortas crocantes cheias de cremes e recheio de ovos e, acima de tudo, peixes. Lisboa conti-

As sardinhas representam o sabor de Lisboa e do próprio país

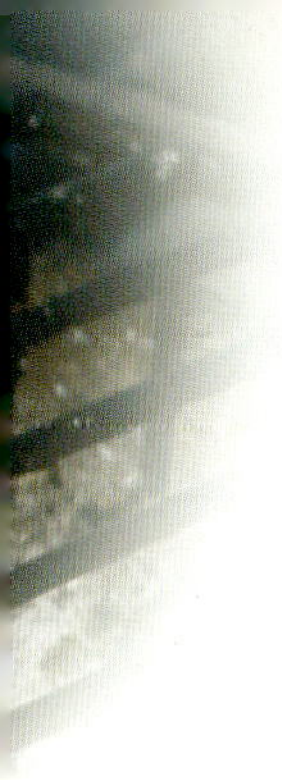

nua a ser um dos melhores lugares da Europa para saborear peixes e frutos do mar, e os destaques são a sardinha grelhada, os salmonetes assados no sal, uma tigela fumegante de caldeirada rica ou, aos olhos dos portugueses, a grande estrela: o bacalhau.

Um Peixe Especial

É um mistério por que Portugal, um país marítimo, cujo litoral está cheio do melhor que se pode encontrar no Atlântico, apegou-se tanto ao bacalhau, de textura firme e sabor forte. A resposta data dos tempos em que os portugueses pescavam esse rei dos peixes no litoral da Terra Nova, trazendo-o para ser conservado com sal e seco. Ele foi conquistando a preferência das pessoas e se tornou um produto de primeira necessidade, uma comida para o dia a dia e também para festas. Diz-se que existem 365 maneiras de preparar o bacalhau, uma para cada dia do ano, para não repetir receita – experimente o bacalhau à Brás, em que lascas do peixe são misturadas com batatas, azeitonas e ovos mexidos, salpicados com salsinha.

Um Toque Doce

Para aqueles momentos em que sua energia diminui, a variedade de delícias doces de uma boa pastelaria (confeitaria) pode resolver o assunto. Em Lisboa, os favoritos são os pastéis de nata, uma tortinha aberta, crocante, recheada com creme de ovos, mas existem milhares de delícias, e no topo da lista estão os doces conventuais, preparados com gemas e açúcar, originalmente feitos em conventos. Para acompanhar, tome uma bela xícara de chá, bebida que os portugueses afirmam ter introduzido na Inglaterra, quando Catarina de Bragança se casou com Carlos 2º.

Oferta de Vinhos

Se quiser algo mais forte, os vinhos produzidos em Portugal constituem uma revelação. Os tintos são os mais interessantes, mas o produto local mais famoso é o vinho do Porto (ou apenas Porto), originário do Douro, no norte do país. Não deixe de experimentar o Porto branco, excelente aperitivo, sem falar num cálice de Madeira, outro vinho fortificado, ou uma taça do espumante e leve vinho verde gelado. Faça sua escolha e aproveite.

O saboroso pastel de nata

Saudade

Aquele Sentimento

Eles podem viver no sul da Europa, mas é preciso dizer que, à primeira vista, os portugueses não têm o temperamento alegre de outros povos meridionais. Não são de dar grandes demonstrações de raiva, alegria ou tristeza. Reserva parece ser o lema deles, mas há quem diga que isso é apenas desconfiança. No fundo, os portugueses são gentis e simpáticos, mas com frequência os estrangeiros se sentem desprezados e ignorados.

Essa é uma avaliação superficial e, de certo modo, injusta. A explicação pode ser muito simples: os portugueses, seu temperamento e suas emoções não são mediterrâneos. Basicamente fleumáticos, eles levam a vida com um pouco de música e dança, valendo-se de uma emoção enigmática resumida pela palavra saudade. Esse vocábulo não tem equivalente em outras línguas, e condensa nostalgia e desejo de ter algo que não está mais disponível, algo impossível de obter, seja um lugar, uma pessoa ou até um objeto. Os marinheiros sentem saudade à medida que passam meses fora de casa. Também a sentem os emigrantes no exterior, e os que ficaram em casa em relação aos que partiram, como se quisessem voltar aos dias das grandes

Fado: a música que é a alma de Portugal

Azulejos com temática musical numa casa de fado no Bairro Alto

conquistas portuguesas. É a saudade que une firmemente as comunidades portuguesas nas grandes cidades do mundo, e é ela que traz os migrantes para casa depois de trabalharem durante anos no exterior. Você a encontrará no impetuoso amor de todos os portugueses pela terra natal e, acima de tudo, pelo fado, a música típica de Portugal.

Fado significa "destino", e em sua expressão mais pura essa música elegantemente melancólica, apresentada por um cantor, um violão comum e outro de 12 cordas, fala dos grandes mistérios da vida e de paixões – amor, ciúme, morte e traição. Pode também ser alegre, e os estilos de fado variam de leves e sentimentais a sombrios e intensos. Ninguém sabe de onde veio; alguns dizem que suas raízes são árabes, outros que se trata de um legado dos trovadores provençais, e há os que falam que surgiu no Brasil. Seja como for, ele apareceu na década de 1850, cresceu e atingiu o auge na década de 1940, sumiu na década de 1970 e reapareceu com tudo no final dos anos 1990.

As Estrelas do Fado

O grande nome do fado foi Amália Rodrigues, que nasceu na pobreza em 1920. Ela tirou o fado das tabernas escuras e enfumaçadas do local onde nasceu, e sua voz maravilhosa e expressiva garantiu uma plateia internacional para o gênero. Quando morreu, em 1999, o país ficou de luto, e ela foi enterrada no Panteão Nacional (➤ 89). Atualmente, sua casa é um museu, a **Casa-Museu Amália Rodrigues**, na Rua de São Bento, 193 (tel. 213 971 896, ter-dom 10h-13h, 14h-18h), um santuário para a fadista mais idolatrada de Portugal.

Mariza também se destaca – cantora do século 21, bonita e elegante, com voz extraordinária. Ela se propôs a mostrar que o fado não é um estilo ultrapassado, mas que, como o blues ou o flamenco, está vivo e vai muito bem. Ela destaca que o fado não fala só de saudade e tristeza, mas que pode transmitir muitos estados de espírito. A energia e o talento da cantora atraíram uma nova plateia. Em suas melhores apresentações ao vivo, Mariza interpreta músicas novas, trazendo poesia para suas letras e, às vezes, incrementando o tradicional acompanhamento com uma variedade maior de instrumentos.

A Tradição dos AZULEJOS

Grande parte dos países adorna suas paredes com entalhes, afrescos, tapeçarias ou apenas uma boa pintura. Portugal usa azulejos, e não há local melhor para apreciar essa bela decoração do que Lisboa. Desde igrejas e palácios até fontes, fachadas de lojas e residências, a cidade encanta o visitante com a pureza de milhares de peças coloridas principalmente de azul e branco.

O azul e o branco predominam. A própria palavra *azulejo* provavelmente deriva do vocábulo persa *azraq*, que signica "azul". Se não for de *azraq*, vem da palavra árabe *zalayja*, que quer dizer "pedra polida", e as duas expressões colocam a origem dos azulejos portugueses no passado mourisco do país. No século 14, os azulejos chegaram à península Ibérica pelas mãos dos mouros, e os artistas mudéjar (mouros cristãos), que trabalhavam em Sevilha, mandaram suas peças para o vizinho Portugal – ainda se podem ver alguns deles no Palácio Nacional de Sintra (➤ 164). Duzentos anos depois, artesãos italianos criaram a técnica maiólica, que permitia aos artistas pintarem diretamente no azulejo sem o risco da mistura de cores durante o processo de queima. Esse era o incentivo de que os artesãos portugueses precisavam, e a indústria de azulejos teve um grande crescimento. De início, essas peças eram usadas principalmente em igrejas e claustros para retratar cenas bíblicas e os santos de preferência – São Roque (➤ 109) dispõe de alguns ótimos exemplos. Por volta do século 17, os fabricantes de azulejos estavam

Onde Ver os Melhores Azulejos
- Igreja de São Roque (➤ 109)
- Linha Vermelha do Metrô
- Museu da Cidade (➤ 63)
- Museu Nacional do Azulejo (➤ 85-86)
- Palácio dos Marqueses de Fronteira (➤ 111)
- Palácio Nacional de Queluz (➤ 167)
- Palácio Nacional de Sintra (➤ 164)
- São Vicente de Fora (➤ 80-81)

crescendo e produziram enormes quadros compostos de centenas de peças, como os de São Vicente de Fora (➤ 80-81) e do Palácio dos Marqueses de Fronteira (➤ 111).

Após o terremoto de 1755 (➤ 20-21), Lisboa passou por uma profunda reconstrução, e a primeira produção em massa de azulejos foi realizada pela Real Fábrica do Rato, fundada pelo marquês de Pombal em 1767. Com estilo mais neoclássico, esses azulejos foram cada vez mais usados para decorar e proteger fachadas e interiores, e atualmente existem diversos exemplos disso em Lisboa.

No século 19, o onipresente azulejo era usado em fábricas, prédios residenciais, lojas e até em estações de trem. Essa tradição continua, e podem-se ver algumas das mais notáveis obras modernas de azulejos de Lisboa nas estações de todo o sistema de metrô, um trabalho dos melhores artistas contemporâneos.

À esq.: azulejos nos jardins do Palácio dos Marqueses de Fronteira
À dir.: azulejos tradicionais no bairro de Belém

Onde Comprar os Melhores Azulejos

Ratton (Rua Academia das Ciências, 2c, São Bento, tel. 213 460 948). Azulejos contemporâneos de artistas portugueses e estrangeiros.
Sant'Anna (Rua do Alecrim, 95, Chiado, tel. 213 422 537). Cópias feitas à mão de azulejos dos séculos 17 e 18.
Solar (Rua Dom Pedro V, 68-70, Bairro Alto, tel. 213 465 522). Especializada em azulejos antigos.

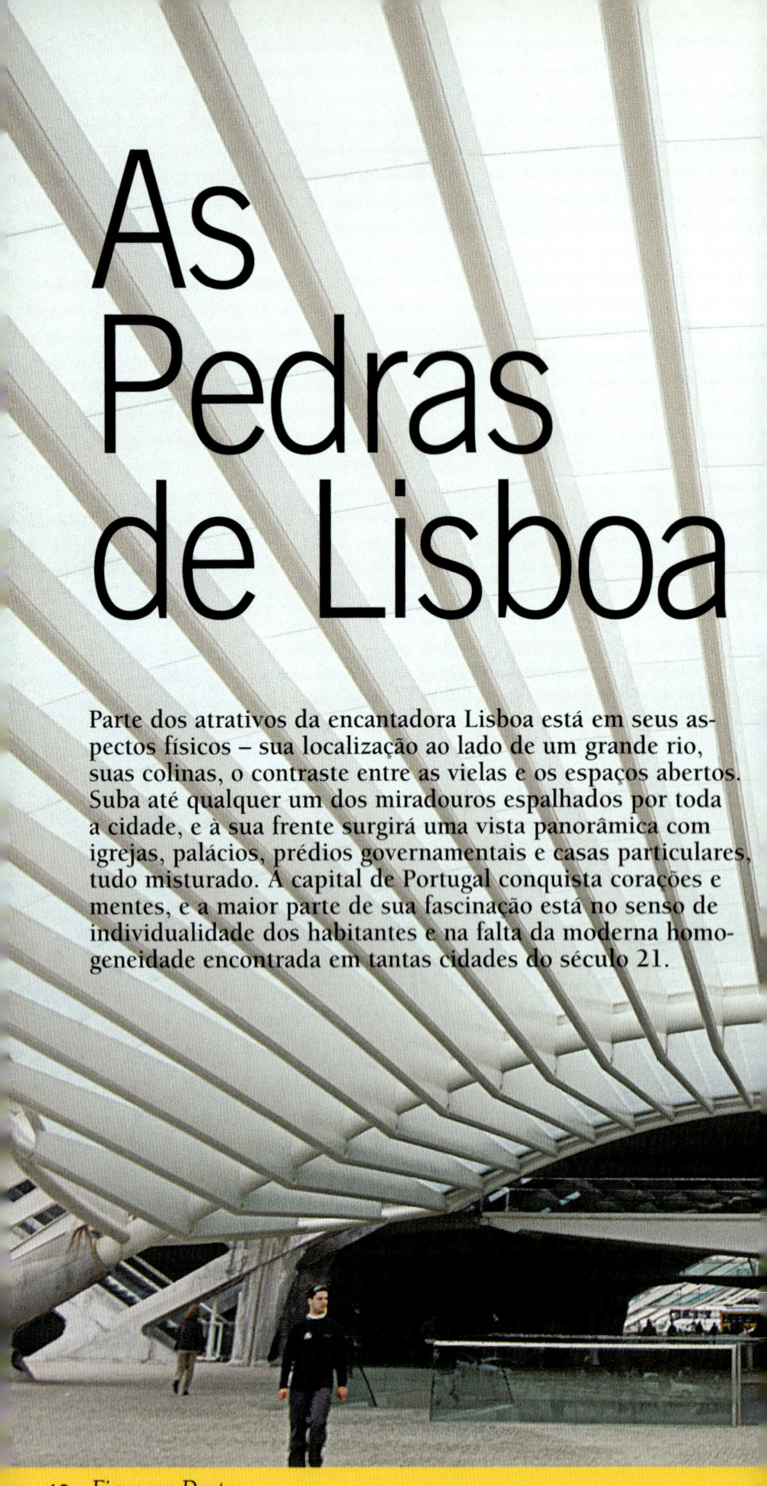

As Pedras de Lisboa

Parte dos atrativos da encantadora Lisboa está em seus aspectos físicos – sua localização ao lado de um grande rio, suas colinas, o contraste entre as vielas e os espaços abertos. Suba até qualquer um dos miradouros espalhados por toda a cidade, e à sua frente surgirá uma vista panorâmica com igrejas, palácios, prédios governamentais e casas particulares, tudo misturado. A capital de Portugal conquista corações e mentes, e a maior parte de sua fascinação está no senso de individualidade dos habitantes e na falta da moderna homogeneidade encontrada em tantas cidades do século 21.

O notável interior da Gare do Oriente, no Parque das Nações

O Que Há de Melhor e Onde Encontrar

Românico: Sé (➤ 72 73)
Manuelino: Torre de Belém (➤ 120-121), Mosteiro dos Jerónimos (➤ 128-132), Igreja Madre de Deus (➤ 85)
Espanhol: Igreja de São Vicente de Fora (➤ 80-81)
Pombalino: Baixa (➤ 46-49)
Neoclássico: Teatro Nacional de São Carlos (➤ 66)
Modernista: Padrão dos Descobrimentos (➤ 122-123)
Contemporâneo: Gare do Oriente (➤ 30), Oceanário (➤ 146-149)

Boa parte disso se deve à diferenciada arquitetura da cidade. Poucas capitais europeias tiveram a oportunidade de se reinventar completamente no século 18. Apesar de o terremoto de 1755 ter sido de fato uma grande catástrofre, seu resultado, em termos urbanos, foi um centro da cidade inteiramente novo, projetado com racionalidade: a Baixa (➤ 46-49). Ao redor dessa grade de ruas e nas áreas vizinhas estão as antigas construções que escaparam, preciosidades que resumem o melhor que havia em tempos anteriores. Seus estilos cobrem séculos – traços de edificações romanas e mouras, as linhas despojadas e harmoniosas da arquitetura românica, altos arcos e abóbadas góticos e, com maior destaque, a magia da especialidade arquitetônica portuguesa: o estilo manuelino.

Esse estilo único coincide com o período áureo de Portugal, quando os navegantes chegavam cada vez mais longe, na Índia, África, Ásia e América do Sul. A autoconfiança nacional no fim do século 15 estava alta, havia muito dinheiro e os arquitetos locais fundiram o gótico com elementos apanhados em todas as partes para

criar algo inteiramente novo. Os traços decorativos valorizados pelos mouros cristianizados, os mudéjares, constituíam um dos ingredientes, e outro deles era a rica ornamentação do plateresco espanhol, ao passo que toques italianos acrescentavam mais um componente. A mescla de abundantes ornamentos que celebram o mar e seus navegantes resultou no estilo manuelino, em homenagem ao rei Manuel 1º (1495-1521). Pode-se identificá-lo pelas paredes simples com decoração extravagante em volta de portas e janelas. Cordames e âncoras, peixes e algas marinhas, criaturas do mar e navios aparecem a todo momento; um intricado entalhe em pedra, em formato de corda, circunda as janelas, e por toda parte vê-se o selo real. A esfera armilar, com seus anéis que representam o equador e os trópicos, e a Vera Cruz, a cruz verdadeira, eram os poderosos símbolos tanto do controle marítimo como do cristianismo, em nome do qual os marinheiros se arriscavam. Milagrosamente, nem tudo se perdeu em 1755, e ainda se pode ver o melhor do estilo manuelino em construções de Belém, onde a Torre ainda vigia quem se aproxima da cidade.

Os séculos se passaram, Lisboa cresceu, e cada geração construía de uma nova maneira, no estilo que fosse popular na Europa daquele momento. Felizmente, os portugueses nunca abandonaram as tradições de sua arquitetura nacional, e tanto os palácios como as casas de gente comum continuaram a ser tipi-

O Castelo de São Jorge marca o ponto onde se imagina que a cidade surgiu

Calçamentos de Pedra

Depois de um longo dia de passeios turísticos, seus pés cansados serão as testemunhas de que as ruas de Lisboa foram calçadas com pedras, num tipo de pavimentação chamado *calçada à portuguesa*. Na década de 1850, os poderes constituídos decretaram que as ruas e praças da cidade deveriam ser pavimentadas com intricados desenhos de pedras, que constituíram verdadeiras obras de arte. Olhe para baixo e verá elaborados formatos, nomes de lojas e números de rua, além de uma estrela de oito pontas, símbolo de boa sorte para proteger contra terremotos. Cada pedra é cortada e assentada à mão pelos *calceteiros* (pavimentadores) da cidade. Mesmo que algumas das antigas técnicas estejam desaparecendo conforme os mestres se aposentam, o calçamento de Lisboa continua a fazer parte da identidade da cidade.

Estilos Arquitetônicos

Mourisco (do século 8º ao século 12): Duradouro legado do traçado das ruas de Alfama e das linhas simples de projetos arquitetônicos nacionais.

Românico (século 12): Arcos arredondados e sólidas formas monumentais.

Manuelino (século 15): Especialidade do gótico tardio português; paredes lisas e portas e janelas decoradas com imagens marítimas.

Espanhol (século 16): Introduzido por Filipe 1º, apresenta escala grandiosa, exterior liso e interior bem ornamentado.

Estilo Chão (século 17): Fachadas simples, com sacadas que marcam diversas casas e palácios desse estilo.

Barroco (século 18): Extremamente ornamentado; construções enormes com interiores suntuosos.

Pombalino (século 18): Utilitarismo pós-terremoto, marcado por características clássicas simples e pouca decoração externa.

Neoclássico (séculos 18 e 19): Renascimento de princípios arquitetônicos clássicos, muitas vezes com pórticos.

Neomanuelino (século 19): Retomada do estilo, com a incorporação de elementos Art Nouveau.

Modernista (século 20): Monumental, projetos neofascistas triunfalistas.

Contemporâneo (fim do século 20 até o século 21): Projetos internacionais de arquitetos reconhecidos mundialmente.

camente portugueses – os palácios charmosos, muitas vezes de cores claras, com refinados azulejos; as casas despojadas e quadradas, com janelas elegantes e sacadas simples, quase sempre como principal elemento decorativo. Os azulejos estavam por toda parte (➤ 14-15) – e ainda estão.

A influência estrangeira desempenhou papel importante no perfil urbano de Lisboa, principalmente após a Revolução dos Cravos de 1974, que restaurou a democracia (➤ 24-25). A prova arquitetônica final de que Portugal seguia, uma vez mais, as tendências europeias veio com o desenvolvimento da poluidíssima área da orla leste do rio para a Expo 98. Arquitetos portugueses e internacionais projetaram os edifícios modernos que agora formam o Parque das Nações (➤ 142-155), acessado pelo mais notável e moderno prédio público de Lisboa: a Gare do Oriente (Estação do Leste), obra do espanhol Santiago Calatrava.

A Sé (catedral) de Lisboa tem duas torres com ameias e rosácea

O Inesquecível

1º de Novembro de 1755

Manhã de domingo e Dia de Todos os Santos. A maioria dos 250 mil habitantes de Lisboa rezava nas magníficas igrejas da cidade quando ocorreu o pior terremoto que já atingira o oeste da Europa. Ele destruiu o grande porto da cidade e o centro de ensino e abalou a capital de Portugal e o vasto império português. O sismo matou milhares de pessoas, enquanto o tsunami subsequente exterminou outros milhares. Um imenso incêndio ardeu durante cinco dias, completando a destruição.

Às 9h30, uma testemunha informou que houve um "barulho estranho, assustador, que lembrava o som distante e rouco do ribombar de um trovão" e que igrejas e outras construções começaram a balançar. Por toda parte, a população em pânico corria pelas ruas e foi esmagada no momento em que um segundo terremoto, mais longo e forte, fez ruir milhares de prédios. O solo se abriu em fendas de até 3,5m. Muitas pessoas fugiram em direção ao rio, buscando os espaços abertos do grande Terreiro da Praça e da calçada da orla, outras correram para fora da cidade procurando os campos das redondezas. Quarenta minutos mais tarde, uma série de ondas de tsunami varreu o Tejo, destruindo os embarcadouros, alagando a parte mais baixa da cidade e estraçalhando todas as embarcações atracadas no porto. Estima-se que 20 mil habitantes apavorados que procuraram segurança perto do rio morreram afogados. O que sobrou dos abalos e das ondas de tsunami foi tomado pelo fogo nos cinco dias seguintes, o que criou um monstruoso inferno, atiçado pelos ventos de nordeste, num incêndio fora de controle. Ele destruiu construções mouriscas e medievais, palácios renascentistas, bibliotecas cujo

Desenhos retratam o terremoto de 1755. Da esq. p/ dir.: ruínas da igreja de São Paulo, destruição geral da cidade e o que restou da Catedral

conteúdo documentava a história do país, o palácio real e milhares de obras de arte. Boa parte do que subsistira aos abalos e aos tsunamis, o fogo consumiu.

Nesse caos, quem se destacou foi Sebastião José de Carvalho e Melo, ministro do rei dom José 1º. A poeira mal havia assentado e ele já ordenava: "Enterrem os mortos e cuidem dos vivos", uma atitude que salvou a cidade das epidemias e da fome. Incansável, passou a quinzena seguinte circulando pela cidade, dia e noite – comandou bombeiros; organizou o enterro dos cadáveres; estabeleceu postos para os soldados montarem guarda contra saques, e salvaguardou o pouco que restara. Em poucos meses, ele já havia desenhado planos para o novo centro da cidade, a atual Baixa, e em 1769 recebeu o título de marquês de Pombal. Ele também enviou questionários para o país inteiro, na busca de respostas que pudessem lançar uma luz sobre o desastre e prevenir catástrofes futuras. Quanto tempo durou o terremoto? Houve abalos secundários? Que tipo de dano ocorreu? Os animais tiveram comportamentos estranhos? Essas perguntas lhe valeram o reconhecimento como "pai da sismologia".

Os Números do Terremoto

- **Epicentro**: 200km a oeste-sudoeste do cabo de São Vicente, o ponto mais meridional da Europa, a aproximadamente 36°N 10°57'W
- **Magnitude na Escala Richter**: 8,2 pontos ou mais
- **Tempo até a chegada das ondas de tsunami**: 40 minutos
- **Altura das ondas de tsunami**: 6m
- **Mortos em Lisboa**: 90 mil
- **Prédios destruídos**: 18 mil – 85% do total
- **Prejuízo financeiro**: 20 milhões de libras
- **Área em que os abalos foram sentidos**: 3.367.000km^2
- **Outros países afetados**: abalos profundos e muitos danos em Portugal e no oeste da Espanha; choques intensos no sul da França, na Argélia e em Marrocos; abalos sentidos na Suíça e Alemanha; tsunamis observados na Inglaterra e na França e ondas que chegaram à Noruega e à Suécia

Sobe e Desce e Circula

Lisboa não seria Lisboa sem seus bondes. Eles podem ser lentos, e sua frequência pode ser falha, mas um passeio de bonde ou de funicular é uma experiência imperdível, que certamente vai preservar seus pés nessa cidade cheia de ladeiras. Outras cidades europeias talvez tenham modernos bondes aerodinâmicos, mas Lisboa conservou tanto os trajetos históricos como seus veículos antigos, uma conveniência muito apreciada por moradores e visitantes.

Os bondes circulam em trilhos, impulsionados pela energia elétrica transmitida por um cabo aéreo que chega ao veículo por meio de hastes. Diferentemente dos trens, os bondes têm trilhos instalados nas ruas, onde também circulam carros, caminhões e pedestres. Eles eram comuns em todos os lugares no final do século 19 e início do 20, e quase desapareceram nos anos 1950. Mas não em Lisboa, que nunca os abandonou – os velhos bondes que rangem para subir as ladeiras são uma das imagens mais representativas da cidade.

Os primeiros protótipos, fabricados em Nova York, surgiram em 1873 – desajeitados, puxados por cavalos, que circulavam na margem do rio, entre Santa Apolônia e Santos. Os *americanos* foram um sucesso imediato, e a Carris, empresa de transporte público ainda em operação, começou bem. Foram construídas outras linhas, ergueu-se uma garagem, e em dois anos mais de 1 milhão de passageiros usavam o sistema. O aumento nos negócios estimulou a decisão de eletrificar o sistema em 1902, e por volta de 1924 os bondes de Lisboa eram montados nas oficinas da Carris. Alguns desses velhos veículos robustos ainda subiam e desciam as ladeiras no início da década de 1990, mas agora a frota é composta de *remodelados* e de moderníssimos bondes articulados da Siemens.

A central de bondes de

À dir.: passagem pela Catedral à noite

Abaixo: os bondes facilitam a circulação por Lisboa

Ocidental chegava ao fim. Apesar dos repetidos apelos para as pessoas permanecerem em casa, multidões tomaram conta das ruas, misturando-se ao MFA e às tropas comuns, sem saber ao certo de que lado ficar. Muita gente se concentrou na frente da sede da Pide, de onde partiram tiros que mataram três pessoas, as únicas baixas do dia.

A multidão era mais compacta no centro da cidade, e consta que uma florista do Rossio entregou um cravo vermelho a um soldado, que o colocou no cano da arma. Havia muitos cravos, muitos soldados ganharam cravos e todos enfeitaram com eles o cano das armas.

Essa imagem forte precisou de apenas algumas horas para ser transmitida ao mundo todo pelas agências de notícias. E o movimento revolucionário de Portugal ganhou nome: a Revolução dos Cravos.

A Junta de Governo de Spínola não durou, mas foi o início da jornada que colocou Portugal de volta nas tendências da Europa e que culminou na sua entrada na União Europeia em 1986.

Atualmente, a Revolução é comemorada com um feriado, quando senhoras ainda vendem cravos para fazer as novas gerações se lembrarem do dia mais importante de Portugal no século 20.

Calouste Gulbenkian: O Grande Filantropo

Quem foi Calouste Gulbenkian? Poucas pessoas ouviram falar dele até chegar a Lisboa, embora o nome dele, sinônimo do que há de melhor no âmbito das artes da cidade, não tenha nada de português. Existe um museu maravilhoso (► 55-59) que leva seu nome, mas o que esse fantástico acervo artístico particular está fazendo em Lisboa? Os aficionados da música podem assistir a um concerto da Orquestra Gulbenkian ou do Coral Gulbenkian, mas o que está por trás disso tudo?

Essa fascinante variedade cultural é financiada pela Fundação Gulbenkian, que pode dizer que fez pelas artes em Portugal tanto quanto o próprio Estado. Ela foi fundada em 1956, segundo os termos do testamento de Calouste Sarkis Gulbenkian, um cristão armênio nascido em Istambul em 1869. Ele estudou no King's College, em Londres, formou-se em 1887, assumiu uma indústria petrolífera embrionária e se tornou cidadão britânico em 1902. Nas décadas seguintes, acumulou uma fortuna imensa com sua atuação no desenvolvimento da indústria no Oriente Médio, onde se envolveu na criação da empresa Royal Dutch-Shell e fez negociações para o estabelecimento da Turkish Oil Co. Ele tinha faro para os negócios e também se habituou a guardar uma porcentagem do valor de praticamente todas as empresas e todas as transações que realizava – não foi à toa que recebeu o apelido de Sr. Cinco Por Cento.

Gulbenkian era riquíssimo e se interessava profundamente por arte. Fez a primeira aquisição de obras de arte na década de 1890, comprando em grande escala, sempre de acordo com

Abaixo e à dir.: fotografias de Calouste Gulbenkian a partir dos 20 anos de idade

Legado de Gulbenkian

Museu Calouste Gulbenkian, Lisboa (➤ 55-59)
Centro de Arte Moderna, Lisboa (➤ 62-63)
Instituto Gulbenkian de Ciência, Lisboa
Planetário Gulbenkian, Lisboa (➤ 124)
Orquestra Gulbenkian, Lisboa (➤ 55)
Coral Gulbenkian, Lisboa (➤ 55)
Calouste Gulbenkian Foundation, Reino Unido
Centre Culturel Calouste Gulbenkian, Paris

A Fundação também financia eventos de artes, prêmios, exposições, bolsas de estudos e projetos de pesquisa em Portugal, e patrocina as artes na França e na Grã-Bretanha.

seu gosto, desde que a peça fosse de proveniência comprovada e estivesse em perfeitas condições. Tudo que adquiria colocava em uso, e vivia cercado de obras fabulosas em sua residência em Paris. No final da década de 1930, ele teve a ideia de criar uma instituição em Londres para expor sua coleção, mas a Segunda Guerra Mundial fez com que fosse declarado "inimigo técnico" pelo governo britânico, e Londres perdeu essa oportunidade. Mais tarde, o mesmo ocorreu com os EUA, pois a essa altura Gulbenkian se apaixonara por Portugal, país que lhe deu asilo quando fugiu da França ocupada pelos nazistas em 1942. Ele morreu em Lisboa em 1955, deixando a coleção e a imensa fortuna para o país que o recebera com um acolhimento "que eu nunca sentira em nenhum outro lugar".

Por volta de 1960, sua coleção completa estava em Lisboa, e foi criada uma das maiores fundações beneficentes de arte do mundo todo.

O Melhor de Lisboa

Melhores Miradouros

Castelo de São Jorge: Vistas panorâmicas do centro (➤ 77-79, abaixo e à dir.).
São Pedro de Alcântara: Vistas do centro da cidade – do outro lado (➤ 174).
Santa Luzia: Alfama e o rio (➤ 178).
Esplanada da Igreja da Graça: Melhores vistas no pôr do sol (➤ 94, 179).
Santa Catarina: O rio e bairros do oeste (➤ 110).

Melhores Passeios de Transporte Público

Bonde nº 12 da Praça da Figueira até o Largo das Portas do Sol.
Bonde nº 25 da Rua da Alfândega até a Basílica da Estrela.
Bonde nº 28 da Graça até o Chiado.
Trem que desce o rio até Cascais (➤ 161).
Ferryboat que cruza o Tejo até Cacilhas (➤ 180).

Melhores Cafés ao Ar Livre

Café Martinho da Arcada: Pegue uma mesa sob a arcada (➤ 64).
Café A Brasileira: O café mais famoso de Lisboa, que era frequentado por Fernando Pessoa, no centro do elegante Chiado (➤ 60-61).
Café Nicola: Café histórico, no Rossio, ótimo para observar as pessoas (➤ 64).
Esplanada da Igreja da Graça: Belas vistas e muitos moradores (➤ 94, 179).

Melhores Excursões

Um dia em Sintra: Palácios, jardins, colinas, ótimas vistas, compras sofisticadas e a melhor queijada (torta doce de queijo) da cidade (➤ 164).
Visita a Queluz: Palácio de cartão-postal com belo jardim (➤ 167).
Um pouco de praia: Vá até Cascais e o litoral agreste do Guincho e do Cabo da Roca (➤ 162).
Um toque de esplendor arquitetônico: O vasto complexo de mosteiro e palácio em Mafra (➤ 170-172).

Se For Apenas a Uma Atração

Igreja: São Vicente de Fora (➤ 80-81), pela arquitetura fantástica, lindos azulejos e vistas deslumbrantes.
Museu: Tem de ser o Museu Calouste Gulbenkian (➤ 55-59), um dos melhores acervos do mundo.
Bar: Cerca Moura (➤ 94), onde se pode optar pelo interior construído dentro das muralhas mouriscas da cidade ou pela esplanada numa praça com as melhores vistas.
Restaurante: Você encontrará a deliciosa culinária portuguesa no Pap' Açorda (➤ 113), no centro do Bairro Alto.

Plano de Viagem

A Chegada

De Avião

Aeroporto de Lisboa (Portela)

- O **Aeroporto da Portela** (tel. 218 413 500; informação de voos tel. 218 413 700; www.ana-aeroportos.pt) concentra voos domésticos e internacionais.
- Há **voos diários diretos para Lisboa** dos aeroportos de São Paulo, Rio de Janeiro, Brasília, Salvador e Recife, além de voos semanais a partir de Belo Horizonte e Natal.
- Além da TAP, empresa aérea nacional de Portugal, a brasileira TAM voa diariamente para Lisboa. Há ainda a possibilidade de recorrer a empresas europeias como Iberia, Air France, British Airways e Lufthansa, fazendo escala nos países de origem dessas companhias.

Transporte do Aeroporto

- **Portela** fica 7km a nordeste de Lisboa e está ligado à cidade por ônibus do aeroporto, ônibus urbanos e táxis; todos saem do lado de fora do terminal de chegada. Antes de sair, pegue um exemplar de *Your Guide*, um folheto cheio de informações sobre Lisboa, oferecido em balcões do aeroporto.
- **Táxis** (bege ou preto e verde) constituem o meio de transporte mais rápido e mais caro para chegar à cidade. Você vai pagar entre €15 e €20 para até quatro pessoas com taxa adicional para cada peça muito grande de bagagem. A viagem leva 20-40 minutos.
- O **Aerobus** nº 91, operado pela Carris, empresa de transporte da cidade, sai a cada 20 minutos para o centro, entre 7h40 e 20h45. Os bilhetes são comprados a bordo. Você pode optar por um simples ou um bilhete de um dia para o transporte urbano, válido para ônibus e bondes de Lisboa. O Aerobus para na Avenida da Liberdade, no Rossio e na Praça do Comércio, e tem ponto final no Cais do Sodré.
- **Ônibus urbanos regulares** (nºs 5, 21, 22, 44, 45 e 83) saem do aeroporto para diversas áreas de Lisboa, com tarifa semelhante à do Aerobus.

De Trem

- Os passageiros que vêm de **trem do norte de Portugal**, da Espanha ou da França chegam em **Santa Apolónia** (tel. 808 208 208), a leste do centro. Há um **ponto de táxi** na frente da estação e pontos de ônibus de serviço regular da Carris.
- Também é possível desembarcar na **Gare do Oriente**, no Parque das Nações, e fazer conexão com o **sistema de metrô**.
- Se você chegar do **sul de Portugal**, os trens vão parar na **Gare do Oriente**.
- Outra opção é desembarcar na estação **Entrecampos**, mais central. Ali você faz conexão com o **sistema de metrô**.

De Carro

- Se for de carro para Lisboa, **todos os trajetos passam pela Espanha**. A opção mais segura e melhor é a **E90**, que sai de Madri e passa por Badajoz. Quando chega a Portugal, ela se torna A6/A2 e atravessa o Alentejo até Palmela, onde você escolhe se quer continuar pela A2 para chegar a Lisboa pela Ponte 25 de Abril, a oeste da cidade, ou se quer pegar a A12 e atravessar o Tejo pela Ponte Vasco da Gama, a leste.

- Outra opção é pegar a **E80**, que sai de Salamanca e se torna A25 em Vilar Formoso, depois A23 em Guarda, e chega a Lisboa via Castelo Branco pela rodovia A1 Porto-Lisboa.
- **Estacionar** em Lisboa é difícil, e são poucos os hotéis que dispõem de estacionamento.
- **Estacionamentos subterrâneos**, administrados pelo município e sinalizados com um "P" branco sobre fundo azul, constituem a melhor escolha, mas as taxas podem ser altas. Se você estacionar numa rua do centro, talvez seja abordado por *arrumadores*, que esperam uma gorjeta por indicar uma vaga e ficar de olho no seu carro; é aconselhável pagar.

Centros de Informação Turística

Você consegue informação turística com ligação gratuita pelo tel. 808 781 212. Os melhores centros ficam no Lisboa Welcome Centre e no Palácio Foz, e este último também tem informações sobre o restante de Portugal.

✉ Aeroporto (chegadas) ☎ 218 450 660 ⌚ 7h-24h
✉ Baixa, Rua Augusta (quiosque) ☎ 213 259 131 ⌚ 10h-13h, 14h-18h
✉ Lisboa Welcome Centre, Praça do Comércio, Loja 1 ☎ 210 312 810 ⌚ 9h-20h
✉ Restauradores, Palácio Foz ☎ 213 463 314 ⌚ 9h-20h
✉ Santa Apolónia ☎ 218 821 606 ⌚ Ter-sáb 8h-13, 14h-16h
✉ Belém, Mosteiro dos Jerónimos ☎ 213 658 435/6/7 ⌚ Ter-sáb 10h-13h, 14h-18h

Como Circular

O sistema de transportes de Lisboa conta com metrôs, ônibus, bondes, funiculares e elevadores. A Carris controla os serviços de superfície numa rede integrada de ônibus, bondes e elevadores, todos regulares, baratos e seguros. Você será capaz de ver tudo o que quiser usando apenas alguns itinerários.

Carris

Há informações sobre os serviços da Carris no estande da Carristur no sopé do elevador de Santa Justa, nos quiosques da Praça da Figueira, dos Restauradores e do Cais do Sodré ou em qualquer centro de informação (tel. 213 613 000; www.carris.pt). Estão disponíveis detalhes sobre transportes, informações sobre bilhetes e mapas gratuitos de transporte.

Metrô

O metrô de Lisboa (Metropolitano), quase totalmente reestruturado para a Expo 98, constitui um meio de transporte moderno e eficiente que abarca quase toda a cidade. Existem quatro linhas, com conexões em Baixa-Chiado, Marquês de Pombal, Alameda e Campo Grande (www.metrolisboa.pt).

- Os **trens** circulam das 6h30 à 1h.
- As **estações** são sinalizadas com um "M" branco sobre fundo vermelho.
- Os **bilhetes** custam €0,70 por viagem ou €6,65 por múltiplo de 10 viagens *(caderneta)*. Você também pode comprar um Cartão 7 Colinas, recarregável, para 1 ou 5 dias, válido para os serviços do metrô e da Carris.
- **Valide** ou picote seu bilhete no guichê ao lado da barreira de entrada.
- **Quadros com informações claras**, que correspondem à cor da linha em que você está, indicam a direção do itinerário pelo nome da última estação da linha.
- Os **mapas do metrô** são oferecidos nas estações principais.

Ônibus

- Os **ônibus** *(autocarros)* cobrem a cidade toda, e podem ficar muito lotados. Há poucos assentos; por isso, prepare-se para ficar em pé. Embora Lisboa tenha um índice de criminalidade baixo, cuide de seus bolsos e pertences.
- Os **pontos de ônibus** mostram o número do trajeto e indicam as paradas ao longo da linha. O ponto onde você se encontra está assinalado.
- **Embarque** pela frente e valide ou picote seu bilhete. Saia pela parte de trás.
- A Carris opera um **serviço noturno** *(madrugada)* ao longo dos principais itinerários, que funciona das 23h45 às 5h30, conforme o trajeto.

Bondes e Funiculares

- Vale a pena tomar os simpáticos **bondes** *(eléctricos)* de Lisboa pelo prazer do passeio. Eles percorrem cinco itinerários e sobem alguns dos declives mais íngremes do mundo. Os antigos e tradicionais bondes, de números 28, 12 e 25, cobrem o coração da cidade velha; o 18 vai para oeste, rumo a Belém; e o novo "superbonde", número 15, acompanha o rio desde o Cais do Sodré, passa por Belém e vai até Algés.
- Há três **funiculares** *(elevadores)* úteis – Bica, Glória e Lavra –, que oferecem trajetos rápidos da Baixa até o Bairro Alto. O elevador de Santa Justa liga a Baixa ao Largo do Carmo.

Táxis

- Em Lisboa, os **táxis** são beges ou pretos e verdes. A **luz verde indica que o táxi está livre** e o **número vermelho indica a tarifa em vigor**. Todos têm taxímetro – verifique se está ligado. As gorjetas ficam a critério do passageiro.
- Há diversos **pontos no centro**, entre eles os do Rossio, Fluvial, Praça da Figueira, Chiado, Largo da Misericórdia e Avenida da Liberdade.
- Os táxis são **baratos**; as tarifas sobem depois das 21h, nos fins de semana e feriados. Você pode chamar um carro ligando para Autocoope (tel. 217 932 756), Rádio Táxis (tel. 218 119 000) ou Teletáxis (tel. 218 111 100).

Ferryboats

Os ferryboats que cruzam o Tejo saem de diversos pontos o dia inteiro. A **estação do Terreiro do Paço (Praça do Comércio)** liga Lisboa a Montijo, Seixal e Alcochete. A **estação do Cais do Sodré** liga Lisboa a Cacilhas. Há também um serviço do **Parque das Nações** até Cacilhas, e de **Belém** para Trafaria. Compre os bilhetes no ponto de ferryboat. O de ida custa entre €0,74 e €2,20, dependendo da travessia (não existem bilhetes de ida e volta).

Locação de Veículos

Se quiser **alugar um veículo** quando estiver em Lisboa, todas as grandes empresas internacionais têm um balcão no aeroporto e no centro; porém fica mais barato se você arranjar tudo antes de viajar. Para contatar uma locadora, ligue:
Avis (tel. 800 201 002; www.avis.com)
Budget (tel. 808 252 627; www.budget.com)
Europcar (tel. 219 407 790; www.europcar.com)
Hertz (tel. 219 426 300; www.hertz.com)

Bilhetes e Cartões de Viagem

Adquira os bilhetes antes de embarcar, nos quiosques da Carris e nas lojas e estandes que possuem o logotipo da Carris. Os bilhetes simples, só de ida, podem ser comprados a bordo.

Tipos

- **Cartão 7 Colinas**: passe válido para 1 dia (€3,25) ou 5 dias (€13,20) para ônibus, bondes, elevadores e metrô.

- **Bilhete Simples Rede**: Passe para 1 dia (€3,25) válido do momento em que foi comprado até a meia-noite em ônibus, bondes, funiculares e metrôs.
- **Bilhete de Bordo**: Bilhete para viagem de ida (€1,30) disponível a bordo e válido apenas para uma zona.
- **Bilhete de Metrô**: Ida €0,75, ida e volta €1,35.
- **Bilhete Simples Urbano**: Bilhete de ida válido para viagens ilimitadas de ônibus e uma viagem de metrô para o período de uma hora (€1,15).
- Se você tiver algum tipo de **bilhete combinado**, ele deve ser validado na primeira vez em que usá-lo; o **Cartão 7 Colinas** será automaticamente validado na primeira vez em que for picotado.

Portadores de Deficiência

Portugal não oferece recursos para portadores de deficiência em Lisboa, onde as dificuldades estão na geografia de uma cidade cheia de ladeiras. De maneira geral, fica muito atrás dos países do norte da Europa e da América do Norte.

- Os **táxis** podem levar uma cadeira de rodas dobrada no porta-malas, mas entrar e sair do carro pode ser difícil para o passageiro.
- Existe um **serviço de ônibus para portadores de deficiência** (tel. 213 613 141; www.carris.pt). Funciona seg-sex 6h30-10h, sáb-dom 8h-10h. Cada viagem custa €1,30. É preciso avisar com um dia de antecedência, mas antes de usar o serviço você tem de apresentar atestado médico, identidade e foto na sede da Carris em Santo Amaro, para que seja feita a carteirinha de usuário.
- Os ônibus **não** têm acesso para cadeira de rodas.
- Algumas estações de **metrô** oferecem elevador até as plataformas.
- Os **cães-guias para cegos** viajam de graça.
- **Reserve hospedagem com bastante antecedência** e explique com clareza do que você precisa durante a estada.
- **Secretariado Nacional de Reabilitação**, Conde de Valbom, 63, 1069-1178 Lisboa (tel. 217 929 500; www.snripd.pt). Esse site organizado pelo governo oferece informações sobre recursos de transportes (apenas em português). Também publica um *Accessible Tourism Guide* com boa listagem de hotéis, agências de viagem, restaurantes, casas noturnas etc.

Trens Locais

Para visitar Cascais, Estoril, Queluz ou Sintra, você pode tomar um **trem local**. Ele vai do Cais do Sodré até Estoril e Cascais e também para em Belém. Para Queluz e Sintra, pegue o trem na estação Sete Rios. O Cartão Lisboa cobre essas viagens.

Cartão Lisboa Viva

Se quiser fazer turismo com muitos deslocamentos em Lisboa, veja se vale a pena investir no Cartão Lisboa Viva, disponível nos centros de informação turística. Ele oferece viagens ilimitadas em ônibus, bondes, elevadores e metrô, e entrada grátis, ou com bom desconto, em diversas atrações (cartão de 1 dia €14,85, de 2 dias €25,50, de 3 dias €31).

Preço de Ingressos

O custo dos ingressos de museus e outros locais de interesse é indicado pelas seguintes categorias de preço:

Barato menos de €3 **Moderado** €3-€5 **Caro** mais de €5

Hospedagem

Como Lisboa é um destino cada vez mais procurado durante o ano todo, convém fazer reservas com boa antecedência, lembrando que os preços podem ser maiores nos meses de pico. Para agradar a todos, há acomodações que variam desde hotéis históricos e luxuosos até estabelecimentos modernos que atendem quem viaja a negócios e uma enorme variedade de pensões modestas, muitas delas bem no centro histórico da cidade. Hospede-se nas áreas da Baixa, do Chiado ou de Alfama para ficar na região mais movimentada, mas saiba que os quartos de frente para a rua costumam ter muito barulho – existem opções mais centrais e sossegadas abaixo do Castelo. Para algo mais tranquilo e com diversas opções, confira os hotéis na Avenida da Liberdade e ao redor dela, ou procure o próspero subúrbio da Lapa, onde se encontram alguns dos melhores hotéis de Lisboa, muitas vezes instalados em elegantes edificações históricas.

Dicas

- **Reservas com boa antecedência** são fundamentais em julho e agosto.
- Os hotéis de Portugal são classificados com **uma a cinco estrelas**, sendo que o conforto, os recursos e os serviços se refletem no preço e na categoria.
- **Pensões** e **residenciais** constituem uma boa opção econômica. A principal diferença entre elas é que os residenciais costumam servir refeições além do café da manhã. Ambas são classificadas com uma a três estrelas, sendo que a pensão três-estrelas custa quase o mesmo que o hotel uma-estrela.
- Por lei, os hotéis e pensões portugueses são **obrigados a colocar um quadro com as diárias dos quartos** atrás da porta. E a lista também deve incluir o IVA (impostos).
- As diárias **variam conforme a temporada**, às vezes até 40%.
- **Combine o preço** antes de fazer a reserva e peça uma confirmação por escrito se estiver reservando antes de chegar ao país.
- Os hotéis costumam informar suas diárias mais caras; **pergunte se há quartos mais baratos**.
- Os hotéis colocarão uma **cama extra** no quarto por uma pequena taxa; ideal para famílias com crianças.
- É perfeitamente aceitável **pedir para ver o quarto** antes de se decidir.
- Se você optar por uma pensão central, lembre que muitas têm **escada com diversos lances** e que os elevadores são raros.
- Vão lhe pedir para **deixar o passaporte** na recepção quando fizer o check-in. Não se esqueça de pegá-lo mais tarde.
- Normalmente, o **horário de check-out** é ao meio-dia, mas alguns hotéis guardam sua bagagem até o fim do dia.
- Vale a pena **dar uma olhada em sites** como www.lastminute.com, www.expedia.com e www.laterooms.com para ver se oferecem bom preço pelo hotel que você escolheu.
- Se estiver interessado em um **apart-hotel** no centro, verifique em www.holiday-rentals.co.uk, que oferece muitas opções.

Informações

- Os **centros de informação turística de Lisboa** não reservam hospedagem, mas têm listas de hotéis para os quais você pode telefonar.
- Há um **balcão de informações** no aeroporto e um escritório central na Praça do Comércio (diariam 9h-20h, tel. 210 312 810/15; www.visitlisboa.com).
- Diversos hotéis de Lisboa possuem **sites** com fotos, preços, informações gerais e serviço de reserva on-line.

Preços

Preços mínimos de diária de quarto de casal com banheiro
€ menos de €100 €€ €100-€150 €€€ €151-€300 €€€€ mais de €300

Albergaria Senhora do Monte €-€€
O sugestivo bairro da Graça, perto do centro, conta com este hotelzinho aconchegante, cujos donos são simpáticos. Os quartos de face sul, alguns com terraço, valem o preço extra pelas belas vistas da cidade e do Tejo. Todos são limpos e confortáveis. Você pode tomar o café da manhã aproveitando a vista no bar da cobertura.

198 B3/4 Calçada do Monte, 39, Graça 218 866 002; www.maisturismo.pt/sramonte.html Bonde 28, 12

As Janelas Verdes €€€
Hotel charmoso, em mansão do século 18, cheia de antiguidades, onde as salas parecem com as de casas de famílias. Quartos bem equipados. Funcionários profissionais e simpáticos. O frigobar, o pátio do café da manhã, o terraço na cobertura e a biblioteca contribuem para a sensação de estar em casa.

196 B1 Rua das Janelas Verdes, 47, Lapa 213 968 143; www.heritage.pt Santos

Duas Nações €
Reserve com boa antecedência para garantir um quarto com banheiro neste hotel com excelente relação custo-benefício, no coração da área de pedestres da Baixa. Ele ocupa um casarão do século 19 que foi reformado para oferecer quartos despojados, impecavelmente limpos, alguns com banheiro compartilhado. Evite os que dão para a Rua Augusta, que é barulhenta. O preço inclui ótimo bufê de café da manhã servido num arejado salão de jantar ao estilo português, caracterizado por painéis azulejados e madeira escura.

198 A2 Rua da Vitória, 41, Baixa 213 460 710; www.duasnacoes.com Baixa-Chiado

Hotel Metrópole €€-€€€
Este hotel elegante e tradicional, que foi inaugurado em 1917 e passou por profunda remodelação em 1993, fica na animada área no lado oeste do Rossio. Foram restaurados diversos itens originais, como os banheiros de mármore, e o hotel ganhou recursos modernos e essenciais, como o eficiente sistema de isolamento sonoro das janelas. Voltados para a praça, os quartos do último andar têm lindas vistas do Castelo.

198 A2 Praça Dom Pedro IV, 30, Rossio 213 219 030; www.almeidahotels.com Rossio

Lapa Palace €€€€
O conde de Valença construiu este palácio no século 19 no elegante bairro da Lapa, voltado para o trecho largo do Tejo. Os hóspedes podem descansar nos tranquilos jardins ou usar a piscina antes de entrar para apreciar a opulência do interior, restaurado. Quartos e suítes são decorados em diversos estilos, que vão do oriental ao Art Déco, e tudo justifica a fama do hotel como um dos mais luxuosos e caros lugares para se hospedar em Lisboa.

196 A2 Rua do Pau da Bandeira, 4, Lapa 213 949 494; www.lapapalace.com Santos

Lisboa Regency Chiado €€€
Você estará no meio da área de compras mais elegante de Lisboa neste hotel-butique moderno, com vistas fantásticas do antigo bairro de Alfama e do Castelo. Os quartos são uma ousada fusão de design português e oriental, que combina cores fortes, madeiras escuras e linhas despojadas, e tudo tem a marca de instalações e conforto moderníssimos. Você vai gostar do bufê de café da manhã, considerado um dos

melhores de Lisboa, enquanto admira o perfil dos telhados nas enormes janelas do salão de jantar.

198 A2 Rua Nova do Almada, 114, Chiado 213 256 100; www.regency-hotels-resorts.com Baixa-Chiado

Palácio de Belmonte €€€€

Antiga residência dos condes de Belmonte, este belo palácio do século 16 é um dos hotéis mais luxuosos do mundo. Recursos moderníssimos combinam com luxo discreto e elegância em cada suíte, onde magníficos azulejos do século 18 e cores intensas ecoam os tons de Lisboa, vista em sua melhor forma a partir dos terraços. O jardim é sossegado e elegante, com uma piscina de mármore preto onde é possível se refrescar após um dia de atividades turísticas.

198 B2 Pátio de Dom Fradique, 14, Alfama 218 816 600; www.palaciobelmonte.com Bonde 28

Pensão Alegria €

Se quiser ficar nesta hospedaria, reserve com boa antecedência um dos quartos dos fundos, voltados para a praça, onde se destacam fileiras de palmeiras. Quartos confortáveis e arejados, com piso de madeira, tecidos alegres e banheiros imaculadamente limpos. Serve apenas o café da manhã.

197 E4 Praça de Alegria, 12 213 220 670 Avenida

Pensão Residencial Royal €

Uma das melhores opções econômicas da cidade, a Royal dispõe de três andares no meio da Baixa, com muitos restaurantes e cafés ao redor. Não serve café da manhã. Quartos bem decorados, limpos, todos com banheiro e muitos dotados de encantadores azulejos antigos. O quarto andar do mesmo prédio abriga o Galícia (tel. 213 428 430), estabelecimento mais simples e ainda mais barato que pode oferecer quartos, se a Royal ficar lotada.

198 A2 Rua do Crucifixo, 50, 3º andar, Baixa 213 479 006 Baixa-Chiado

Residencial Avenida Parque €

Os quartos deste residencial de ótimo custo-benefício equivalem aos de um hotel três-estrelas. Voltados para o Parque Eduardo VII, têm decoração moderna e leve, com cores suaves que combinam e janelas à prova de som. Do moderno hall de entrada, revestido de mármore, sobe uma elegante escadaria de madeira que leva aos quartos, alguns com sacada. O café da manhã é servido no salão de jantar no térreo.

194 C3 Avenida Sidónio Pais, 6 213 532 181; www.avenidaparque.com Parque, Marquês de Pombal

VIP Inn Veneza €

A fachada deste palacete dá uma pista do que se encontra no interior. Trabalhos de ferro batido e madeira polida realçam o mural de Lisboa que adorna a escadaria monumental. Quartos de cores combinadas, espaçosos, confortáveis e bem equipados. Serviço simpático e eficiente. Como os preços são mais baixos do que os de hotéis semelhantes e há boa rede de transportes, este hotel apresenta ótima relação custo--benefício.

197 E4 Avenidade da Liberdade, 189 213 522 618; www.viphotels.com Avenida

York House €€€

Suba os degraus até o pátio florido deste antigo convento carmelita e descubra um dos hotéis mais elegantes da cidade, cujo nome vem de senhoras de Yorkshire que inauguraram uma hospedaria aqui na década de 1880. Há quartos variados, desde o tradicional até o minimalista chique. Dispõe de sofás confortáveis, obras de arte e antiguidades, que sofisticam o ambiente. No verão, o café da manhã é servido ao ar livre, e o restaurante do hotel merece a fama pela tradicional culinária portuguesa.

196 B1 Rua das Janelas Verdes, 32, Lapa 213 962 435; www.yorkhouselisboa.com Santos

Alimentação

Experimentar as comidas e bebidas locais é um dos maiores prazeres de quando se viaja para o exterior. E Lisboa tem restaurantes que servem comidas de todos os cantos do país, com pratos para todos os gostos. A variedade de alimentos e pratos reflete a história e a cultura do país, com destaque para produtos locais fresquíssimos e sazonais – e em abundância. Os invasores estrangeiros deixaram sua marca nas comidas e bebidas portuguesas, enquanto o litoral e as grandes viagens dos descobrimentos produziram uma paixão por peixes e frutos do mar, especiarias e ingredientes do mundo todo. Escolha onde comer; qualquer lugar, com qualquer nível de preço, que seja frequentado por moradores deve ser muito bom.

Refeições em Lisboa

- O **café da manhã** *(pequeno-almoço)* em geral é tomado entre 8h e 9h, quase sempre num café; os hotéis servem o costumeiro café da manhã internacional, no estilo bufê.
- O **almoço**, servido entre 12h e 15h, costuma ser uma refeição de dois a três pratos.
- O **jantar** normalmente começa por volta das 19h30, e o padrão da refeição se assemelha ao do almoço.
- Às vezes, o menu informa que há uma *ementa turística*. Não se trata de um cardápio para turistas, e sim da **refeição do dia**. O preço inclui dois pratos mais cerveja ou vinho e pode ter boa relação custo-benefício.
- Assim que você se acomoda à mesa, são servidos pães e diversas porções pequenas de petiscos, que vão de manteiga ou patê de peixe e azeitonas até queijo, chouriço e pratos mais elaborados. Isso **não é cortesia** – você pagará pelo que consumir.
- Apenas os restaurantes mais caros aceitam reserva, e **você deve reservar com boa antecedência** na alta temporada ou nos fins de semana.
- Exceto nos restaurantes muito sofisticados, **não há necessidade de trajes formais**.

Termos Culinários

Açordas e Sopas
Mariscos
Carnes
Legumes
Frutas
Ensopados
Peixes
Aves e caça
Sobremesas
Queijos

Tipos de Restaurante

- **Restaurantes** são estabelecimentos comuns que, em geral, abrem das 12h às 15h para o almoço e das 19h às 22h para o jantar; costumam aceitar cartões de crédito mais do que outros locais de refeições.
- Uma **casa de pasto** ou **tasca**, geralmente dirigida por uma família, é um local que oferece refeições econômicas de três pratos, principalmente na hora do almoço.
- **Marisqueira** é um restaurante de frutos do mar, onde são servidos mariscos e peixes. Os preços do menu são por quilo.
- **Churrasqueiras** são restaurantes familiares especializados em churrasco de frango, servido com piri-piri (molho apimentado); também oferecem outras carnes grelhadas.
- As **cervejarias** servem basicamente cerveja, refeições simples e lanches, e ficam abertas o dia todo até tarde da noite.

Bebidas e Lanches

- **Cafés** e **bares** abrem de manhã cedo e funcionam até tarde. Servem café excelente – *bica* ou *café* (café expresso preto), *meia de leite* ou *galão* (xícara grande de café com leite) e *garoto* (expresso com leite pingado) são os tipos principais. São oferecidos ainda chás, refrescos e bebidas alcoólicas. Os preços costumam ser maiores se você se sentar. Os cafés também servem lanches – de tortas no café da manhã a pratos do dia e sanduíches *(sandes)* no almoço.
- As **casas de chá** talvez tenham sido inventadas para fornecer o açúcar de que os portugueses tanto gostam. Elas servem diversos chás excelentes, infusões de ervas, café e, às vezes, uma variedade fantástica de docinhos.
- **Pastelarias** são confeitarias, e é sempre interessante encontrar na fachada ou na vitrine as palavras "fabrico próprio".
- A **cerveja** é consumida em grande quantidade. As principais marcas são Sagres e Super Bock.
- Há fantástica variedade de **vinhos**. Portugal tem mais de 50 regiões vinícolas, e diversos vinhos não são exportados. O país se divide em oito regiões oficiais, com produtos de DOC (Denominação de Origem Controlada), que garante a proveniência. Procure também os vinhos de mesa, menos caros.
- As **bebidas alcoólicas** são conhecidas por seus nomes genéricos, e a típica de Portugal é a aguardente, espécie de conhaque feito com grande variedade de frutas e que também pode ser destilada a partir das cascas e sementes das sobras de vinho. Com teor alcoólico elevado (50%), deve ser tomada com cuidado – a aguardente de Lisboa é a ginjinha (bebida de cereja).
- O **vinho do Porto** é excelente para depois do jantar, mas não perca a oportunidade de provar o *Porto branco* como aperitivo. Entre as variedades de vinho do Porto estão: vinho da safra, última safra engarrafada (LBV), tawny e ruby.
- O **vinho da Madeira** é feito pela fermentação e fortificação do suco de uva antes de aquecê-lo. As variedades são Sercial, Verdelho, Bual e Malvasia.

Necessidades Especiais

- Os **vegetarianos** e os que seguem uma **dieta sem glúten** talvez tenham dificuldade para encontrar refeições adequadas em Portugal. Mesmo as sopas e os pratos de arroz e feijão, aparentemente inócuos, costumam levar caldo de carne ou são temperados com pedacinhos de bacon ou linguiça, e o pão é parte integrante da culinária. Se você comer peixe, não terá problemas; caso contrário, vai descobrir que não sobra muita coisa no menu, a não ser queijo, omelete e salada. Mesmo os pratos simples de legumes podem conter gordura de porco, por isso é sempre bom perguntar. O garçom irá se empenhar em levar a mensagem para a cozinha, mas não se esqueça de que o vegetarianismo é um conceito totalmente alheio aos portugueses, que adoram carne.

O Melhor de...

Comida Tradicional Portuguesa – Gambrinus (➤ 64-65)
Café e Bolo – Café Nicola (➤ 64)
Comer com Vista – Mercado de Santa Clara (➤ 93)
Comida e Estilo – Pap' Açorda (➤ 113)
Ambiente Português – Trindade (➤ 65)

Preços

Preços prováveis por pessoa para uma refeição com três pratos, sem bebida
€ menos de €20 **€€** €20-€40 **€€€** mais de €40

Compras

Lisboa tem de tudo, desde os maiores e melhores shopping centers de Portugal até uma grande variedade de lojas especializadas e butiques repletas de artigos da última moda. Vendem-se produtos de todo o país, o que torna a cidade um ótimo lugar para comprar obras artesanais ou cerâmicas. O mesmo vale para produtos como comidas, vinhos, vinhos do Porto e iguarias de diversas regiões. Não perca a oportunidade de conhecer feiras e mercados, onde encontrará desde alimentos frescos até roupas, antiguidades e bricabraque.

Especialidades Locais

- **Cerâmicas e Louça**: Peças de louça do país inteiro; porcelana de Vista Alegre; azulejos pintados à mão.
- **Tecidos**: Excelentes roupas de mesa, cortinas, colchas de seda bordadas de Castelo Branco e tapetes de Arraiolos.
- **Couro**: Sapatos e artigos de couro, a exemplo de luvas, com bons preços.
- **Joalheria:** Requinte em joias de desenho tradicional e peças modernas.
- **Trabalhos de Madeira e Cestaria**: Estas especialidades portuguesas são oferecidas em lojas de artesanato por toda a cidade.
- **Comidas e Vinhos**: Produtos de todo o país; queijos, presunto, mel, azeite de oliva, molho piri-piri, doces conventuais, vinhos do Porto e Madeira são suvenires excelentes.

Áreas de Compras

Chiado e Baixa: Última moda, grifes e lojas tradicionais.
Bairro Alto: Butiques e lojas curiosas com muitas opções.
Avenida da Liberdade: Grifes internacionais de roupas e calçados.
Campo de Ourique: Butiques elegantes, decoração e artigos para casa.
São Bento: Antiguidades, cerâmica, cristais e sofisticados artigos para casa.
Rua da Escola Politécnica: Artesanato tradicional.

Shopping Centers

Armazéns do Chiado Baixa-Chiado
Centro Comercial Amoreiras Marquês de Pombal/Rato
Centro Comercial Colombo Colégio Militar
Centro Comercial Vasco da Gama (➤ 154) Oriente
Galerias Saldanha Saldanha
El Corte Inglés São Sebastião

Feiras e Mercados

Feira da Ladra (➤ 89) Bonde 28
Praça de Espanha: Produtos com desconto Praça de Espanha
Mercado do Campo de Ourique: Alimentação Bonde 25/28
Mercado da Ribeira (➤ 60) Cais do Sodré
Feira de Carcavelos: Roupas e artigos para casa Qui 8h-13h
Do Cais do Sodré até Carcavelos

Compras Sem Impostos e Remessas

Quem mora fora da União Europeia pode requisitar a devolução do IVA (imposto agregado) para mercadorias adquiridas em lojas que fazem parte do esquema sem impostos. Essas lojas têm um selo colado na vitrine. Você preenche um formulário disponível no balcão de produtos livres de impostos, no aeroporto de onde partirá. Muitas lojas embalam e remetem os produtos comprados, mas os custos são altos.

Diversão

Lisboa dispõe da maior variedade de entretenimento do país, com atividades que atendem a todos. As opções vão de teatro, música e cinema a casas noturnas que funcionam até tarde e casas de fado. Os fãs de esportes podem assistir a uma partida de futebol ou rumar para o litoral para ver jogos de golfe.

Informações e Ingressos

- A melhor revista com **indicações** é a *Agenda Cultural*, gratuita e mensal, publicada em português (boa parte das informações também aparece no folheto *Follow Me Lisboa*, em inglês, produzido pelo departamento de turismo). Você pode pegar um exemplar nos centros de informação turística da cidade.
- O **Gulbenkian** e o **Centro Cultural de Belém** publicam programação mensal.
- O *Diário de Notícias* e *O Independente* publicam **suplementos de sexta-feira** com lista completa de entretenimento.

Você pode reservar ingressos para diversos eventos nos seguintes pontos:

ABEP (Agência de Bilhetes para Espectáculos Públicos)
Praça dos Restauradores 213 425 360 Seg-sáb 9h-21h30
Restauradores

Fnac Chiado
Armazéns do Chiado, Rua do Carmo, 2, loja 407, Chiado 213 221 800; www.fnac.pt Diariam 10h-22h Baixa-Chiado

Entretenimento Cultural

- **Cinema**: Os filmes são exibidos no idioma original, com legendas em português; há sessões à tarde e à noite. Os principais shopping centers possuem cinemas com diversas salas.
- **Música Clássica, Balé, Dança**: Lisboa tem três orquestras, uma companhia de balé e uma de dança contemporânea. Temporadas: out-mai.
- **Música Contemporânea**: Artistas do Brasil, da África e de Cabo Verde.
- **Fado**: Procure as casas de fado no Bairro Alto.
- **Teatro**: Ocasionalmente há apresentações de musicais internacionais, e a maioria é em português.

Vida Noturna

- **Bares e Casas Noturnas:** Os bares abrem às 20h e as casas noturnas à meia-noite. A animação aumenta perto das 2h e continua até as 5h ou mais. Muitos bares **apresentam música ao vivo** em algumas noites da semana.
- A região tradicional de atividades noturnas sempre foi o **Bairro Alto**; agora essa área concentra mais bares de horário prolongado do que **lugares com pista de dança**. Os locais mais animados com dança ficam à beira-rio, perto de **Santa Apolónia** e da **Doca de Santo Amaro**, abaixo da Ponte 25 de Abril. Há mais casas famosas perto da **Avenida 24 de Julho** e em **Alcântara**.
- Diversas casas noturnas adotam o **"consumo mínimo"**, sistema que estabelece o mínimo de gastos que você terá de fazer enquanto estiver na casa e que funciona como um tipo de ingresso; pode incluir um ou mais drinques.

Gays e Lésbicas

Para descobrir os locais, pegue um exemplar da revista quinzenal *Korpus* para homens ou *Zona Livre* para mulheres. A maior parte dos bares e casas noturnas gays fica no Bairro Alto e em Príncipe Real. O **Centro Comunitário Gay e Lésbico de Lisboa** (tel. 218 873 918; www.portugalgay.pt) é um bom ponto de partida para contatos e informações.

Ao Norte da Orla Central

Como Se Localizar

A Baixa, com suas elegantes ruas do século 18 traçadas em forma de grade, é uma reconstrução da antiga área central arrasada no catastrófico terremoto de 1755. Estende-se desde a orla até as principais praças centrais de Lisboa – o encantador trio formado pelas praças Dom Pedro IV (conhecida como Rossio), da Figueira e dos Restauradores. Exemplo de projeto racional, localizado em um terreno plano entre dois morros, a Baixa fica em frente à ampla extensão da Praça do Comércio, à beira-rio, e tem como porta de entrada um arco triunfal. A leste está a velha Lisboa e a oeste, o bairro do Chiado, com prédios históricos, museus, teatros, cafés e algumas das lojas mais elegantes da cidade. Essas encostas a oeste são vencidas por ladeiras, e os engenheiros do século 19 ligaram o ponto mais alto do Chiado à Baixa por meio do Elevador de Santa Justa, cuja plataforma superior oferece uma vista deslumbrante da cidade e do Tejo.

A mais afastada das três praças, a dos Restauradores, anuncia o início da Avenida da Liberdade, ladeada por árvores e concluída no final do século 19, funcionando como um eixo de ligação entre a Baixa do século 18 e as novas áreas urbanas do século seguinte. A avenida concentra hotéis elegantes e lojas sofisticadas e acaba em um floreado na Praça Marquês de Pombal, atrás da qual se estende o Parque Eduardo VII, cujo nome homenageia o rei britânico que visitou Portugal em 1903. Do parque, são apenas alguns quarteirões até o Museu Calouste Gulbenkian, o mais fantástico da cidade, que figura entre os maiores do mundo.

Pág. anterior: vista do Elevador de Santa Justa

Abaixo: estátua de dom Pedro 4º no Largo do Rossio

★ Destaques

Menos Conhecidos

Arte islâmica no Museu Gulbenkian

Atrações

Esta consagrada área central conta com as ruas elegantes da Baixa do século 18. Elas circundam as principais praças da cidade e dão acesso às avenidas traçadas no século 19, que levam ao melhor museu de Lisboa – o renomado Museu Calouste Gulbenkian.

Ao Norte da Orla Central em Um Dia

9h

Comece a exploração da 1 **Baixa** (➤ 46-49) pela Praça do Comércio, passeando sob as arcadas até atravessar o Arco Triunfal (à esq.) e entrar na Rua Augusta. Explore essa sugestiva grade de ruas até chegar à Rua do Ouro e tomar o **Elevador de Santa Justa** (➤ 50, 176), que sobe para o Largo do Carmo. Admire as belas vistas da cidade e do rio Tejo.

10h

Caminhe morro abaixo na direção da Rua Garrett, uma das ruas do século 19 mais elegantes de Lisboa. Faça uma pausa para o cafezinho no histórico 7 **Café A Brasileira** (➤ 60-61) e escolha entre visitar o 6 **Museu do Chiado** (➤ 60) ou o 8 **Museu Arqueológico do Carmo** (➤ 61), ou talvez fazer compras. Os mais consumistas ficarão tentados a conhecer as lojas modernas no shopping dos Armazéns do Chiado (➤ 65) e algumas das lojas mais peculiares e cheias de personalidade da Rua Garrett e da Rua do Carmo.

12h

Desça a Rua do Carmo em direção ao famoso 3 **Rossio** (➤ 52-53), ponto de convergência de muitas ruas no centro de Lisboa, repleto de cafés e de pessoas apressadas. Esse largo fica bem perto de outras praças importantes: a 3 **Praça da Figueira** e a **Praça dos Restauradores** (➤ 53-54).

13h

Você encontrará muitas opções para almoçar na Rua das Portas de Santo Antão e nas ruelas em volta dela, que se estendem para o norte atrás do Rossio – uma boa escolha é o Bonjardim (➤ 64): pegue uma mesa ao ar livre, ensolarada, para saborear um frango suculento e uma das batatas fritas mais gostosas da cidade.

14h30

Descanse meia hora ou mais para visitar o 4 **Museu Calouste Gulbenkian** (➤ 55-59). Dê um alívio para os pés e tome um táxi ou pegue o metrô da Baixa-Chiado até S. Sebastião. Passe cerca de duas horas admirando os tesouros desse acervo variado e fantástico, presente de um magnata do petróleo para Portugal.

16h30

Você pode relaxar depois da visita no encantador jardim do próprio museu, com espelhos d'água e folhagens belíssimas, ou descer até o 9 **Parque Eduardo VII** (➤ 62; à esq.), cujos espaços verdes e canteiros formais agradam quem gosta de plantas.

18h

Junte-se às pessoas que acorrem ao 3 **Rossio** à tarde e saboreie um chá com algum doce delicioso, ou tome um drinque no Café Suíça (Praça Dom Pedro IV, 96-100, tel. 213 214 090) ou no Café Nicola (➤ 64), em funcionamento desde 1929.

20h

São muitas as opções para jantar na região central, mas volte à Baixa (à esq.) depois e aproveite a maravilhosa atmosfera de atividades noturnas. À noite você volta no tempo e a percepção da elegância histórica do bairro é mais apurada. Se quiser, feche o dia com um drinque no Café Martinho da Arcada (➤ 64), na Praça do Comércio.

0 A Baixa

A Baixa, magnífico exemplo de planejamento urbano do século 18, está localizada no centro de Lisboa. As ruas retas, o imenso espaço da praça principal, o alinhamento regular das casas, a fachada azulejada de suas lojinhas peculiares e a vida nas ruas, tudo se mescla para sintetizar o espírito da cidade. E sua arquitetura é inspiradora, com construções que mudaram a aparência da cidade e criaram uma área central que atrai tanto os lisboetas como os visitantes.

A Baixa deve sua existência a um dos piores desastres naturais da Europa, quando, em 1755, Lisboa sofreu um dos mais catastróficos terremotos registrados na história (➤ 20-21). Além de matar milhares de pessoas, o sismo destruiu a maior parte do centro histórico, arrasando toda a área atrás do Terreiro do Paço, na orla, local do Palácio Real. Momentos extremos pedem medidas extremas, e o futuro marquês de Pombal, primeiro-ministro de Portugal, foi encarregado pelo rei de reconstruir a área lançando mão de todos os recursos modernos da época. Ele imaginou uma grade de ruas ordenadas, com 12m de largura, alinhadas com edificações clássicas e elegantes, e chamou Eugénio dos Santos, engenheiro militar, para ajudá-lo a concretizar o sonho. O projeto se baseou num acampamento militar, com ruas pensadas para atividades específicas, e os nomes das ruas e seus ocupantes continuam a ecoar essa escolha – ainda se encontram joalheiros na **Rua do Ouro** e na **Rua da Prata**, consertos de calçados na **Rua dos Sapateiros** e negociantes de tecidos variados na **Rua dos Fanqueiros**.

Vista da Baixa à noite

Uma das melhores maneiras de captar o grandioso propósito de Pombal é fazer um passeio curto de ferryboat pelo rio, saindo da Estação Fluvial, no lado leste da Praça do Comércio, só para aproveitar a viagem de volta e entender o que se queria que fosse visto quando alguém se aproximasse de Lisboa pelas águas.

A Baixa se encontra entre o Chiado, que se eleva a oeste, e Alfama, a leste; limita-se ao norte com o largo conhecido como **Rossio**, cujo nome oficial é Praça Dom Pedro IV (➤ 52-53), e ao sul, na orla, com a **Praça do Comércio**, ampla, cheia de arcadas, que ocupa a área do Terreiro do Paço, de tempos medievais, que foi destruído pelo terremoto, juntamente com tudo o que havia em volta.

Depois do abalo, Pombal queria uma praça majestosa, digna de rivalizar com qualquer outra da Europa, que funcionaria como grandioso palco na recepção a reis, presidentes e embaixadores. Suas edificações foram projetadas para acolher ministérios do governo; algumas ainda os abrigam, e a **Câmara Municipal** de Lisboa continua a ocupar o prédio feito para ela no século 19, em estilo clássico, na elegante **Praça do Município**, a oeste da Praça do Comércio. Foi de

Arcada na Praça do Comércio

Obras de arte à venda no calçadão da Rua Augusta

seu balcão magnífico que se proclamou a república portuguesa, em 1910, e a praça ainda é usada para as comemorações do Dia da República, em 5 de outubro. O destaque da Praça do Comércio, com 14m de altura, é a **estátua equestre de dom José 1º**, que reinava quando ocorreu o terremoto e que encarregou Pombal da reconstrução. Joaquim Machado de Castro foi o escultor, e a base é decorada com figuras que representam a "Vitória" dos novos prédios sobre a "Destruição" provocada pelo terremoto.

Nas arcadas, acha-se o histórico Café Martinho da Arcada, fundado em 1782, frequentado pelo grande poeta Fernando Pessoa nas décadas de 1920 e 1930. Pessoa (1888-1935) vinha para cá à noite, a fim de trabalhar em seu poema épico *Mensagem*, e sua mesinha com tampo de mármore é preservada com carinho. O romancista José Saramago, ganhador do Nobel de literatura em 1998, foi outro cliente assíduo.

Na extremidade norte da praça, a grandiosa construção neoclássica do **Arco Triunfal** leva à Rua Augusta. Nele, a estátua mais alta é a Glória, que segura coroas de louro acima das cabeças de Gênio e Bravura, sentados ao lado do escudo real, ao passo que, embaixo, há figuras que representam Viriato, Nuno Álvares Pereira, Vasco da Gama, o marquês de Pombal e os dois grandes rios de Portugal, o Tejo, à esquerda, e o Douro.

A **Rua Augusta** sai do Arco Triunfal. Trata-se do eixo principal da Baixa, uma rua bonita cheia de charme e fartamente decorada com fachadas de azulejos, pisos de mosaico e pitorescas lojas. Como algumas outras ruas da grade, agora ela é só para pedestres e está repleta de esplanadas para cafés, onde você pode se sentar para observar as pessoas e apreciar o "teatro" de artistas de rua, das vendedoras de castanhas e dos engraxates, onipresentes. As bancas perto do arco são conhecidas pelos moradores como Mercado dos Hippies – dê uma olhada no material à venda. Da Rua Augusta, caminhe até a **Rua da Conceição** para conhecer as bonitas fachadas de lojas em estilo Art Nouveau, a exemplo de armarinhos e casas de aviamentos, e procure as tampas de bueiro retangulares entre os trilhos do bonde, perto do cruzamento com a Rua da Prata. Abaixo está o que restou da Lisboa romana, na forma de tanques antigos que se chegou a imaginar que fossem ruínas de banhos públicos, mas que provavelmente são as fundações de um grande prédio público. Para ter uma boa noção da **cidade romana**, vá até a parte de trás do Banco Comercial Português, sob o qual uma reconstrução de 1991, conhecida como **Núcleo Arqueológico da Rua dos Correeiros**, revelou os restos de uma fábrica romana de *garam* (molho de peixe), onde peixe putrefato era misturado com sal e temperos para fazer o condimento preferido de Roma, exportado para o império todo.

Três quarteirões a leste daqui fica outra grande atração da Baixa, a Rua do Ouro, antiga Rua Áurea. É onde está o **Elevador de Santa Justa** (➤ 50), a solução do século 19 para vencer as ladeiras íngremes até o Chiado. Caminhe para o sul, e você voltará à orla. Mas o melhor é procurar um café, sentar-se e deixar que o cotidiano da Baixa desfile à sua volta.

FAÇA UMA PAUSA

Pare um pouco em qualquer café de rua ou procure o **Café Martinho da Arcada** (➤ 64), que funciona como café e restaurante e serve alguns dos melhores pastéis de nata da cidade.

---

198 A2

Núcleo Arqueológico da Rua dos Correeiros
Rua dos Correeiros, 9 213 211 700 Visitas qui 15h, 16h; sáb 10h, 11h, 12h, 15h, 16h
Grátis Rossio, Baixa-Chiado

Escultura na Praça do Município

POR DENTRO DA BAIXA

Dicas Se você for para Lisboa no inverno, compre **castanhas assadas** das vendedoras ambulantes.

- Antes da visita, dê um pulo no **centro de informação turística** na **Praça do Comércio** para pegar mapas da cidade e folhetos informativos, tudo de graça.
- O **final da tarde** é um bom momento para explorar a área e aproveitar o que há de melhor nas ruas movimentadas.

2 Chiado e Santa Justa

Estendendo-se morro acima a oeste da Baixa e ligado a ela pelo famoso Elevador de Santa Justa, o Chiado está entre os bairros mais admirados de Lisboa. Palco da rica vida literária e cultural de todo o século 19 e início do século 20, conta com museus e teatros, lojas e cafés históricos e igrejas grandiosas, repletas de obras de arte e rica decoração. O núcleo de suas principais ruas foi destruído por um incêndio em 1988, mas novas construções surgiram como fênix das cinzas, para que o Chiado conservasse suas atrações, suas lojas elegantes e típicas e, acima de tudo, suas características marcantes. Passeie pelas ruas, aproveite a vista no topo de Santa Justa e entregue-se ao prazer de fazer compras.

A coisa mais sensata a fazer é subir pelo **Elevador de Santa Justa** até a Rua do Carmo, uma experiência fundamental em Lisboa. Essa maravilhosa construção, com estrutura de ferro e ornatos totalmente góticos, repete o estilo do **Convento do Carmo** (➤ 61), destruído pelo terremoto de 1755. O elevador foi inaugurado em 1902, construído para os moradores se locomoverem da Baixa até as partes altas do centro. Seu arquiteto foi Raul Mesnier de Ponsard, engenheiro nascido no Porto, descendente de franceses e fã de Eiffel, o grande engenheiro francês. Ponsard foi o responsável pelos nove elevadores originais da cidade, dos quais quatro ainda existem. Mas o de Santa Justa é o único vertical, que transporta rapidamente os passageiros pelos 45m de altura até a passagem que liga o topo ao Largo do Carmo. Desse ponto, as vistas são lindas e alcançam a Baixa até o Castelo de São Jorge, as praças mais ao norte e o rio.

A passagem leva ao **Largo do Carmo**, uma das praças mais bonitas do Chiado, marcada pelas

Fernando Pessoa
Maior poeta do modernismo de Portugal, Fernando Pessoa nasceu na Rua Serpa Pinto, no Chiado, em 1888. Passou a vida toda em sua querida Lisboa, produzindo grande obra. Seus poemas foram escritos sob 72 pseudônimos e são cheios de melancolia e mistério. Apenas um, *Mensagem*, foi publicado em vida. De dia, ele trabalhava como tradutor, passando as noites escrevendo em seus dois cafés preferidos: A Brasileira (➤ 60-61) e Café Martinho da Arcada (➤ 64). O absinto que ele consumia acelerou sua morte, em 1935, de cirrose.

ruínas do Convento do Carmo, que agora abrigam o **Museu Arqueológico do Carmo** (➤ 61). Daqui, você pode descer a pé para a **Rua Garrett**, que já foi a mais elegante de Lisboa, ladeada de lojas, e que ainda vive cheia de gente. No topo se encontra a **Igreja dos Mártires**, erguida na década de 1770, no local onde havia outra. Aqui você pode parar no **Café A Brasileira** (➤ 60-61), ou pode atravessar a rua e descer até o **Museu do Chiado** (➤ 60) para ver as fachadas de dois importantes teatros da cidade, o **Teatro Nacional de São Carlos** (1793) e o **Teatro Municipal de São Luiz**, que datam do século 19.

Foi na Rua Garrett e nas ruas ao redor dela que se iniciou o incêndio de 1988, que durou 20 horas e destruiu 18 prédios, entre os quais duas históricas lojas de departamentos, a Grandella e o Chiado. A reconstrução foi confiada a Álvaro Siza Vieira, arquiteto do Porto, cujo projeto muito bem-sucedido manteve o traçado original das ruas e garantiu que as novas construções se fundissem à paisagem da cidade. As lojas de departamentos foram substituídas por shopping centers moderníssimos, os **Armazéns do Chiado**. Da entrada, siga para baixo, à direita, ao longo da **Rua do Carmo** até o Rossio, mais abaixo.

FAÇA UMA PAUSA

Se você não for ao **Café A Brasileira**, aproveite para dar uma parada no **Café no Chiado** (Largo do Picadeiro 10h-24h, tel. 213 460 501).

---

197 F2

À esq.: o Elevador de Santa Justa

Elevador de Santa Justa
197 F3 ✉ Rua do Ouro-Rua do Carmo ☎ 213 613 000 (Carris); www.carris.pt Diariam 8h-21h Barato Baixa-Chiado

POR DENTRO DO CHIADO E DE SANTA JUSTA

Dicas Muitas **lojas do Chiado** tiveram suas fachadas do século 19 e início do século 20 muito bem restauradas e merecem uma foto.
• Se você quiser um lanche rápido e barato, procure um dos pontos de alimentação no último andar dos **Armazéns do Chiado**.

Para Saber Mais Suba o morro até as duas igrejas no alto do Largo do Chiado. A da direita é a **Igreja da Encarnação**, inaugurada em 1708 e reconstruída após o terremoto, em 1784; ela possui azulejos muito bonitos na sacristia. A igreja da esquerda é a de **Nossa Senhora do Loreto**, erguida no século 16 pela comunidade italiana de Lisboa e refeita depois de 1755. O altar-mor, com imagens de mármore, foi trazido da Itália.

3 Rossio, Figueira e Restauradores

Ao norte da grade de ruas traçada por Pombal no século 18 estão três praças: Rossio, Figueira e Restauradores. Lotadas de gente, com trânsito pesado, elas constituem um ponto de convergência e de encontro – você terá de atravessá-las muitas vezes por dia. Em vez de passar às pressas, programe-se para fazer uma parada, observar as construções, a vida na rua, as vistas e os sons. Esse entroncamento de ruas em Lisboa repete a história da cidade, e a multidão apressada e diversificada reflete tanto o papel de Portugal como antigo poder imperial quanto o caráter multiétnico dessa capital tolerante e generosa.

O **Rossio**, nome popular da **Praça Dom Pedro IV**, é a maior das três praças e ocupa a mesma área desde os tempos medievais, quando era local de encontro e de comércio da cidade. Aqui eram realizados desfiles militares, autos de fé e touradas, apesar de o local inundar nas marés mais altas do que a média. Tudo mudou depois de 1755, quando muitas construções foram destruídas ou danificadas pelo terremoto. Eugénio dos Santos, arquiteto da Baixa, e seus companheiros de projeto propuseram que o ponto de convergência da cidade saísse do Rossio e fosse para uma nova esplanada, a Praça do Comércio. O Rossio foi elevado para evitar alagamentos, reprojetado e reconstruído, e só no século 19 reconquistou seu papel de polo central da cidade, que ainda conserva. Quando os tanques invadiram o centro de Lisboa em 25 de abril de 1974, dizem que foi uma florista do Rossio quem presenteou um soldado com um cravo, o que deu ao movimento o nome de Revolução dos Cravos (➤ 24-25).

Atualmente, é um espaço amplo e movimentado, rodeado de cafés históricos e elegantes construções. A **estátua** no centro da praça retrata **dom Pedro 4º** (dom Pedro 1º, do Brasil), proclamado rei de Portugal em 1826. Essa é a versão oficial, mas muitos afirmam que a estátua foi esculpida em 1870 para repre-

À dir.: a estátua de dom Pedro 4º fica no meio do Rossio

Ginjinha – A Bebida Popular

Agrupados em volta da extremidade nordeste do Rossio ficam alguns pequenos bares simples, que sobrevivem com a venda de apenas uma bebida: a ginjinha. Os lisboetas adoram essa bebida viscosa e forte, feita de um tipo de cereja, e a consomem de manhã até a noite. A garrafa pode ou não ter frutos inteiros, e a bebida é servida em canecas de plástico – prove a Ginja Sem Rival, a marca mais vendida, a Espinheira ou a Eduardino, um tipo licoroso com ervas que existe desde a década de 1840.

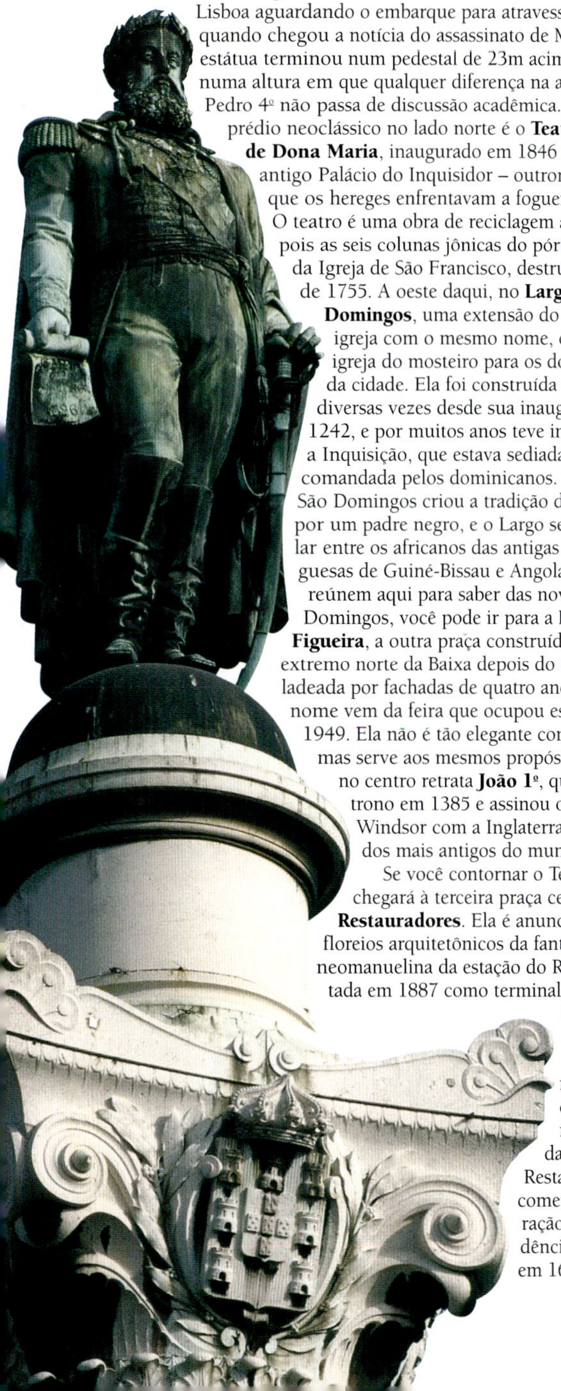

sentar o imperador Maximiliano do México. Ela estaria em Lisboa aguardando o embarque para atravessar o Atlântico quando chegou a notícia do assassinato de Maximiliano. E a estátua terminou num pedestal de 23m acima do Rossio, numa altura em que qualquer diferença na aparência de Pedro 4º não passa de discussão acadêmica. O grandioso prédio neoclássico no lado norte é o **Teatro Nacional de Dona Maria**, inaugurado em 1846 no local do antigo Palácio do Inquisidor – outrora, era no Rossio que os hereges enfrentavam a fogueira.

O teatro é uma obra de reciclagem arquitetônica, pois as seis colunas jônicas do pórtico vieram da Igreja de São Francisco, destruída no sismo de 1755. A oeste daqui, no **Largo de São Domingos**, uma extensão do Rossio, fica a igreja com o mesmo nome, originalmente igreja do mosteiro para os dominicanos da cidade. Ela foi construída e reconstruída diversas vezes desde sua inauguração em 1242, e por muitos anos teve importância para a Inquisição, que estava sediada na praça e era comandada pelos dominicanos. Há poucos anos São Domingos criou a tradição de ser dirigida por um padre negro, e o Largo se tornou popular entre os africanos das antigas colônias portuguesas de Guiné-Bissau e Angola, que se reúnem aqui para saber das novidades. De São Domingos, você pode ir para a **Praça da Figueira**, a outra praça construída para ligar o extremo norte da Baixa depois do terremoto. Ela é ladeada por fachadas de quatro andares, e seu nome vem da feira que ocupou este espaço até 1949. Ela não é tão elegante como o Rossio, mas serve aos mesmos propósitos. A estátua no centro retrata **João 1º**, que subiu ao trono em 1385 e assinou o Tratado de Windsor com a Inglaterra, um dos acordos mais antigos do mundo.

Se você contornar o Teatro Nacional, chegará à terceira praça central, a dos **Restauradores**. Ela é anunciada pelos floreios arquitetônicos da fantástica fachada neomanuelina da estação do Rossio, completada em 1887 como terminal para Sintra; mas hoje está fechada para a construção de novos túneis. O obelisco no centro da Praça dos Restauradores comemora a restauração da independência portuguesa em 1640, após anos de domínio espanhol; daqui, a Avenida da Liberdade se estende para o norte. Construída para ligar o centro da Lisboa do século 18 à crescente cidade do século 19, e concluída em 1886, ela teve como modelo a avenida dos Champs-Elysées de Paris. No lado oeste você verá a fachada Art Nouveau do **Edifício Éden**, antigo cinema. Mais adiante está o **Palácio Foz**, sede do principal centro de informação turística da cidade.

FAÇA UMA PAUSA

O **Café Nicola** (➤ 64), no nº 24 da Praça Dom Pedro IV, muito bem restaurado, é o local ideal para um lanche e ótimo ponto para observar pessoas.

198 A2 (Rossio e Figueira); 197 F4 (Restauradores)
Rossio, Restauradores

Acima: o edifício Éden, em estilo Art Nouveau

À esq.: o obelisco comemorativo na Praça dos Restauradores

POR DENTRO DO ROSSIO, DA FIGUEIRA E DOS RESTAURADORES

Dicas Um programa imperdível é tomar uma bebida no fim da tarde no **Café Nicola** (➤ 64) ou no **Suíça**, os cafés mais famosos do Rossio.
• O **quiosque da Carris** na Praça da Figueira é um bom lugar para comprar **cartões de transporte público**.

4 Museu Calouste Gulbenkian

Se você for visitar apenas um museu em Lisboa, escolha o Calouste Gulbenkian, pois ele dispõe de um dos melhores acervos do mundo, com uma mostra abrangente, mas de tamanho razoável, do que há de melhor, de todos os séculos e do mundo todo. Outros pontos positivos são o prédio pensado para o visitante e os 70 mil m² de jardins encantadores, que contribuem para torná-lo o melhor museu da cidade.

As construções deste grande complexo cultural de Portugal, a **Fundação Calouste Gulbenkian**, circundam o museu. A Fundação financia o acervo artístico e o Centro de Arte Moderna, mantém uma orquestra e um coral e gerencia três salas de concertos e duas galerias de exposições só em Lisboa. Ela atua no país todo, custeando museus e bibliotecas, e subvenciona obras de caridade de uma enorme variedade de projetos. Tudo isso se tornou possível graças a Calouste Gulbenkian (1869-1955) (➤ 26-27), que fez fortuna no Oriente Médio e gastou parte dela acumulando esta magnífica coleção, que legou para Portugal, seu país de adoção. As obras refletem o gosto pessoal de Gulbenkian, que tinha três paixões – pintura veneziana, móveis franceses e prataria – mas também possuía sensibilidade para os demais interesses artísticos. A qualidade total e o estado de conservação de cada peça que ele reuniu são de tirar o fôlego, e as mostras foram dispostas em ordem mais ou menos cronológica, numa caminhada fascinante por 4 mil anos de arte e artesanato da melhor qualidade.

No alto: o Museu Gulbenkian

Acima: escultura no jardim ao lado do Centro de Arte Moderna

O célebre retrato *Figura de Velho*, de Rembrandt

Mundo Antigo, Salas 1-3

Esta é uma coleção pequena de altíssima qualidade, focalizada no **Egito Antigo**, de onde vieram uma **vasilha de alabastro** translúcida que data de cerca de 2500 a.C., uma **estela em relevo** entalhada com uma oferenda ao faraó (1580 a.C.) e uma **tigela** preta e branca. Mas a maioria dos visitantes prefere a figura de bronze, mais palpável e realista, de uma **gata com filhotes** (664-525 a.C.), possivelmente feita para marcar a sepultura do animal. O melhor da coleção grega é um **vaso ático** (*c.* 440 a.C.) de fundo preto decorado com figuras vermelhas de sátiros, virgens e cavalos – a história de Castor e Pólux. Deuses romanos também estão nas intricadas **joias romanas** com pedras preciosas, enquanto da mesma época há um conjunto de **peças de vidro** frágeis e iridescentes. Na porta ao lado, destaca-se um **baixo-relevo assírio** do palácio de Assurbanipal, em Nimrod, mostrando o guerreiro barbudo vestido com um manto de plumas, do século 9º a.C.

Tesouros do Oriente, Salas 4-6

Duas galerias interligadas contêm coleções islâmicas orientais e armênias, que oferecem uma visão geral de tudo o que há de melhor nessas regiões, com ênfase em peças do século 15 ao século 17. Os **tapetes** de seda e lã, alguns dispostos no piso, outros pendurados nas paredes, constituem um realce, assim como diversos exemplares de **paredes azulejadas** do Império Otomano – um **painel do século 5º**, muito bonito, de azulejos de faiança, com vitrificado turquesa, azul e branco, sobressai pelo estilo quase Art Déco. Aprecie também as **cerâmicas persas e turcas**, principalmente as **vasilhas turcas izmet**, azuis e brancas, e os painéis de azulejos. Elas revelam forte influência Ming e foram elaboradas ao mesmo tempo em que as mercadorias eram negociadas na Europa, vindas da Ásia pela Rota da Seda. Uma vitrine inteira está cheia de requintadas **lamparinas** de vidro egípcias feitas no século 14 – douradas, translúcidas e iridescentes, elas apresentam uma notável qualidade técnica para a idade que têm. De um século depois é a **caneca de jade branco**, feita em Samarcanda, e que pertenceu durante séculos aos descendentes e membros da linha imperial mogul. Mais adiante, as mostras na sala do Extremo Oriente acolhem **vasos Ming** com brilho translúcido verde-acinzentado, embora os itens mais atraentes sejam os **vasos de porcelana chinesa** e os

potes com tampa, que datam principalmente dos séculos 17 e 18. Dois conjuntos notáveis são feitos de porcelana esmaltada, um deles decorado com crisântemos cor-de-rosa, turquesa e verde sobre fundo branco; o outro tem flores cor-de-rosa e verde e motivos naturais sobre fundo preto. Não deixe de ver o rebuscado **biombo de coromandel**, do século 14, com folhas de laca e desenhos em papel – à direita, na saída da galeria.

Arte Europeia, Salas 7-15

A coleção de arte europeia se concentra em pinturas, esculturas, cerâmicas, móveis e peças de ouro e prata, com quadros e *objets d'art* presos a paredes, expostos em salas separadas ou apresentados em móveis contemporâneos. Este acervo fascinante abrange um período de quase mil anos, e os visitantes, em sua maioria, se concentram naquilo que os atrai mais.

Há exemplares maravilhosos de **marfim** e **manuscritos com iluminuras**, mas muitos vão direto para as pinturas, uma coleção rica em retratos e paisagens, gêneros favoritos de Gulbenkian. Entre os destaques do Renascimento estão uma tela veneziana da *Sagrada Família* de **Vittore Carpaccio**, com os detalhes e o colorido típicos desse pintor, e o *Retrato de Uma Jovem* de **Ghirlandaio** – ela usa um vestido rosado com mangas verdes, e seu colar de coral chama a atenção para os cachos delicados que lhe emolduram o rosto. Mais moças bonitas aparecem num trio de retratos dos pintores ingleses **Gainsborough, Romney** e **Lawrence**, enquanto a *Palas Atena* de **Rembrandt**, uma imagem sombria da deusa com belo escudo e capacete emplumado, traz uma nota mais sóbria. Três retratos representam **Rembrandt, Rubens** e **Van Dyck**; todos com trajes elegantes – você quase pode sentir a textura das sedas e dos veludos, só de olhar. Também se pode sentir o ar enevoado em *A Foz do Sena*, de **Turner**, as águas revoltas e os matizes perolados. Os apreciadores dos venezianos não podem perder a sala lateral dedicada a **Francesco Guardi** – nada menos que 19 cenas reais ou imaginárias de Veneza, a exemplo da que mostra o *Desenho para a Ponte Rialto* de Palladio. **Corot, Manet, Renoir**

De nível internacional, o museu Gulbenkian foi instalado numa edificação elegante

As Principais Atrações do Museu

Vaso grego ático – Sala 2
Lamparina egípcia – Sala 4
Vasilha iznik com pé – Sala 4
Enfeite Famille Rose – Sala 6
Retrato de Uma Jovem, de Domenico Ghirlandaio – Sala 8
Escrivaninha, de Martin Carlin – Sala 10
Potes de prata para mostarda, de Antoine-Saebastien Durant – Sala 12
A Festa da Ascensão na Piazza San Marco, de Francesco Guardi – Sala 14
Cálice com videira e figuras, de René Lalique – Sala 17

e **Degas** representam os impressionistas franceses, com destaque para duas cenas de inverno: um pastel de Millet, *Montes de Feno Cobertos de Neve*, que contrasta com *Gelo Flutuante*, de Monet.

Deixe as pinturas um pouco de lado para apreciar as magníficas **mobílias francesas em estilo Luís 15 e Luís 16**, dispostas numa série de "salas". Estão expostos armários, cadeiras, aparadores e mesas marchetadas, ressaltados por panôs e tapeçarias nas paredes. Os pontos altos são a **cômoda** feita em 1750 por Deforges e marchetada com painéis japoneses de laca, um **armário Boulle**, com incrustações de bronze, estanho e latão em madeira de lei, e a **escrivaninha Carlin** (1772) decorada com placas de **porcelana de Sèvres** e feita para Madame du Barry. Vê-se mais opulência francesa pré-revolucionária nos utensílios de mesa feitos de ouro e de prata, e há ainda uma grande exposição de porcelana de Sèvres, algumas com fundo de esmalte azul e outras, verde.

Igualmente magnífica é a coleção de **prataria**, com peças incomparáveis feitas na França do século 18 por mestres como

À esq.: a coleção do Extremo Oriente tem peças excepcionais de porcelana chinesa

Durant e **Germain** para a corte imperial russa. Gulbenkian as adquiriu entre 1928 e 1930, e elas são consideradas as mais importantes do mundo desse tipo. Decoradas com peixes, conchas, frutas, verduras e animais, tudo realista, douradas e embelezadas com finíssima madeira exótica, tais peças representam um nível de ostentação e extravagância inigualável.

A última sala é dedicada à obra de **René Lalique**, joalheiro e estilista Art Nouveau. Estão reunidas 169 peças de sua **joalheria**, com desenhos intricados e sinuosos, embelezados com esmalte, ouro, brilhantes, pérolas e outras pedras preciosas – aprecie o **diadema** *Orquídea*, um belo enfeite de cabelos no qual foram usados chifre, marfim, ouro e topázio para criar uma peça delicadíssima, e o **broche** *Pavão*, no qual se entrelaçam ouro, esmalte, opalas e brilhantes.

FAÇA UMA PAUSA

O museu tem um excelente **café**, onde se pode saborear desde um cafezinho com bolo até um almoço completo.

---

194 C4
Avenida de Berna, 45A 217 823 000; www.museu.gulbenkian.pt
Ter-dom 10h-17h45 Moderado Bar e restaurante no museu
São Sebastião, Praça de Espanha 746 do centro Audioguias (moderado), ingresso combinado com o Centro de Arte Moderna (caro)

Abaixo: arte islâmica no museu

POR DENTRO DO MUSEU CALOUSTE GULBENKIAN

Dicas Reserve de 2 a 3 horas para uma **visita sossegada**.

- Destine algum tempo para apreciar o **jardim** em volta dos prédios da Fundação.
- Você pode combinar o Gulbenkian com o **Centro de Arte Moderna**, também parte da Fundação.
- Saiba mais sobre a Fundação, sobre Gulbenkian, o Museu e o acervo usando os **computadores com tela de toque**.

Para Saber Mais O museu também apresenta exposições temporárias nas salas do térreo, e no andar de cima contempla um número variável de obras de arte em pequenas mostras chamadas de **"Obra em Foco"**, onde a história e a proveniência de uma única peça do acervo é examinada detalhadamente. Há também uma **exposição curta e informativa sobre a vida de Gulbenkian** e a ordem em que ele adquiriu seus tesouros, além de fotos antigas que mostram como as peças estavam dispostas na casa do magnata em Paris.

Atrações

5 Cais do Sodré e Mercado da Ribeira

Da Praça do Comércio sai uma passagem que segue o Tejo para oeste até o **Cais do Sodré**, antiga zona de prostituição. No tempo de Salazar, era o único lugar com bares decadentes, nos quais se podia beber até tarde, e a Rua Nova do Carvalho ainda conta com bares de prostitutas. As meretrizes ainda estão por lá, mas saíram da orla, que, agora, tem bares e casas noturnas da moda e alguns dos melhores restaurantes de frutos do mar da cidade. Na frente da estação fica o **Mercado da Ribeira**, principal entreposto central de alimentos, em construção de 1882, embora o mercado date dos tempos medievais. Com bancas de peixes nas laterais e frutas, verduras e demais produtos no hall principal, desperta os sentidos. Vendem-se batatas-doces, feijões, pimentas, coentro, repolhos e pimentões, além de mangas do Brasil e quiabo e inhame da África, ingredientes que lembram as ex-colônias portuguesas. Na hora do almoço, os floristas abrem suas bancas numa das alas, e no andar de cima há restaurantes que servem a tradicional culinária do país. Aqui também é montada uma feira de livros e artesanato e costuma haver música ao vivo e danças.

197 E2 Avenida 24 de Julho
213 462 966; www.espacoribeira.pt
Mercado seg-sáb 6h-14h; flores seg-sex 6h-14h, 15h-19h, sáb 6h-14h
Bares e restaurantes no mercado
Cais do Sodré

Ferryboat saindo do Cais do Sodré

6 Museu do Chiado

Projetado novamente para seguir linhas modernistas após o incêndio nesta área da cidade em 1988 (► 51), o Museu do Chiado, fundado em 1911, foi reaberto em 1994. O **acervo permanente** cobre a arte portuguesa de 1850 a 1950, expondo obras de pintores naturalistas que trabalhavam em Lisboa no último quarto do século 19 e retratavam cenas de rua e da área da beira-rio, recantos de Lisboa que permanecem inalterados. A coleção abrange todos os movimentos, desde o romantismo, o naturalismo, o modernismo e o surrealismo até o abstracionismo. Em termos artísticos, sobressaem obras como *A Sesta*, de Almada Negreiros, e *O Desterrado*, de Soares dos Reis, mas boa parte dos visitantes considera mais atraentes as cenas lisboetas, como *Lisboa e o Tejo*, de Carlos Botelho. O museu sempre realiza exposições temporárias, e do terraço tem-se uma bela vista do Chiado.

197 F2 Rua Serpa Pinto, 4
213 432 148; www.museudochiado-ipmuseus.pt Ter-dom 10h-18h
Moderado Café no Chiado (► 51)
Baixa-Chiado

7 Café A Brasileira

Esta notável instituição de Lisboa começou a funcionar em 1905, quando o brasileiro Adriano Teles abriu um estabelecimento para vender o excelente café em grão importado de Minas Gerais. Os compradores ganhavam de graça uma *bica*, uma xicarazinha do café forte que os lisboetas adoram. Em três anos, a empresa se transformou num café. Desde o começo atraía escritores e artistas, e na década de 1920, quando estava no auge, era famoso como ponto de encontro de filósofos e dissidentes políticos. O interior combinava com o brilho das conversas, e os painéis de madeira, os espelhos e os dourados ventiladores de

Estátua de Pessoa fora do Café A Brasileira

As ruínas do Convento do Carmo

teto, instalados na década de 1920, foram todos mantidos.

Inevitavelmente, A Brasileira atual é uma parada constante nos roteiros turísticos, e os visitantes adoram ser fotografados ao lado da escultura de bronze de Fernando Pessoa, maior poeta modernista de Portugal (➤ 51), e de algum cliente regular, numa das mesinhas no lado de fora.

197 F3 ✉ Rua Garrett, 120
☎ 213 469 541 ◷ Diariam 8h-2h
Baixa-Chiado

8 Museu Arqueológico do Carmo

Um dos lados do Largo do Carmo, com seu inspirado chafariz clássico, é ocupado pelas majestosas ruínas góticas do **Convento do Carmo**, que agora abriga uma coleção eclética de achados arqueológicos de Portugal e da Europa. O **Convento de Nossa Senhora do Monte Carmelo** foi construído nos séculos 14 e 15, sob as ordens de Nuno Álvares Pereira, condestável de dom João 1º. Pereira colaborou na consolidação do regime da Casa de Avis e jurou construir uma igreja se ganhasse uma batalha importante. Apesar das dificuldades da construção, ele insistiu na localização na encosta do morro, o que causou problemas para os construtores, que tiveram de lutar com as fundações próximas de um precipício, em terreno precário. Ainda assim, erigiu-se a igreja magnífica, que logo se tornou um venerado símbolo da cidade. O local da igreja talvez tenha ajudado no catastrófico colapso durante o terremoto, quando o telhado desmoronou, matando muitos fiéis e deixando apenas as paredes e alguns arcos em pé.

Agora, a nave está coberta de grama e as paredes se abrem para o céu, enquanto as linhas altas desta bela ruína servem de lembrete dos eventos de 1755.

197 F3 ✉ Largo do Carmo ☎ 213 478 629
◷ Mai-set seg-sáb 10h-18h; out-abr 10h-17h Barato
Leitaria Academia, Largo do Carmo, 1-3
Baixa-Chiado

9 Parque Eduardo VII

Depois da construção da Avenida da Liberdade, a cidade precisava muito de um parque urbano, onde as pessoas pudessem passear e tomar ar. O planejamento teve início em 1888 e o atual Parque Eduardo VII tomou forma nos 50 anos seguintes. Recebeu o nome do rei britânico Eduardo 7º, que visitou Lisboa em 1903. Áreas com grama, arbustos e árvores ocupam os dois lados de um centro de paisagismo mais formal, onde se encontram canteiros impecáveis, esculturas, chafarizes e roseirais. Quando você subir a colina a partir do caminho que sai da entrada, na Praça Marquês de Pombal, terá belíssimas vistas da cidade e do rio ao se aproximar da Estufa Fria – três galerias envidraçadas que abrigam plantas do mundo todo. Observe as samambaias e as orquídeas, ou simplesmente aproveite o tranquilo oásis verdejante oferecido pelo parque.

194 C2 Praça Marquês de Pombal Diariam 9h-17h30 Parque: grátis; Estufa Fria: barata Café no parque Marquês de Pombal

10 Centro de Arte Moderna

No outro lado do terreno que circunda o Museu Calouste Gulbenkian (► 55-59) fica mais um empreendimento da Fundação, o Centro de Arte Moderna. Instalado numa construção modernista, o acervo enfatiza a arte moderna portuguesa e deve figurar no alto da lista de quem aprecia as pinturas e os bom projetos do século 20. Grande destaque é o *Autorretrato num Grupo*, de José Almada Negreiros, e há obras de modernistas portugueses como António Pedro e António da Costa. Ao ar livre veem-se belas esculturas, a exemplo das de Henry Moore.

194 C4 Rua Dr. Nicolau de

Estátua se destaca no espelho d'água da Estufa Fria, no Parque Eduardo VII

Para as Crianças

Esta é uma boa área para visitar, se você estiver com crianças. Elas podem gostar do curto **passeio de ferryboat** para cruzar o rio Tejo, ida e volta (► 180-181), da compra de provisões para piquenique no **Mercado da Ribeira** (► 60) ou da **volta de bonde** que sai da Praça do Comércio. Há **sorvetes** deliciosos na Suíça, no Rossio, e muitos gramados no **Parque Eduardo VII** para relaxar. Crianças mais velhas vão gostar de passar mais ou menos uma hora num museu – o **Museu da Cidade** pode despertar interesse, e as construções e o jardim do **Gulbenkian** (► 55-59) talvez as convençam a dar uma olhada no acervo. Na cidade, deixe os pequenos à vontade na **Baixa** para ver quantas **"lojas antigas"** eles conseguem achar (► 48) ou leve-os para subir pelo **Elevador de Santa Justa** (► 50) num passeio diferente e com **vistas fantásticas** daquilo que eles já visitaram ao rés do chão.

Bettencourt ☎ 217 823 474; www.camjap.gulbenkian.org ⌚ Ter-dom 10h-18h ✋ Moderado 🍴 Cafeteria no museu Ⓜ São Sebastião, Praça de Espanha ❓ Ingresso combinado com o do Gulbenkian: caro

Menos Conhecidos

11 Museu da Cidade

Para compreender a história de Lisboa, dê um pulo no Museu da Cidade, que traça o desenvolvimento urbano desde os tempos pré-históricos até o século 20. Instalado no bonito **Palácio Pimenta**, do século 18 – que sozinho vale a visita –, ele mostra cozinhas lindamente azulejadas e um jardim cheio de abelhas. As mostras podem ser desanimadoras; por isso, faça uma seleção para ter uma visão geral da história de Lisboa. Não perca a reprodução em escala da Lisboa anterior ao terremoto, ou o retrato do marquês de Pombal, responsável pela construção da Baixa depois de 1755.

Também sobre o passado há uma enorme tela do Terreiro do Paço, precursor da Praça do Comércio, e de uma pintura da Torre de Belém (► 120-121) no tempo em que ela estava cercada de água por todos os lados.

✚ 195, fora do mapa E5 ✉ Campo Grande, 245 ☎ 217 513 200 ⌚ Ter-dom 10h-13h, 14h-18h ✋ Barato Ⓜ Campo Grande

12 Museu Bordalo Pinheiro

O ceramista Rafael Bordalo Pinheiro (1846-1905) nasceu em Lisboa e mudou-se para Caldas da Rainha, no Ribatejo, onde abriu um estúdio e se especializou em caricaturas. Ele inventou a figura rústica do **Zé Povinho**, camponês que veio para a cidade e tinha o hábito de dizer exatamente o que pensava. Jarros, vasilhas e estatuetas representavam essa figura que falava sem rodeios. Pinheiro também criou tigelas e travessas com desenhos fantásticos, muitas vezes com figuras de animais – procure a sopeira cuja tampa tem formato de cabeça de porco, as travessas ornamentadas com reproduções perfeitas de sapos e besouros e a cesta de cerâmica com uma lagosta dentro.

✚ 195, fora do mapa E5 ✉ Campo Grande, 382 ☎ 217 550 468 ⌚ Ter-dom 10h-18h ✋ Barato Ⓜ Campo Grande

Mostras atraentes no prédio modernista do Centro de Arte Moderna

Onde... Comer e Beber

Preços
Preços prováveis por pessoa para uma refeição com três pratos, sem bebida
€ menos de €20 €€ €20-€40 €€€ mais de €40

Bonjardim €

Numa área repleta de armadilhas para turistas, o Bonjardim se destaca por um dos melhores frangos que você terá a oportunidade de provar – assado na brasa, guarnecido de batatas fritas caseiras e servido em metades. Para acompanhar, peça uma salada salpicada com o apimentado molho piri-piri, que você encontra na mesa, e divirta-se no burburinho criado por clientes fiéis e pela equipe rápida e profissional. Há outros pratos, como um ótimo bife. Prove as grandes fatias de bolos caseiros e tortas.

198 A3 Travessa de Santo Antão, 12 213 427 424 Diariam 12h-23h Restauradores

Café Martinho da Arcada €

Como o Café Nicola, no Rossio, e o A Brasileira, no Chiado, este café antigo, inaugurado em 1782, era o ponto de encontro dos literatos de Lisboa no século 19, e lugar preferido de Fernando Pessoa, que todas as noites vinha para cá saborear seu absinto. O restaurante anexo se modernizou nos últimos anos e agora ficou bem mais caro, mas o bar, com balcão antigo apainelado de madeira, ainda é um excelente lugar para um café e um lanche – não deixe de provar o pastel de nata.

198 A/B1 Praça do Comércio, 3 218 879 259 Seg-sáb 7h-23h Baixa-Chiado

Café Nicola €

Aqui já havia um café desde o século 18. E o Nicola também é um exemplo de local lisboeta frequentado por quem discutia literatura e política. O interior de mármore, aço e vidro, muito bem restaurado no final da década de 1990, é ótimo para um lanche ou para observar o mundo passar numa das mesas externas. A comida é simples, com opções de carnes e peixe com fritas, mas o ambiente agrada. Este é um dos cafés mais concorridos da cidade; por isso, achar uma mesa pode ser difícil dependendo do horário.

198 A2 Praça Dom Pedro IV, 24 213 460 579 Seg-sáb 8h-22h, dom 9h-19h Rossio

Confeitaria Nacional €

São inúmeras as opções para quem gosta de doces, entre confeitos, bolos e biscoitos, nesta confeitaria muito antiga, onde as vitrines de vidro e os painéis pintados revelam sua origem oitocentista. No andar de cima são servidos almoços e o chá da tarde. O serviço é rápido e atencioso, e você pode comprar bolos e biscoitos para levar – é uma ótima opção para presentear parentes e amigos.

198 A2 Praça da Figueira, 18B-C 213 424 470; www.confeitarianacional.com Seg-sáb 8h-20h Rossio

Gambrinus €€€

De todos os restaurantes e lanchonetes desta "rua dos restaurantes", a Rua das Portas de Santo Antão, o Gambrinus é o mais caro e de longe o melhor. O interior, com teto de vigas de madeira e lareira enorme, sugere o conforto dos abastados – não surpreende que seja procurado por políticos, jornalistas e figuras públicas. Sente-se no balcão do bar ou em uma das duas salas de jantar e escolha seu pedido num menu de frutos do mar, peixes frescos, carnes e caça da estação. O serviço é atencioso e discreto, e você pode pedir uma taça de vinho do Porto à sua escolha.

198 A3 Rua das Portas de Santo Antão, 23 213 421 466 Diariam 12h-1h30 Restauradores

Solar dos Presuntos €€-€€€

Numa rua repleta de lugares para comer, você reconhecerá este estabelecimento consagrado pelos presuntos curados ao ar livre pendurados na vitrine. As paredes têm recordações de futebol e homenagens de clientes famosos. A cozinha se especializou em pratos da região do Minho, no norte de Portugal, a exemplo de cabrito assado e, quando é tempo, de lampreia, peixe de água doce semelhante à enguia, muito apreciado. Há também caldeirada de peixes e frutos do mar ou peixes grelhados. Serviço simpático e profissional.

198 A3 Rua das Portas de Santo Antão, 150 213 424 253; www.solardospresuntos.com Seg-sáb 12h-15h30, 17h-23h (fecha ago) Restauradores

Solmar €€

A decoração intocada da década de 1960, com néon, murais e linhas curvas, faz este restaurante grande e barulhento, antes uma cervejaria, merecer uma visita. Destaque para a equipe profissional, para o menu extenso e para duas noitadas especiais, o que torna a casa procurada por moradores e turistas. Escolha sua lagosta nos tanques ou opte por peixe assado com capa de sal ou arroz com frutos do mar temperado com coentro. Depois, controle a água na boca para escolher as sobremesas, em cujo carrinho se destacam os profiteroles de chocolate. A carta de vinhos é longa e o vinho da casa é mais que aceitável.

198 A3 Rua das Portas de Santo Antão, 108 213 460 010 Diariam 12h-23h30 Restauradores

Terreiro do Paço €€€

Bem central, esta casa elegante, com fama de ser um dos melhores restaurantes da Europa, oferece alguns requintes modernos na tradicional cozinha portuguesa, com destaque para os frutos do mar. Carta de vinhos igualmente magnífica.

198 A/B1 Praça do Comércio 210 312 850 Seg-sex 12h30-15h, 20h-23h; sáb 20h-23h Baixa-Chiado

Trindade €

Esta antiga e bonita cervejaria, no Bairro Alto, é forrada de azulejos brancos e azuis. Tornou-se uma das mais famosas de Lisboa, e fica cheia a noite toda. Na primeira sala, você consome um drinque e salgadinhos, e na segunda, mais silenciosa, olha o menu e escolhe a comida simples portuguesa ou um prato de frutos do mar magníficos.

198 A2 Rua Nova da Trindade, 20C 213 423 506; www.cervejariatrindade.pt Diariam 12h-1h Baixa-Chiado

Onde... Comprar

A Baixa e o Chiado são o melhor lugar para vivenciar as duas experiências de compras mais contrastantes de Portugal. De um lado, shoppings moderníssimos, como os **Armazéns do Chiado** (Rua do Carmo, 2, tel. 213 210 600; www.armazensdochiado.com), com linha completa de grifes internacionais em seis andares; e, de outro, lojinhas especializadas, muitas inalteradas durante décadas.

Procure uma destas últimas se estiver à procura de algo especial, como uma grande variedade de chá, café e chocolate na **Casa Pereira da Conceição** (Rua Augusta, 102, tel. 213 423 000), ou outros petiscos gastronômicos na **Manuel Tavares** (Rua da Betesga, 1A-1B, tel. 213 424

209; www.manueltavares.com), uma instituição que está na Baixa há mais de cem anos.

A **Retrosaria Bijou** (Rua da Conceição, 91, tel. 213 425 049) vende todos os tipos de aviamentos, enfeites, fitas e botões, enquanto a **Luvaria Ulisses** (Rua do Carmo, 87, tel. 213 420 295) é uma preciosidade onde se encontram luxuosas luvas de camurça, renda, couro e seda, e a **Casa Havanesa** (Largo do Chiado, 25, tel. 213 420 340), inaugurada em 1861, ainda vende os charutos mais finos de Cuba.

Os fashionistas devem procurar **Ana Salazar** (Rua do Carmo, 87, tel. 213 472 289; www.anasalazar.pt), a mais conhecida estilista de Portugal, ou ter o prazer de adquirir tecidos finíssimos na **Casa Frazão** (Rua Augusta, 259-265, tel. 213 421 639). Os homens são atendidos pela **Alfaiataria Nunes Corrêa** (Rua Augusta, 250, tel. 213 240 930), um alfaiate de alta classe que também tem acessórios e vestia a família real portuguesa. Existem todos os tipos de chapéus na **Azevedo Rua** (Praça Dom Pedro IV, 72-73, tel. 213 470 817), expostos com elegância e vendidos em caixas com o floreado dos gabinetes de madeira que existem sob o teto de estuque.

Quem gosta de livros deve conhecer a **Livraria Bertrand** (Rua Garrett, 73-75, tel. 213 468 646, www.bertrand.pt), ponto de venda muito antigo, inaugurado em 1773, que dispõe de boa variedade de *coffee table books* sobre Lisboa e Portugal.

Os **Armazéns**, ao lado de pontos de venda famosos como **Fnac**, **Intimissimi**, **Massimo Dutti**, **Sephora** e **L'Occitane**, também acolhem a **Casa Batalha** (4º andar, 10, tel. 213 427 313), fundada em 1665, que ainda vende joias e acessórios de qualidade. Os fãs de esportes devem procurar o piso inferior, que conta com **Sport Zone** (tel. 213 230 730), enorme espaço que dispõe de todos os tipos de equipamentos esportivos, como carretilhas de pesca e trajes para equitação.

Onde... Se Divertir

No início da noite é hora de relaxar na Baixa e no Chiado, e atividades mais tardias ocorrem mais para cima, no Bairro Alto (➤ 100-101). Assim, tome um drinque em algum ponto da área antes de jantar ou, talvez, assistir a um show.

Três dos lugares mais importantes de Lisboa estão no centro, e há a possibilidade de ver de tudo, desde uma reprise de *A Noviça Rebelde* até uma ópera grandiosa.

O bonito **Teatro Nacional de São Carlos** (Rua Serpa Pinto, 9, tel. 213 253 045; www.saocarlos.pt), uma explosão do estilo rococó do século 18, data de 1793 e é a principal casa de ópera de Lisboa; também apresenta concertos sinfônicos.

O preço dos ingressos pode variar conforme o evento.

No Rossio, a fachada clássica do **Teatro Dona Maria II** (Praça Dom Pedro IV, tel. 213 250 800/ 213 250 835, www.teatro-dmaria.pt) compõe--se de duas casas separadas, que apresentam peças e música clássica.

Atrás, na Rua Portas de Santo Antão, o **Coliseu dos Recreios** (tel. 213 240 585, www.coliseulisboa.com) é famoso pela variedade que oferece – desde balé até musicais e música contemporânea.

Nessa mesma área, a oeste do Teatro Nacional, está situado o **Teatro Municipal São Luiz** (Rua António Maria Cardoso, 38, tel. 213 257 640), da prefeitura, com mil lugares, que leva uma programação que varia de teatro a música internacional.

Núcleo Medieval de Lisboa

Como Se Localizar

O povoado que se transformaria em Lisboa ocupava o morro do Castelo de São Jorge, que ainda sobressai na parte mais antiga da cidade. Ele é o ponto central desta área fascinante, cujas atrações variam desde o amontoado confuso de ruelas da Alfama mourisca até as igrejas magníficas, os panoramas belíssimos e alguns dos museus mais típicos da cidade. Esta é uma das regiões de densidade populacional mais alta de Lisboa, repleta de lojas, restaurantes e bares. Seus ocupantes vão de cidadãos pobres até profissionais abastados, todos apaixonados pelos muitos encantos da área.

A partir do lado leste da Baixa, o morro se eleva até o castelo, cujos muros e esplanadas oferecem vistas maravilhosas da cidade e do rio. Mais abaixo, ruas graciosas, reconstruídas após o terremoto de 1755 e ladeadas de casas elegantes, são pontilhadas por alguns dos melhores miradouros da cidade, que permitem uma vista aérea dos telhados de Alfama – a área antiga mais

Pág. anterior: entalhes góticos nos capitéis das colunas da catedral

★ Destaques

1. Sé ➤ 72
2. Museu-Escola de Artes Decorativas ➤ 74
3. Castelo de São Jorge ➤ 77
4. São Vicente de Fora ➤ 80
5. Alfama ➤ 82
6. Museu Nacional do Azulejo ➤ 85

Abaixo: vista dos claustros da catedral

Embaixo: fortificações do Castelo de São Jorge

Atrações

7. Igreja e Museu de Santo António ➤ 87
8. Graça ➤ 88
9. Feira da Ladra ➤ 89
10. Panteão Nacional de Santa Engrácia ➤ 89
11. Museu da Água ➤ 90
12. Museu Militar ➤ 90
13. Museu do Fado ➤ 91

atraente de Lisboa, cujas escadarias e vielas descem na direção da catedral da Sé e das construções que a cercam, algumas das mais antigas da cidade. Ao norte daqui estão as igrejas de São Vicente de Fora e Santa Engrácia e o maravilhoso Museu-Escola de Artes Decorativas. Acompanhe as ruas morro acima e descubra a Graça, um bairro sedutor com ambiente cheio de personalidade, ou desça na direção do rio e de mais museus que revelam aspectos diferentes da vida nacional.

O castelo de Lisboa foi erguido acima de um labirinto de ruas na área mais antiga da cidade, repleta de museus, igrejas, vielas fascinantes e miradouros de onde se avista o Tejo.

Núcleo Medieval de Lisboa em Um Dia

9h30

Comece o dia na 1 **Catedral da Sé** (➤ 72-73); aprecie o claustro (à esq.), onde escavações arqueológicas contam a história de Lisboa. Você também pode dar uma olhada na 7 **Igreja de Santo António** (➤ 87), consagrada a esse santo.

10h30

Suba a Rua do Eléctrico, da Sé até o Largo das Portas do Sol, passando pelo encantador miradouro de Santa Luzia (➤ 178). Observe as vistas a partir do terraço das Portas do Sol para depois visitar o 2 **Museu-Escola de Artes Decorativas** (➤ 74-76).

11h30

Vença as ladeiras atrás do museu a fim de chegar ao emblemático 3 **Castelo de São Jorge** (➤ 77-79), depois prossiga até a Igreja da Graça (➤ 88), construída num dos pontos mais altos de Lisboa.

13h

Você pode almoçar no café da Esplanada da Igreja da Graça (➤ 94) e, depois, subir pela Rua Damasceno Monteiro e pela Calçada do Monte e chegar ao miradouro de Nossa Senhora do Monte, o mais alto da cidade. Outra opção é fazer um almoço sossegado no Mercado de Santa Clara (➤ 93), situado acima do 10 **Panteão Nacional de Santa Engrácia** (➤ 89).

14h30

Pegue o bonde 28 para 4 **São Vicente de Fora** (➤ 80-81), com belo claustro, vistas magníficas e alguns dos azulejos mais bonitos da cidade. Se fizer o passeio numa terça ou num sábado, vá para trás da igreja e dê uma espiada nas bancas da 9 **Feira da Ladra** (➤ 89), que funciona até 15h ou 15h30.

15h30

Caminhe morro abaixo e perambule pelas ruas estreitas de 5 **Alfama** (➤ 82-84; embaixo). Ao descer, você acaba chegando ao Largo Chafariz de Dentro, onde fica o 13 **Museu do Fado** (➤ 91), dedicado à música típica de Lisboa.

16h45

Tome o ônibus 794 ou um táxi para chegar ao 6 **Museu Nacional do Azulejo** (➤ 85-86; acima), instalado num convento antigo com igreja anexa, rico em belíssimos azulejos azuis e brancos.

18h

Agora você pode parar para um drinque. Volte até um dos miradouros e relaxe, conforme as luzes se acendem e a noite cai.

20h

À noite, você pode ficar em Alfama (à dir.), jantar no Malmequer Bemmequer (➤ 93) e depois se dirigir para o Parreirinha de Alfama (Beco do Espírito Santo, 1, tel. 218 868 209), a fim de ouvir alguns dos melhores fados do bairro.

1 Catedral da Sé

No meio da rica variedade de construções religiosas de Lisboa, não há nenhuma em que o peso da história seja mais percebido do que na Catedral da Sé. Ela fica próxima a algumas das edificações mais antigas da cidade. Nesta área, vê-se que romanos, visigodos e mouros deixaram sua marca, enquanto a grande igreja atual ecoa a história do país. O interior da Sé tem pé-direito altíssimo, numa demonstração do fervor religioso que dominou a cidade por muitos séculos.

Em 714, Lisboa foi tomada pelos mouros, que enriqueceram a cidade e construíram uma grande mesquita. Cristãos e judeus conviviam amigavelmente e a cidade floresceu. Mas, no norte, Portugal emergia por seus próprios méritos, e portugueses aliados a cruzados avançaram para o sul, a fim de retomar a cidade em nome de Cristo. Em 1147, a Lisboa mourisca foi reconquistada por dom Afonso Henriques, rei de Portugal, que indicou seu seguidor inglês Gilbert of Hastings para ser o primeiro bispo cristão de Lisboa. Gilbert supervisionou a construção de uma **catedral com aspecto de fortaleza** sobre a mesquita, e a atual **Sé** inclui boa parte dessa construção românica. A **fachada** sem adornos, com duas torres fortificadas, data de uma reconstrução do século 14, realizada após um terremoto, quando foi adicionado o claustro e a igreja ganhou elementos góticos no interior. Nos séculos seguintes foram feitas diversas reformas, e a maior delas ocorreu após o terremoto de 1755, época em que o altar-mor barroco foi acrescentado e toda a catedral ganhou "modernização". Esses

Arcos românicos na nave levam até o altar-mor

ornamentos foram removidos na década de 1930, momento em que a bela **rosácea** foi reconstruída a partir de fragmentos. Atualmente, é provável que o interior escuro, sombrio e místico reflita a aparência original da edificação de maneira mais exata do que em qualquer outro período. Ao caminhar por dentro da Sé, não deixe de ver o **deambulatório** atrás do altar-mor, um espaço para procissões destinado a facilitar o fluxo de peregrinos – que provavelmente havia no século 14, quando foi construído, pois a Sé contém as relíquias de são Vicente, padroeiro de Lisboa. A urna com seus restos mortais foi destruída pelo terremoto de 1755. Ao lado da ala sul fica o **tesouro**, que dispõe de uma seleção de objetos religiosos e paramentos litúrgicos com enfeites bordados. Perto, acha-se a entrada do **claustro românico-gótico**, com teto abobadado e arcos ogivais. No centro, antes um espaço gramado, está uma das atrações mais evocativas de Lisboa: **escavações arqueológicas** que revelam as construções que existem por baixo da catedral. Aqui está toda a história de Lisboa, desde a Idade do Ferro até o início dos tempos medievais, e você pode seguir pela passarela construída em volta de todo o sítio. Há uma rua romana, com escadarias, esgoto e lojas, muros romanos e o que restou de construções medievais, destruídas quando a catedral foi erguida, além de um poço medieval. O grande destaque é um pátio, construído no tempo dos mouros e ainda rodeado pelas paredes de um prédio público islamita cor-de-rosa.

Descanse as pernas tomando um bonde para subir até a Sé

FAÇA UMA PAUSA

Alfama dispõe de muitos cafés e restaurantes de personalidade.

198 B1 Largo da Sé 218 876 628; www.ippar.pt Diariam. Catedral 9h-19h; claustro 10h-18h; tesouro 10h-17h Claustro e tesouro, baratos Bar no Largo de Santa Luzia Bondes 12, 28

POR DENTRO DA CATEDRAL DA SÉ

Não Perca O retábulo gótico do altar da **Capela de Bartolomeu Joanes** é atribuído ao grande pintor português Grão Vasco (1480-*c.* 1543).

- A **vista** a partir do canto sudeste do claustro mostra um belo **panorama** dos telhados de Alfama e do rio mais além.
- O **túmulo de Lopo Fernandes Pacheco** fica à direita do deambulatório.

2 Museu-Escola de Artes Decorativas

O Palácio Azurara, do século 17, foi construído numa praça panorâmica acima de Alfama e abriga o Museu-Escola de Artes Decorativas. Essa instituição exibe mobiliário, pinturas, objetos de porcelana e tecidos. As mostras estão dispostas numa série de salões suntuosos e muito bem decorados, como se ainda pertencessem a uma casa particular, mostrando de maneira inesquecível como os ricos viviam, à medida que o ouro das colônias portuguesas de além-mar chegava à metrópole.

A Sala de Música elíptica tem acústica excepcional

Em 1947, Ricardo do Espírito Santo Silva, banqueiro, partidário de Salazar, amante da fadista Amália Rodrigues (► 13) e construtor do hotel Ritz, adquiriu o **Palácio Azurara** para expor sua importante coleção de **artes aplicadas portuguesas**. Ele era apaixonado por **móveis**, principalmente os dos séculos 17 e 18, mas considerava que as peças ganhariam mais destaque se fossem exibidas como haviam sido usadas, rodeadas de **pinturas, tecidos, porcelanas, prataria** e *objets d'art*, tudo isso disposto de modo aristocrático. Para tal propósito, o prédio todo foi restaurado e decorado nos estilos que vigoraram nos séculos 17 e 18, e Silva chegou até a comprar mais painéis de azulejo de outros palácios lisboetas para colocar nas paredes do Azurara. Como resultado, surgiu um bem cuidado palácio do tipo de contos de fadas, que dá a nítida impressão de que os donos saíram por alguns dias e podem voltar a qualquer instante. Seis anos depois foi fundada a **Escola**, que ensina todos os ramos das artes aplicadas. Produtos de suas oficinas são encomendados pelo mundo todo, e o nível de qualidade está entre os mais altos de Portugal.

Do **hall de entrada**, graciosas escadarias passam por azulejos azuis e brancos do século 18 e levam a três salas de pé-direito baixo, cheias de elegância e charme. Belos tapetes de Arraiolos, tradicional centro de manufatura de tapetes no Alentejo, foram distribuídos pelo piso polido de uma das salas, que recebeu também diversos móveis leves, perfeitamente proporcionais. Esses tapetes, normalmente feitos com uma tela de linho ou juta que é trabalhada com lã, têm desde desenhos bem simples até alguns extremamente elaborados; eles ainda são produzidos naquela cidade. As proporções dessa sala são aconchegantes, e nas mesas laterais há peças chinesas, feitas para o mercado português, que datam da dinastia Tang. As demais salas têm o piso totalmente coberto de esteiras de palha, muito usadas nas casas portuguesas dos século 17 e 18, principalmente nos meses mais quentes.

A carruagem o espera – uma mostra incomum no hall de entrada do museu

O andar de cima conta com as **salas de estar** mais grandiosas do palácio, todas com pé-direito alto, piso de madeira brilhando, tecidos suntuosos e intricada decoração pintada. A **Sala Principal**, imensa, dispõe de uma capelinha encaixada em uma das paredes, enquanto outra exibe uma tapeçaria franco-flamenga do século 17 que representa a chegada dos portugueses na Índia. Os móveis, marchetados com marfim e roseira, decorados com cenas de caças, são indo-portugueses, e as ligações comerciais do país com a China aparecem no par de vasos enormes e nas porcelanas chinesas, muitas das quais apresentam o brasão de Portugal. Daqui você chega à **Sala das Vitrinas**, com paredes azulejadas até a metade, iluminada por um fantástico candelabro do século 19. No centro, há uma peça chamada *duchesse brisée*, composta de duas poltronas que têm entre elas um banquinho para os pés, permitindo que duas pessoas conversem cara a cara.

Na sala contígua, forrada de adamascado vermelho, há camas de campanha com dossel e móveis dobráveis. Você percebe que nem todas as camas têm babados em volta do dossel, pois eram estritamente destinadas aos homens. O **corredor** ao lado possui o equivalente a um sofá-cama do século 18, cujas almofadas de brocado são erguidas para permitir que o assento se estenda. Na **Sala Dom José**, repare na sofisticada mesa de jogos, ideal para uma sociedade muito ligada a essa atividade. Dobrada, ela parece uma mesa normal, mas quando é aberta pode se transfor-

O amplo Hall Principal tem fino mobiliário indo-português

mar numa mesa de jogos forrada de veludo, numa simples mesa de chá ou em outra com tabuleiros para xadrez, damas e gamão, e tem até receptáculo de marfim para as fichas de jogos. Escondido por dentro está um espelho. Mais adiante há uma **Sala de Música**, cujo formato elíptico foi projetado para oferecer a melhor acústica possível; as paredes foram delicadamente decoradas com temas musicais. Não perca a vitrine com a miniatura de um conjunto de música de câmara – esse tipo de peça era popular entre os abastados do século 18. Outra escadaria, mais estreita, leva ao último andar e a quatro salas mais escuras, cujo piso brilhante contrasta com as pinturas do teto apainelado. Uma delas é a **Sala de Jantar**, azulejada e em parte forrada com brocado vermelho. A mesa central exibe prataria dos séculos 17 e 18, mas o grande destaque é o faqueiro do século 17, da dinastia Ching, feito na China segundo um modelo português e esmaltado de azul, vermelho, verde e dourado.

FAÇA UMA PAUSA

Tome um café ou alguma bebida em um dos **cafés** do **Largo das Portas do Sol**, com ampla vista do rio.

198 C2 · Largo das Portas do Sol, 2 · 218 881 991 · Ter-dom 10h-17h · Moderado · Café com pátio no museu · 37; bondes 12, 28

POR DENTRO DO MUSEU-ESCOLA DE ARTES DECORATIVAS

Dicas Os funcionários são simpáticos, apaixonados pelo que fazem e **conhecem a fundo o acervo**. Por isso, preste atenção neles.

- Telefone antes se quiser **visitar as oficinas** em que os alunos artesãos e restauradores aprendem todas as técnicas empregadas nas artes decorativas.
- Durante a visita, bolsas e outros pertences **têm de ficar** em armários bem pequenos. Assim, não traga nada muito grande.

3 Castelo de São Jorge

Desde o momento em que você chega a Lisboa, os muros amarelados do Castelo de São Jorge atuam como um ímã, que o atrai para subir o morro e explorar esse conjunto histórico. Aqui existem grandes fortificações, torres de observação e defesa, pátios sombreados e praças encantadoras, enquanto as esplanadas e calçadas fornecem algumas das melhores vistas da cidade, com o centro de Lisboa disposto logo abaixo.

O Castelo de São Jorge, antiga fortaleza de Lisboa

O morro íngreme no qual está o **Castelo** era o local óbvio para uma fortaleza defensiva, e aqui existiu um forte da Idade do Ferro bem antes da chegada dos romanos, em 138 a.C. Estes construíram uma cidadela, e a cidade romana, Olispônia, se espalhava do sopé do morro até o rio. O domínio romano na península Ibérica terminou em 409 e, após 300 anos turbulentos de ocupação dos visigodos, os mouros tomaram Lisboa em 714. Com a adaptação do que restara dos romanos, eles ergueram aqui uma fortaleza, cujo centro era a Alcáçova, o palácio que existe até hoje. Os muçulmanos dominaram Lisboa por mais de 400 anos, e sua ocupação terminou com o cerco do Castelo por dom Afonso Henriques, em 1147. Ele havia apelado a um grupo de cruzados franceses e ingleses, a caminho de Jerusalém, que o ajudassem a expulsar os mouros, uma oportunidade aproveitada ansiosamente pelos cavaleiros, sempre prontos a pilhar e matar. Eles se juntaram a Afonso Henriques, mantendo um cerco de 17 semanas ao Castelo e à área urbana que o cercava. As muralhas caíram finalmente em outubro, em meio a cenas de devastação, com estupros e assassinatos de muçulmanos e cristãos, que haviam convivido pacificamente lado a lado durante séculos. De 1279 a 1511, os reis portugueses viveram no antigo palácio

mourisco, mudando-se apenas depois da construção do Palácio da Ribeira. Nos séculos seguintes foram construídos palácios, residências e escritórios do governo no complexo do Castelo e em volta dele. Boa parte dessas edificações foi removida na década de 1930, com a restauração de muralhas e defesas, mas há muito mais no Castelo do que apenas um palácio.

Alguns dos segmentos mais antigos são as **muralhas externas**, supostamente romanas, que circundam o castelo junto com a área intramuros. Essa área compreende ruas estreitas, às quais se chega pelo **Arco de São Jorge**, onde inquilinos antigos, habitando apartamentos de aluguel controlado, convivem lado a lado com profissionais bem remunerados, que pagam muito para morar nesse núcleo cobiçado. A nordeste fica a **Igreja de Santa Cruz do Castelo**, construída no local de uma mesquita, e a entrada para o castelo está mais adiante. Lá dentro, você verá uma praça ampla, com a **estátua de dom Afonso Henriques** e canhões enfileirados num parapeito que faz parte dos muros externos. A partir daqui – um ponto de vista perfeito para você se localizar –, o morro desce até a Baixa (► 46-49) e suas praças, com as colinas de Lisboa e o rio dispostos mais além. Siga as **fortificações** e o **jardim bem cuidado** até as muralhas internas e estará bem no meio do castelo medieval, onde há uma série de **pátios** e mais muros. Essas estruturas magníficas e surpreendentemente intocadas incorporam tudo o que um castelo deve ser. Coroadas por defesas de aparência autêntica – parte do restauro da década de 1930 – e dotadas de dez torres, elas circundam dois pátios, de onde uma escadaria dá acesso aos caminhos no topo das muralhas. Dali você pode subir nas torres, uma das quais abriga a **Câmara Escura**, construção antiga que permite vistas aéreas por uma série de lentes de observação que focalizam as ruas e as pessoas lá embaixo.

Você pode caminhar pelas defesas da fortaleza e aproveitar a vista panorâmica de Lisboa

Dentro do complexo do castelo também está o **Alcáçova**, o palácio mourisco original, que funcionou como residência real entre os séculos 13 e 16. Atualmente resta pouca coisa, e o que existe foi quase totalmente restaurado, mas você tem uma boa

À dir.: carranca entalhada nas muralhas

ideia das dimensões originais numa série de câmaras que agora abrigam a **Olisipónia, uma exposição multimídia** sobre a história de Lisboa. Telas e efeitos sonoros conduzem você por uma visita de 25 minutos pelo passado da cidade, com ótimas informações sobre o período áureo de Portugal nos séculos 15 e 16 e o terremoto de 1755. Saindo desse núcleo central, mais escadas descem o morro até a **Torre de São Lourenço**. O complexo foi todo ornamentado para a Expo 98, assim como os jardins ao redor, uma das áreas mais encantadoras do centro de Lisboa. A combinação de folhagens, árvores, terraços, espelhos d'água e chafarizes fornece o cenário perfeito para as vistas panorâmicas da cidade.

FAÇA UMA PAUSA

Há um **café** e **restaurante** no complexo, ou você pode comprar uma bebida no quiosque e aproveitar as vistas da cidade.

198 B2 Costa do Castelo 218 800 620; www.castelosaojorge.egeac.pt
Castelo e Olisipónia mar-out diariam 9h-20h30; nov-fev diariam 9h-17h30. Câmara Escura mar-out diariam 10h-17h; nov-fev diariam 11h-14h30
Castelo grátis; Olisipónia moderado Restaurante e café dentro do complexo do castelo 37; bondes 12, 28

Árvores acompanham as defesas calçadas com pedras no Castelo

POR DENTRO DO CASTELO DE SÃO JORGE

Dicas O **Castelo e os jardins** são ótimos para passar algumas horas durante a parte mais quente do dia.
- A superfície do solo é irregular e há muito para caminhar; por isso, **use calçados confortáveis**.

Não Deixe de Ver A Olisipónia, pela **visão geral moderna** da história de Lisboa.
- As **vistas** a partir das **defesas**.
- O **bairro medieval de Santa Cruz** dentro das muralhas externas do Castelo.

4 São Vicente de Fora

A bonita igreja de São Vicente de Fora, em estilo italiano, forma apenas uma parte deste notável complexo, disposto a cavaleiro da velha Lisboa e do Tejo. O mosteiro anexo, com claustro duplo e fantástico trabalho de azulejos azuis e brancos, é um dos mais encantadores da cidade, ao passo que seu panteão de túmulos reais constitui uma ligação com o passado de Portugal.

Neste local foi construída uma igreja consagrada a **são Vicente, padroeiro de Lisboa**, para comemorar a expulsão dos mouros da cidade. Dom Afonso Henriques, primeiro rei de Portugal, jurara erguer locais de oração cristãos em todos os pontos em que soldados portugueses e cruzados cristãos tinham sido enterrados. Corria o ano de 1147 e a área ficava fora das muralhas da cidade – por isso o nome, São Vicente de Fora. A igreja foi concluída em 1629, mas sofreu muitos danos com o terremoto de 1755, quando a cúpula desmoronou, matando centenas de pessoas. Foi restaurada por todos os principais arquitetos e escultores da época e agora é **um dos melhores exemplos do barroco em Lisboa**. Chega-se a ela por uma escadaria elegante, e a fachada foi a primeira desse tipo a ser construída em Portugal, exercendo grande influência e sendo copiada por todo o país e pelas colônias ultramarinas, como Brasil e Macau. No **interior**, com planta de cruz grega, a nave tem pé-direito altíssimo e pilares clássicos que sustentam uma abóbada apainelada, que conduz o olhar para o altar-mor dourado, com baldaquino; as paredes são decoradas com azulejos dos séculos 17 e 18.

Ao sair do edifício, vire à esquerda e vá até os **claustros**, outrora o ponto principal do mosteiro anexo à igreja. Esses dois **pátios contíguos** têm estilo maneirista italiano, com graciosos arcos de pedra no térreo que sustentam o segundo andar harmonioso, nas cores cinza e branca. Sob os arcos, porém, você reconhece que está em Portugal, pois a parte inferior das paredes é suntuosamente azulejada de azul e branco, oferecendo um contraste magnífico do classicismo com a melhor

A cúpula permite que a luz seja filtrada para a nave

No alto: o antigo refeitório agora serve de Panteão Real de Portugal

Acima: a igreja de São Vicente ficava fora dos muros da cidade

decoração nacional. Entre os dois claustros acha-se a **sacristia**, toda revestida de suntuosos painéis de mármore multicoloridos. Em seguida vem o refeitório do mosteiro, transformado em 1885 para servir de **panteão** aos monarcas da Casa de Bragança, última dinastia a reinar em Portugal. Ao sair daqui, suba a elegante escadaria, ladeada de azulejos cheios de folhagens, animais e aves, que leva ao **andar de cima**, onde a principal atração consiste nos painéis que ilustram as fábulas de La Fontaine, contos divertidos e moralistas escritos na França na década de 1660 e baseados, até certo ponto, nas fábulas de Esopo. Daqui, pode-se subir até o **terraço** acima da igreja; ele dá acesso à torre, de onde se tem uma das melhores vistas de Lisboa.

FAÇA UMA PAUSA

Perto da entrada do mosteiro existe um **salão de chá** onde você pode tomar café com bolos caseiros ou saborear um almoço leve.

198 C3 · Largo de São Vicente · 218 824 400, www.ippar.pt · Igreja ter-sáb 9h-16h, dom 9h-12h30; claustros ter-sáb 10h-17h, dom 10h-11h30 · Igreja, grátis; mosteiro, moderado · Café no mosteiro · 37; bondes 12, 28

POR DENTRO DE SÃO VICENTE DE FORA

Dica Embora a **vista da torre** seja uma das melhores da cidade, é uma longa subida por degraus estreitos. Você pode subir só até o **terraço**, que **também tem ótimas vistas** – apesar de não serem panorâmicas.

Não Perca O **hall de entrada do mosteiro**, com sólida balaustrada de mármore, colunas de mármore com incrustações, teto abobadado cheio de afrescos e piso xadrez rosa, preto e branco. Os azulejos são de Emanuel dos Santos.

5 Alfama

Um labirinto de ruas estreitas, lances de escada, vielas sem saída e praças minúsculas constitui a marca do bairro mais antigo de Lisboa, cheio de personalidade. Densamente povoado, com ruas cheias de vida e coisas interessantes, este é um dos pontos mais atraentes da cidade. A curiosa mistura de atrações, sons e aromas evoca o passado com tanta força que poucos bairros conseguem igualar-se a Alfama no que diz respeito a trazer de volta o significado da história de Lisboa e das pessoas que lhe deram forma.

Alfama é o bairro mais antigo de Lisboa, com alta densidade de construções, bem servido de água, numa área já habitada no tempo dos romanos. Aqui também viveram os visigodos, e alguns dos prédios atuais ainda permanecem sobre fundações visigodas. Mas foram os mouros que deixaram a marca mais profunda. O próprio nome provavelmente vem do árabe *Al-Hama*, que significa fontes ou nascentes, e dois chafarizes locais, o **Chafariz del Rei** e o **Chafariz del Dentro**, estão em funcionamento desde os tempos medievais. No domínio muçulmano, esta era a área mais imponente da cidade, e continuou assim nos primeiros anos de regime cristão, mas uma sequência de abalos sísmicos fez a nobreza se mudar daqui, deixando intocados os ares mouriscos do bairro. O traçado das ruas é totalmente árabe, numa trama projetada como um sistema de defesa, modelado como

No alto, à dir.: viela calçada com pedra em Alfama

À esq.: largo de São Miguel

Abaixo: detalhe de um painel de azulejos que retrata a luta para tomar o castelo mouro em Lisboa

À dir.: panorama visto do Largo das Portas do Sol

os *kasbahs* (cidades-fortalezas) do norte da África. Ruas estreitas barram o forte calor no meio do dia, e as janelas com treliças ainda seguem os desenhos islâmicos; ocultos por trás das casas estão pátios e jardins onde se cultivam frutas cítricas e parreiras. Esta região, construída em rocha firme ao redor do morro do Castelo (➤ 77-79), escapou com poucos danos do grande terremoto e continuou a ser uma área vibrante e densamente povoada pela classe trabalhadora. E permanece assim até hoje, embora esteja surgindo certo grau de comercialização com a chegada de turistas, e apartamentos de cobertura sejam procurados por profissionais jovens e bem-sucedidos. Em contrapartida, a falta de acesso para veículos, nas ruas muito estreitas, acaba funcionando como um freio para uma valorização em alta escala.

O coração da área talvez seja o **Largo de São Miguel**, onde a fachada da **Igreja de São Miguel**, uma reconstrução pós-terremoto de uma igreja muito anterior, tem na frente uma única palmeira majestosa. Daqui, há duas opções: descer uma rua para chegar ao mercado de peixes, um dia por semana pela manhã, na **Rua de São Pedro**, com feirantes que gritam para alardear seus produtos,

São Vicente e Seus Corvos

Existe uma imagem do padroeiro de Lisboa, são Vicente, vigiando o Largo das Portas do Sol e as encostas de Alfama. Diz a lenda que, nos idos do século 12, dom Afonso Henriques ouviu falar do paradeiro das relíquias do santo, escondidas ao sul de Algarves e guardadas por corvos. Ele enviou navios para recuperar tais relíquias. Numa segunda viagem, eles tiveram sorte e o navio, ladeado pelos corvos, chegou a Lisboa em setembro de 1173. São Vicente foi declarado padroeiro da cidade e a imagem de um barco envolto por corvos se tornou desde então o emblema de Lisboa.

ou seguir pela **Rua de São Miguel**. Se fosse possível dizer que Alfama tem uma rua principal, seria a de São Miguel, como testemunham os açougues, as pequenas mercearias e uma porção de barzinhos e tascas. Ela é atravessada por vielas, que você deve conhecer, pois levam a escadarias sinuosas, arcadas baixas, pátios e jardins, a essência de Alfama. Essas duas ruas chegam ao **Beco do Espírito Santo** e até a **igreja de Santo Estêvão**, de cuja varanda se têm lindas vistas dos jardins próximos e do desenho de telhados vermelhos até o porto. A oeste de São Miguel, as aleias levam até a Catedral da Sé (➤ 72-73) e a área entre ela e o rio. Aqui, encontra-se a **Casa dos Bicos**, a casa e armazém de um comerciante, erguida em 1523 por Brás de Albuquerque, cujo nome vem dos bicos piramidais que decoram a fachada. Também a oeste, perto da Praça do Comércio (➤ 47), fica o grandioso portal da **Igreja da Conceição-a-Velha**, em estilo manuelino, que mostra Nossa Senhora da Misericórdia protegendo nobres, ricos e pobres sob seu manto, enquanto querubins esvoaçam na coluna lateral – tudo o que restou da igreja anterior ao terremoto.

Telhados vermelhos e paredes brancas são uma constante na arquitetura residencial de Alfama

FAÇA UMA PAUSA

Escolha um dos **bares** ou **cafés** que verá enquanto conhece Alfama.

198 C2 Diversos por toda a área Bondes 12, 28

POR DENTRO DE ALFAMA

Dicas Se você se perder em Alfama, não se preocupe – basta **descer o morro** e localizar-se.

- O **melhor momento para a visita é de manhã**, para aproveitar melhor o **movimento das ruas**, ou **à noite**, quando restaurantes e casas de fado abrem as portas.
- Os batedores de carteira podem ser um problema em Alfama; por isso, **cuidado com bolsa**, **carteira** ou **câmera**. Partes da área devem ser evitadas à noite.
- Para não ter de subir o morro a pé, **pegue o bonde** que vai até São Vicente de Fora e desça caminhando.

6 Museu Nacional do Azulejo

Em Lisboa, os azulejos estão por toda parte, mas não existe lugar melhor do que o Museu Nacional do Azulejo para apreciá-los. Nele, alguns dos azulejos mais bonitos e antigos já feitos estão expostos em um dos complexos monásticos mais impressionantes da cidade. Nos pátios e claustros existem milhares de azulejos; no entanto, o ponto alto é o suntuoso interior da Igreja de Nossa Senhora Madre de Deus, com trabalhos deslumbrantes.

A Igreja da Madre de Deus está cheia de requintadas obras de madeira dourada e azulejos

O convento franciscano da **Madre de Deus** foi fundado em 1509 pela rainha Leonor e fez parte da residência real até 1834, quando a ordem religiosa foi extinta em Portugal. Durante séculos foram realizadas importantes obras e reformas, financiadas pelo ouro levado do Brasil. A sacristia foi alterada e a igreja recebeu entalhes dourados, azulejos, pinturas, mármores multicoloridos e madeiras exóticas, transformando o convento em uma das construções barrocas mais exuberantes de Portugal. Foi isso que levou as autoridades a escolher esse complexo como sede do Museu Nacional do Azulejo, fundado em 1971.

A palavra *azulejo* tem raízes em dois vocábulos árabes: *azraq*, que significa azul, e *zalayja*, cerâmica polida. Cerâmica azul e polida descreve com precisão o azulejo onipresente em Portugal, e você vai saber como ele é feito logo no início da visita ao museu. Os azulejos apareceram pela primeira vez em Lisboa no início do século 16. Nos 200 anos seguintes os desenhos e as cores se tornaram mais complexos, conforme os portugueses emprestavam técnicas e ideias de italianos, holandeses e chineses, transformando-se nos mestres da produção de azulejos na Europa.

Boa parte do encanto e interesse do museu está na edificação e nos azulejos decorativos, trazidos para cá de todas as partes de Lisboa e de fora, mas existem algumas exposições imperdíveis. No alto da lista está o **Panorama de Lisboa**, de 1700, que revela a capital antes do terremoto. Com 23m de comprimento, exibe 14km de litoral e é rico em detalhes, mostrando claramente colinas, palácios, igrejas e prédios públicos de uma cidade que menos de meio século depois seria arrasada. Também há encanto nos azulejos domésticos, feitos para decorar cozinhas, jardins e salas de estar, e pintados com motivos de plantas, flores, frutos, vegetais e animais; procure-os na **Sala Santos Simões**. Não perca o **Claustrim** (Pequeno Claustro), espaço original do convento para exercícios e meditação, cujas paredes agora estão cobertas de azulejos multicoloridos e azuis e brancos – o realce perfeito para os traços manuelinos da arquitetura. Daqui, há um acesso para a própria **igreja**, que exibe uma explosão de opulência, com altar-mor dourado, pinturas, talha de madeira, mármore e, sobretudo, azulejos, cujo frio colorido azul contrasta harmoniosamente com a riqueza da decoração.

Abaixo: colorido trabalho com azulejo

Embaixo: pedaço do Panorama de Lisboa

FAÇA UMA PAUSA

O museu tem um **café** e **restaurante** onde se pode sentar e relaxar. No verão, muitas vezes os refrescos são servidos no jardim.

199 F5 Rua da Madre de Deus, 4 218 100 340; www.mnazulejo-ipmuseus.pt Ter 14h-18h, qua-dom 10h-18h Moderado Café e restaurante no museu 794

POR DENTRO DO MUSEU NACIONAL DO AZULEJO

Não Deixe de Ver Os **claustros** – dois pátios contrastantes.
- A **igreja** e o **retábulo do altar** – o auge do esplendor barroco.
- A **Sala de Caça** – azulejos verdes, azuis e amarelos com um toque claramente do Extremo Oriente.
- O **Panorama de Lisboa** – uma visão da cidade pré-terremoto.

Atrações

7 Igreja e Museu de Santo António

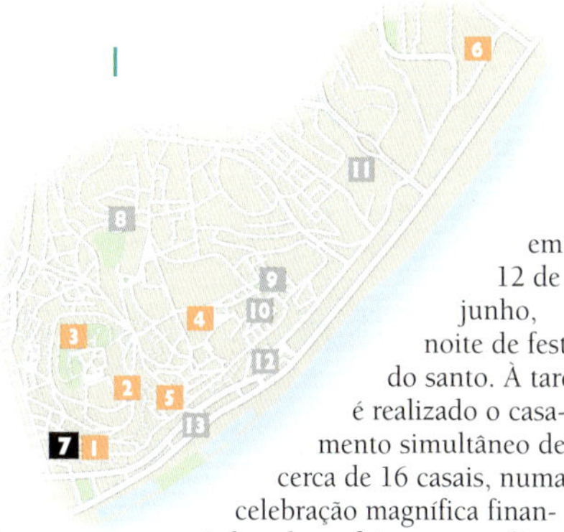

São Vicente pode ser o padroeiro oficial de Lisboa, mas o mais venerado é santo Antônio de Pádua, nascido em Lisboa por volta de 1190. Ele viajava para Marrocos quando naufragou, e acabou em Pádua, na Itália. Ali, após sua morte em 1231, surgiu seu santuário, que se tornou, e ainda é, um dos maiores e mais movimentados do país. Em Lisboa, a Igreja de Santo António (também conhecida como Museu Antoniano) fica no local da casa onde se acredita que ele nasceu. A edificação atual, concluída em 1787 após a destruição da original pelo terremoto, é uma pequena **igreja tipicamente barroca**. Fica cheia de devotos, que vêm acender uma vela, e o movimento aumenta em 12 de junho, noite de festa do santo. À tarde é realizado o casamento simultâneo de cerca de 16 casais, numa celebração magnífica financiada pela prefeitura, e no dia seguinte ocorre uma procissão que vai da igreja até a Sé. Embora sejam bem próximas, leva cerca de duas horas ou mais para completar o trajeto pelas ruas de Alfama. As comemorações terminam com uma enorme festa de rua, na qual são consumidas grandes quantidades de vinho tinto e sardinhas na brasa. Você conhece mais a fundo a vida de santo Antônio no

Igreja de Santo António

Vista da Esplanada da Igreja da Graça

Na Feira da Ladra é possível fazer compras bem interessantes, por bom preço

museu ao lado da igreja, onde há esculturas, pinturas e documentos biográficos.

🞣 198 B2 ✉ Largo de Santo António à Sé, 24 ☎ 218 860 447 (museu) ⏲ Igreja 8h-19h30; museu ter-dom 10h-13h, 14h-18h 💰 Barato 🍴 Bares próximos 🚌 37; bondes 12, 28

8 Graça

O bonde nº 28 range para subir o morro até a Graça, um bairro que ocupa a colina atrás de São Vicente. Faz parte da cidade desde os primeiros tempos e se expandiu no século 19, quando lotes de terrenos receberam casas de preços baixos para os operários da cidade. Esses quarteirões característicos, muitas vezes azulejados, fazem com que a Graça conserve uma população florescente e um ambiente distinto, que lembra o de uma cidadezinha.

No centro está o movimentado **Largo da Graça**, de onde você pode caminhar até a Esplanada da Igreja da Graça, um café com terraço que possui uma das melhores vistas de Lisboa no pôr do sol.

Aqui em cima também fica a **Igreja da Graça** (seg-sáb 9h-12h, 15h-19h; dom 9h30-12h30, 18h-20h), outrora centro de uma comunidade monástica fundada no século 13. O mosteiro fechou em 1834, e os prédios foram doados ao exército, mas a igreja, reerguida após o terremoto, ainda funciona. Durante a quaresma, de seu interior resplandecente e rococó sai a procissão do Senhor dos Passos, que leva as imagens de Cristo e de Nossa Senhora pelo bairro. Mais acima, há um miradouro na Rua Damasceno Monteiro e a Calçada do Monte, que leva a Nossa Senhora do Monte, uma capela disposta na mais alta de todas as colinas da cidade. Essa capela contém uma antiga cadeira de mármore, que dizem ter pertencido ao bispo são Gens. Apesar de seu dono ser um homem, acreditava-se que a cadeira facilitava o trabalho de parto, e ela se tornou muito popular entre as rainhas portuguesas que ficavam grávidas.

🞣 198 C3 ✉ Graça 🍴 Diversos bares 🚌 Bondes 12, 28

9 Feira da Ladra

O Campo de Santa Clara ganha destaque às terças e aos sábados, quando acolhe o **mercado de pulgas** de Lisboa: a Feira da Ladra. Ao amanhecer, alguns participantes montam suas bancas e expõem seus produtos, enquanto outros espalham os artigos no chão, havendo ainda os que se instalam em lojas mais permanentes ao redor da praça. Estão à venda artigos típicos dos mercados de pulgas, e há bastante quinquilharia. Chegue cedo para poder negociar alguma peça e azulejos; as bancas mais na beirada têm bons móveis. Contudo, o grande prazer é xeretar as bancas cheias de artigos exóticos – livros velhos, cartões-postais, objetos africanos, sapatos e roupas. Aqui perto fica o **Mercado de Santa Clara**, movimentado mercado de alimentos, ótimo para se abastecer para um piquenique e também para comer (► 93).

199 D3 Campo de Santa Clara, São Vicente Ter, sáb 6h-16h; Mercado de Santa Clara seg-sáb 8h-14h Bares próximos 34; bonde 28

10 Panteão Nacional de Santa Engrácia

Não deixe de visitar a enorme cúpula branca da Igreja de Santa Engrácia, que o governo republicano instituiu como Panteão Nacional em 1916, um lugar onde estão enterradas personalidades portuguesas. A igreja atual data de 1683, quando foi iniciada a construção de um prédio que levou 285 anos para ser acabado – a cúpula foi finalmente terminada em 1966, e os lisboetas ainda se referem a tudo que demora a ser concluído como "as obras de Santa Engrácia". Sua antecessora foi derrubada em 1630, quando um judeu do local foi acusado de tê-la profanado com roubo. Consta que, dizendo-se inocente, ele prenunciou que a nova igreja nunca seria terminada por causa da falsa acusação. O fato é que a primeira

A Igreja de Santa Engrácia, com sua cúpula impressionante

Para as Crianças

No topo da lista da velha Lisboa para crianças deve estar um longo passeio no bonde 28. Embarque na Praça Martim Moniz e acomode-se para fazer o trajeto que sobe e desce o morro de volta até a Sé – possíveis pontos para descer são a Graça ou o Largo das Portas do Sol. O Castelo de São Jorge também é concorrido; trata-se de um bom lugar para gastar energia, com muitas oportunidades de "tomar" as defesas ou "atacar" as muralhas furtivamente. A maioria das crianças fica fascinada com Alfama e adora explorar e observar o movimento das ruas – as mais velhas, principalmente as meninas, talvez gostem de se imaginar num conto de fadas, vivendo no século 18, no Museu-Escola de Artes Decorativas. Seja qual for a idade, as crianças adoram tomar um sorvete e admirar as vistas panorâmicas; por isso, vá até um dos miradouros, onde você pode identificar e apontar locais enquanto a criançada saboreia o gelado.

Mostra na Sala Vasco da Gama do excelente Museu Militar

reconstrução ruiu em 1681; as obras continuaram, com projeto inspirado na Basílica de São Pedro, no Vaticano. Trata-se de uma construção imensa, com interior rico de mármore colorido – um jazigo adequado para gente famosa que foi enterrada ou é homenageada aqui. A mais conhecida talvez seja a grande fadista Amália Rodrigues, e também há memoriais para Vasco da Gama e o infante dom Henrique, o Navegador.

199 D3 Campo de Santa Clara 218 854 820; www.ippar.pt Ter-dom 10h-17h Barato Bares próximos 34; bonde 28

11 Museu da Água

A Empresa Portuguesa de Águas Livres (Epal) ganhou muitos prêmios pelas apresentações de seu museu, que conta a história do abastecimento de água de Lisboa desde os tempos romanos até a atualidade, e também dá acesso a locais ligados a esse ramo do legado industrial de Portugal. O museu é apenas um dos quatro locais operados pela Epal, mas aqui, especificamente, os ventiladores a vapor oferecem um grande prazer. Construído em 1830, foi a primeira estação de bombeamento para abastecer toda a cidade, e sua imensa **Sala do Vapor** contém quatro enormes máquinas a vapor, instaladas na década de 1880. Como elas são ligadas com regularidade, telefone antes, para fazer sua visita coincidir com o funcionamento das máquinas. Ao lado, há uma sala de exposição que conta a história da água na cidade; aqui, os funcionários podem organizar uma visita ao aqueduto do século 18, em Alcântara, na extremidade oeste de Lisboa.

199 E4 Rua Alviela, 12 218 100 215 Seg-sáb 10h-18h Barato Bares próximos 794

12 Museu Militar

Com pátio tranquilo ladeado de azulejos e interior magnífico, é difícil entender que o Museu Militar está, de fato, apropriadamente instalado no que havia sido uma fábrica de armas. Há 34 salas repletas de armaduras, armas, uniformes e equipamentos, que reconstituem a história das **guerras portuguesas**. A visita começa no andar de cima, com suas salas dedicadas às campanhas napoleônicas, ligadas à cidadezinha de Torres Vedras, bem perto de Lisboa. Daqui, a visita passa por uma série de salas ornamentadas, com painéis triunfalistas no teto, dispondo literalmente de milhares de peças, num paraíso para

Exemplares marchetados da guitarra portuguesa no Museu do Fado

os fãs de artigos de guerra. Além de equipamentos dos séculos 17 e 18, há muitos armamentos e peças do século 20, do tipo usado pelos portugueses e seus adversários nas sangrentas campanhas coloniais no final da década de 1970.

199 D2 Largo do Museu da Artilharia 218 842 568; www.geira.pt/mmilitar Ter-dom 10h-17h Moderado Bares próximos 794 Tudo está identificado em português; também se encontram folhetos em inglês na bilheteria.

13 Museu do Fado

Para saber tudo a respeito da música tristonha, característica de Lisboa, conheça o Museu do Fado, um local intrigante, inaugurado em 2000, que explica e ilustra essa paixão fundamental de Portugal. Por meio de uma série de mostras, cartazes, gravações e modelos, você conhece a história, escuta a música e se maravilha com os astros. Se quiser ouvir um pouco de fado (► 12-13), este museu oferece um excelente pano de fundo e ajuda você a aproveitar uma apresentação ao vivo. Na visita, você pode assistir a clipes de filmes em que atua a adorada dama do fado, Amália Rodrigues, dar uma espiada numa oficina, onde é feita a inconfundível guitarra portuguesa de dez cordas, e visitar uma casa de fado no estilo da década de 1940. Se quiser adquirir CDs e livros, a loja do museu tem uma das melhores seleções da cidade, e você pode ouvir antes de comprar.

198 C2 Largo do Chafariz de Dentro, 1 218 823 470; www.museudofado.egeac.pt Ter-dom 10h-17h30 Barato Café no museu 8, 28, 35, 90, 746, 759, 794

Onde... Comer e Beber

Preços
Preços prováveis por pessoa para uma refeição com três pratos, sem bebida
€ menos €20 €€ €20-€40 €€€ mais de €40

Antiga Casa de Pasto Estrela da Sé €

Lisboa tinha muitas *casas de pasto*, restaurantes simples e baratos voltados para pessoas comuns, e esta é uma das últimas. A decoração é uma viagem no tempo, com fantásticos nichos separados por cortinas de madeira – remanescentes do século 19, quando garantiam a privacidade de possíveis amantes. A comida é simples, fresca e tradicional, e as porções são generosas. Se estiver procurando comer bem em Lisboa sem gastar muito, escolha este lugar.

198 B2 Largo de Santo António da Sé, 4 218 870 455 Seg-sex 12h-15h, 19h-22h Bonde 28

Arco do Castelo €€

Serve comida indo-portuguesa de Goa, antiga colônia portuguesa, rica em gengibre fresco, temperos apimentados, peixes e frutos do mar. Prove o delicioso curry de camarão graúdo – xacuti, uma especialidade da casa, rico em leite de coco. Se for jantar, será preciso reservar.

198 B2 Rua Chão da Feira, 25, Castelo 218 876 598 Seg-sáb 12h30-22h30 Bondes 12, 28

Bica do Sapato €€€

O elegante Bica do Sapato, que tem John Malkovich como coproprietário, está no topo da lista dos restaurantes da moda em Lisboa. A localização – nas docas, do outro lado da estação de trem Santa Apolónia – ajuda, e a decoração nas áreas arborizadas foi pensada para complementar a comida. O restaurante principal concentra-se em pratos típicos modernos com um toque diferente, e oferece uma concorrida sugestão da semana. E quem gosta da culinária tradicional portuguesa vai encontrar o que procura no café. O peixe é fresquíssimo no sushi bar, onde, às quartas-feiras, há o Dia dos Sabores, com menu de preço fixo de bom preço. Serve um enorme bufê de tapas nas noites de terça-feira.

199 E3 Avenida Infante Dom Henrique, Armazém B, Cais da Pedra, Santa Apolónia 218 810 320; www.bicadosapato.com Restaurante: seg 20h-23h30, ter-sáb 12h-14h30, 20-23h30. Café: seg 19h30-1h, ter-sáb 12h30-15h30, 19h30-1h. Sushi bar: seg-sáb 19h30-1h 9, 12, 51, 81, 90

Casanova €€

Se quiser um tipo de comida diferente da portuguesa, vá até este armazém adaptado, na frente da estação de trem de Santa Apolónia, que serve excelente comida italiana. Escolha uma das muitas variedades de pizza com massa fina e feita na hora em forno de lenha, se quiser gastar pouco, ou prove uma das especialidades, que vão desde os simples crostini ou bruschetta até os pratos de feijão de cozimento lento, se a ideia for algo mais ousado. Não exige reserva, pois o movimento é grande e rápido e você não precisa esperar muito tempo.

199 3E Avenida Infante Dom Henrique, Cais da Pedra, Armazém B, loja 7, Santa Apolónia 218 877 532; www.restaurantecasanostra.com Ter-dom 12h30-1h; fecha ter no almoço 9, 12, 51, 81, 90

Hua Ta Li €€

Os sabores chineses marcantes do Hua Ta Li oferecem uma boa opção depois de dias de comida portuguesa. Os ingredientes são frescos e de alta qualidade, e o serviço, rápido. As crianças são bem recebidas – há até cadeirões para os menores. Por tudo isso, não é difícil dar um desconto à decoração de plástico. Chegue cedo, pois logo fica lotado.

198 B1 ✉ Rua dos Bacalhoeiros, 109-115, Alfama ☎ 218 879 170 ⊕ Diariam 11h-15h30, 19h-23h 🚋 Bondes 18, 28

Malmequer Bemmequer €€

Bem no centro de Alfama, este pequeno e simpático restaurante atrai muitos turistas. Mesmo assim, os padrões não foram prejudicados, e os pratos, na maioria clássicos portugueses, são bem preparados e servidos – a exemplo do famoso barbecue dos diabos (churrasco na brasa), que mistura carne e frango com sabor apimentado. Os pratos com arroz também são ótimos. Há uma excelente linha de pudins, como os trifle à moda inglesa.

198 C2 ✉ Rua de São Miguel, 23-25, Alfama ☎ 218 876 535 ⊕ Ter 19h-23h, qua-dom 12h-15h, 19h-22h30

Mercado de Santa Clara €

Você terá de subir até o andar superior do Mercado para ir ao restaurante, e vale a pena, tanto pelas belas vistas por cima das árvores até a cúpula do Panteão Nacional de Santa Engrácia quanto pela excelente comida.

O proprietário, Carlos Braz Lopes, também dá cursos de culinária em sua loja gourmet no outro lado da cidade, e é apaixonado pelo melhor que Lisboa tem a oferecer. Você encontra os pratos tradicionais, feitos com ingredientes de alta qualidade – as carnes de boi e de porco são muito bem preparadas. Prove o bacalhau à brás, prato em que o peixe é desfiado e misturado a ovos mexidos, cebolas e batatas fritas, e temperado com coentro. Reserve espaço para uma das sobremesas.

199 D3 ✉ Campo de Santa Clara ☎ 218 873 986 ⊕ Seg-sáb 12h30-15h, 20h-22h30; dom 12h30-15h 🚋 Bonde 28

Via Graça €€€

Nos altos da Graça encontra-se um restaurante perfeito para os românticos, um lugar refinado com belas vistas das defesas do Castelo iluminadas e da cidade abaixo. A culinária tem raízes na cozinha clássica portuguesa, mas com um toque de sutileza na combinação de sabores, como notas de Moscatel no pato marinado. O serviço é excelente e a carta de vinhos ressalta ótimos tintos, principalmente do Alentejo. É bom lembrar que as porções são mais que generosas.

198 B3/4 ✉ Rua Damasceno Monteiro, 9B, Graça ☎ 218 870 830; www.restauranteviagraca.com ⊕ Seg-sex 12h30-15h, 19h30-23h, sáb e dom 19h30-23h 🚋 Bonde 28

Onde... Comprar

Apesar da fascinação das ruas de Alfama e do encanto da área toda, ela não se destaca muito como paraíso das compras. É possível que você encontre algumas peças nas **lojas da Graça** e gaste muito dinheiro nos elegantes **antiquários** ao redor da Sé e do Castelo, mas para encontrar artigos mais interessantes é melhor procurar lugares mais prazerosos na Baixa e no Chiado, ou nas áreas vizinhas. Existem exceções, claro, e os fãs de fado encontrarão excelente seleção de CDs, instrumentos e livros na loja do museu anexa ao **Museu do Fado** (➤ 91). Nos limites da região, há uma praça com um dos melhores pontos de venda de azulejos de Lisboa: **Viúva Lamego** (Largo do Intendente, 25, tel. 218 852 408; www.viuvalamego.com), cujo exterior é enfeitado com azulejos. Fundado em 1849, ainda produz peças com desenhos antigos sob encomenda; a loja remete a compra para o mundo todo.

Perto, no Largo Martim Moniz, acha-se o **Centro Comercial Mouraria**, movimentado grupo de lojas multiétnicas. Aqui se encontram comidas de todas as antigas colônias portuguesas – da Índia, África e China –, roupas baratas, relógios e CDs, e os muitos imigrantes são um encanto a mais em Lisboa.

Se você visitou o Castelo, dê uma espiada na **Pessoa de Carvalho** (Costa do Castelo, 4, tel. 218 862 413) ou em uma loja de artesanato e de presentes instalada numa antiga casa de Alfama. Ou, ainda, desça o morro em direção à Casa dos Bicos, ao lado da qual encontrará o **Atelier** (Rua dos Bacalhoeiros, 12, tel. 218 865 563), especializado em azulejos pintados à mão. Muitas vezes, pode-se ver os artistas trabalhando, e eles também remetem a compra para o mundo todo.

Onde... Se Divertir

Juntamente com o Bairro Alto, **Alfama** é um dos melhores lugares para ouvir o fado tradicional. Você pode ir até uma casa de fado, o que garante um alto padrão de apresentação, mas onde terá de jantar, ou arriscar algum bar especializado em "fado vadio", onde tudo é mais flexível e qualquer pessoa pode se apresentar.

Em Alfama, entre os bons restaurantes com fado estão o **Clube de Fado** (Rua São João da Praça, tel. 218 852 704), um lugarzinho ótimo, com sessões tradicionais regulares; o **Parreirinha de Alfama** (Beco do Espírito Santo, 1, ao lado do Largo do Chafariz de Dentro, tel. 218 868 209); e **A Baiuca** (Rua de São Miguel, 20, tel. 218 867 284), casa de gestão familiar especializada em fado vadio. Se você quiser sons diferentes, o **Netjazz Café** (Costa do Castelo, 7, tel. 218 804 406), com ambiente aconchegante, apresenta uma variada seleção de músicas, com destaque para o jazz, interpretado no que foi o tanque da lavanderia de uma antiga prisão de mulheres. Perto, o terraço do **Bar das Imagens** (Calçada do Marquês de Tancos, 1, tel. 218 884 636), na Costa do Castelo, é um excelente lugar para você ouvir música enquanto admira a vista da Baixa. Ou desça em direção ao rio até o **Onda Jazz** (Arco de Jesus, 7, tel. 218 873 064; www.ondajazz.com; ter-qui 21h-2h, sex-sáb 21h-3h) onde são realizadas jam sessions às terças, além de uma programação mensal (verifique detalhes no site).

Há mais vistas noturnas da esplanada da **Cerca Moura** (Largo das Portas do Sol, 4, tel. 218 874 859), que também tem um bar acolhedor, construído nas antigas muralhas muçulmanas da cidade, ou suba mais um pouco até a **Esplanada da Igreja da Graça** (Largo da Graça, sem telefone) para apreciar outras vistas excelentes e música eclética à noite.

Quem gosta de casas noturnas deve ir ao **Lux** (Avenida Infante Dom Henrique, Armazém A, Cais da Pedra, Santa Apolónia, tel. 218 820 890; www.luxfragil.com), uma boate enorme que ocupa um armazém à beira-rio, com interior pós-moderno. DJs locais e internacionais agradam a clientela elegante com uma mistura de dança e músicas da moda.

Perto, na Doca do Jardim do Tabaco, você pode ir aos **MUSIcais** (Pavilhão A/B, tel. 937 583 698), dois bares em um só, que apresentam música ao vivo na esplanada e um DJ.

As Encostas do Oeste

Como Se Localizar

A oeste da Baixa, a colina se eleva até uma região que passou a se desenvolver na década de 1500, quando aristocratas e negociantes se instalaram aqui, construindo suas casas ao redor da igreja jesuíta de São Roque. A área ficou conhecida como Bairro Alto de São Roque. Atualmente, é o Bairro Alto, local animado, com muitas opções de entretenimento, onde nas noites de fim de semana as ruas estreitas se enchem de gente. Aqui há restaurantes, bares, cafés e mais casas de fado e boates do que em qualquer outro lugar de Lisboa. Acrescente--se a isso algumas das melhores lojas de ponta de estoque da cidade, e não é de admirar que o Bairro Alto funcione como um ímã tanto para moradores como para turistas.

Ao norte fica o Jardim Botânico, ao sul de Santa Catarina, com belas vistas do rio, enquanto a oeste acham-se as ruas mais tranquilas de São Bento, sede da Assembleia Nacional de Portugal. Nessa área acidentada, as ruas correm para cima e para baixo e levam, a oeste de São Bento, para o bairro da Estrela, cujo ponto mais alto é coroado pela grandiosa Basílica da Estrela. Esse é um território próspero, de classe média, onde o preço dos imóveis vai aumentando conforme você desce para o sul, rumo ao Tejo. Quando se olha para o rio, vê-se a elegante Lapa, com ruas e avenidas ladeadas por mansões, onde os ricos convivem com o corpo diplomático. Descendo em direção ao rio, a Lapa alcança Santos, uma das partes mais antigas de Lisboa, onde se localiza o Museu de Arte Antiga, um dos mais importantes de Portugal.

Pág. anterior: ricos entalhes dourados em São Roque

Abaixo: letreiro de néon no Bairro Alto

★ Destaques

1 Bairro Alto ➤ 100
2 Basílica da Estrela ➤ 102
3 Museu Nacional de Arte Antiga ➤ 104

Atrações

4 Igreja de São Roque ➤ 109
5 Jardim Botânico e Praça do Príncipe Real ➤ 109
6 São Bento e Lapa ➤ 110
7 Igreja de Santa Catarina ➤ 110
8 Mãe d'Água ➤ 111

Menos Conhecido

9 Palácio dos Marqueses de Fronteira ➤ 111

Cúpula da Basílica da Estrela

Esta região diferente abriga o Bairro Alto, famoso pelas boates e a vida noturna, por áreas residenciais que vão do moderno ao requintado e por belas igrejas, praças sombreadas e um magnífico museu.

As Encostas do Oeste em Um Dia

9h30

Comece o dia se localizando no **1 Bairro Alto** (➤ 100-101) quando ele ainda está silencioso, e terá sossego para conhecer as curiosas lojas especializadas e sentir o gosto particular da vida nessa área. Economize as pernas tomando o **Elevador da Glória** ou o **Elevador da Bica** para subir; uma viagem por um desses incríveis funiculares antigos (➤ 32) é uma experiência imperdível em Lisboa.

11h

Aprecie a vista enquanto toma café num quiosque da esplanada do Miradouro de Santa Catarina (➤ 111), de onde se tem um amplo panorama do rio. Em seguida, suba até chegar à Calçada da Estrela. Essa rua comprida passa pelo **Palácio de São Bento** (➤ 110; à dir) e vai até a **2 Basílica da Estrela** (➤ 102-103), cuja cúpula é uma das referências mais notáveis de Lisboa.

12h30

Visite a basílica e depois faça um merecido almoço, caminhando morro abaixo até o Bairro Alto, onde você pode começar a sua tarde.

14h30

Passeie pelas ruas da 6 **Lapa** (➤ 110; à esq.), com suas casas elegantes, para chegar ao 3 **Museu Nacional de Arte Antiga** (➤ 104-108), onde você pode obter uma visão geral do que há de melhor na pintura, na escultura e nas artes aplicadas de Portugal e do mundo.

17h

Desça os degraus na entrada do museu para pegar qualquer ônibus que vá para o Cais do Sodré e o centro da cidade. Volte ao seu hotel e ponha os pés para cima antes da noitada no Bairro Alto.

19h30

Volte ao 1 **Bairro Alto** e dê início à noite em um dos bares das duas ruas principais: Rua do Diário de Notícias ou Rua da Atalaia. Boas opções são o B'Artis (Rua do Diário de Notícias, 95-97, tel. 213 424 795) e o Cafédiário (Rua do Diário de Notícias, 3, sem telefone), mas o movimento só fica mais animado depois das 22h30.

20h30

Atravesse a Rua da Atalaia para **jantar**; o 1º de Maio (➤ 112) é uma boa escolha econômica, ou experimente o fantástico Pap' Açorda (➤ 113), que tem comida premiada e ambiente chique e minimalista.

22h30

Hora de chegar às **casas noturnas**. Há grande oferta de bares no Bairro Alto (acima) que costumam ter música ao vivo e ficam abertos até muito tarde. Os fãs de fado podem conhecer a Adega Machado (➤ 114).

O Bairro Alto

O Bairro Alto está situado bem no centro da cidade e é uma área boêmia que consegue combinar com facilidade sua atribuição de simples bairro residencial com o vibrante papel de meca da vida noturna. Durante o dia, você encontra as atividades cotidianas se desenvolvendo em ritmo suave nesta área relativamente pequena, mas à noite a coisa muda, e o bairro todo se entrega à diversão e vira um burburinho até a madrugada. Aqui você encontrará ladeiras estreitas, praças bonitas, uma das belas igrejas de Lisboa e algumas das lojas mais peculiares da cidade, onde impera a última moda.

Acima: o colorido restaurante Alfaia

À dir., no alto: as ladeiras íngremes do Bairro Alto descem até o rio

À dir.: produtos frescos à venda

Esta região foi criada na década de 1500 como primeiro bairro de Lisboa a ter ruas traçadas com algum tipo de padrão. Elas eram regulares na visão da época, mas é fácil se perder em suas ruelas e becos sem saída, tal como acontece em Alfama (➤ 82-84). Existem duas praças principais, o Largo de Trindade Coelho, na divisa com os altos do Chiado, e a **Praça Luís de Camões**, na extremidade sul do bairro, onde ele se funde com o Chiado.

Tome o **Elevador da Glória** para subir até a Praça dos Restauradores (➤ 174), uma viagem num funicular famoso, que poupa os músculos de muitas pernas desde a inauguração em 1885. Quando você sair do veículo, bem na frente verá o **Palácio Ludovice**, erguido em 1747 por Johann Friedrich Ludwig, arquiteto de Mafra (➤ 170), como seu palacete. Agora, a construção abriga o **Solar do Vinho do Porto** e é um ótimo lugar para provar o melhor do que existe no Porto – mais de 200 variedade são oferecidas no bar (➤ 113). Bem ao sul daqui, a comportada fachada da igreja de **São Roque** esconde um dos interiores mais rebuscados da cidade, uma igreja clássica do século 16, com capelas laterais dotadas de suntuosos entalhes dourados e forradas de mármore decorado (➤ 109).

Ao atravessar a rua você estará no miolo do **Bairro Alto**, o núcleo das diversões e o baluarte da emblemática canção portuguesa: o fado (o bairro tem mais de 20 casas de fado). Outrora grandiosas, essas ruas foram depois ocupadas por pequenos comerciantes, cujas lojas se tornaram redações de jornais – tanto a **Rua do Século**, onde em 1699 nascia o futuro

marquês de Pombal, no Palácio dos Carvalhos, quanto a **Rua do Diário de Notícias** são assim chamadas por causa dos jornais nelas sediados. Aqui existem alguns palácios e monumentos grandiosos, e o melhor a fazer é simplesmente perambular pelas ruas, principalmente a **Rua do Diário de Notícias**, a **Rua da Atalaia** e a **Rua da Rosa**. Atravesse o arco no fundo da Rua da Rosa e verá o Elevador da Bica, inaugurado em 1892, ligando o Bairro Alto e a Bica (➤ 111). Além de bares e restaurantes, há muitas lojas – de moda alternativa, especializadas em discos e livrarias nas imediações da Rua Nova da Trindade, sede de um teatro e de uma das mais famosas cervejarias de Lisboa (➤ 65). No sopé da colina, você encontra a Praça Luís de Camões, com nome em homenagem ao poeta do século 16 – e sua estátua fica no centro da praça, rodeada por outras figuras literárias de Portugal.

FAÇA UMA PAUSA

Você fica sem saber o que escolher com tantas opções de comida nas principais ruas do bairro – experimente a **Pastelaria São Roque** (Rua Dom Pedro V, 45), uma confeitaria fantástica e antiga com interior de mármore e azulejo.

197 E3 ✉ Bairro Alto
🍴 Diversos cafés, bares e restaurantes 🚇 Baixa-Chiado 🚌 92; bonde 28

POR DENTRO DO BAIRRO ALTO

Dicas Já que o Bairro Alto fica **mais vibrante ao anoitecer**, talvez você prefira visitá-lo apenas nessa hora do dia ou mais tarde.

• Se quiser pegar um elevador para **subir o morro**, verifique se os dois estão funcionando, pois os consertos podem provocar a interrupção do serviço.

Joias Ocultas Para um miradouro que oferece um ângulo diferente de Lisboa, vá até o **Jardim de São Pedro de Alcântara**, perto do Elevador da Glória. Daqui, você pode optar pela Avenida da Liberdade, o Castelo, a Baixa e o rio (veja Outros Passeios ➤ 174-176).

2 Basílica da Estrela

A cúpula branca da Basílica da Estrela, símbolo venerado na cidade, sobressai no oeste de Lisboa. Construída no alto da colina, esta obra-prima notável é o símbolo de um período de grande riqueza e autoconfiança. Aqui se mesclam perfeitamente a extravagância e a austeridade. Poucas construções resumem tão bem o espírito de uma época em que a curiosidade intelectual e os altos valores morais caminhavam ao lado de uma grande tendência à ostentação.

Acima: o altar da basílica, feito de mármore rosa, cinza e bege

Em 1770, Maria Francisca, herdeira do trono português, fez a promessa de construir uma basílica dedicada ao Sagrado Coração de Jesus, se desse à luz um menino. Em dois anos haviam nascido dois meninos, e a construção começou em 1779. Com enorme turma de operários, a obra foi rápida: em 1788 os sinos foram abençoados e colocados no lugar. Apenas um mês depois, eles soaram para anunciar a morte de um dos herdeiros por varíola. A construção foi consagrada no ano seguinte. Maria 1ª, que morreu no Brasil em 1816, foi enterrada num túmulo monumental na capela principal que ela dedicara a Deus e à cidade.

Dentro dessa edificação enorme e sombria, a **nave** possui seis capelas laterais, cada uma com seu retábulo. Pilares de mármore delineiam essas capelas, cujo pé-direito se eleva para formar um **teto abobadado**. Na extremidade do transepto, o cruzamento com a abside é inundado de luz, que penetra por meio da **cúpula com altura de dois andares**. Há mármore rosa, cinza e bege por toda parte; os dourados tomam conta do altar-mor, e as imagens preenchem todos os espaços. Tudo é grandioso, austero e, de certa forma, frio. A **Sala do Presépio** dá um tom mais leve e abriga uma cena toda feita de cortiça, por Machado de Castro, que também esculpiu o baixo-relevo do Espírito Santo na fachada. O presépio contém mais de 500 figuras: a tradicional Sagrada Família, pastores, anjos e os reis magos aparecem junto com diversas figuras do cotidiano, tudo com detalhes incríveis. Você também pode subir na cúpula, um dos melhores e mais altos pontos de observação da cidade.

Na frente da basílica fica a entrada principal do **Jardim da Estrela**, um dos parques mais agradáveis de Lisboa. Os moradores vêm para cá durante o dia e aproveitam as sombras das árvores, as flores e os espelhos d'água, e idosos passam o tempo em seus bancos. Os pais podem tomar café enquanto as crianças vão ao playground ou trazem pão para alimentar os patos.

Se você sair pelo portão de cima e atravessar a rua, verá o muro que cerca o **Cemitério Inglês**, protestante, que data de 1654. Rodeado por muros altos, contém o túmulo de Henry Fielding, romancista do século 18 criador de *Tom Jones*, que veio para Lisboa para se tratar e logo morreu.

Abaixo: a fachada austera da basílica

Abaixo, à dir.: lugar agradável e sombreado no jardim

FAÇA UMA PAUSA

Cruze a rua e vá até o **Jardim da Estrela**, onde poderá se sentar em meio à folhagem fresca, no café desse parque tranquilo.

196 B3 Largo da Estrela
213 960 915 Diariam 8h-19h
Grátis Bar no Jardim da Estrela
713, 773; bondes 25, 28

Jardim da Estrela
196 B3 Praça da Estrela
213 963 275 Diariam 7h-24h

Cemitério Inglês
196 B4 Rua de São Jorge à Estrela
213 906 248 Seg-sáb 9h-17h, dom 9h-13h Para entrar, chame em voz alta no portão principal

POR DENTRO DA BASÍLICA DA ESTRELA

Para Saber Mais Mateus Vicente Oliveira e Reinaldo Manuel, arquitetos que projetaram a basílica, foram também responsáveis por **Mafra** (➤ 170-172), e as duas edificações têm muitas características em comum. As figuras em cima das colunas da fachada, que representam Fé, Adoração, Gratidão e Liberdade, foram executadas por escultores de Mafra, e toda a parte externa foi descrita como uma "mini-Mafra". No interior, os mesmos mármores rosa, cinza e bege são usados na galeria principal de Mafra, e a fusão do rococó com o neoclássico é bem semelhante.

3 Museu Nacional de Arte Antiga

O Museu Nacional de Arte Antiga (MNAA) está entre os melhores lugares de Lisboa para se ter uma visão geral das escolas de pintura portuguesas e de outros países europeus e para apreciar a fantástica coleção de móveis, tecidos e objetos de todos os ramos das artes decorativas. Muito bem apresentadas, num elegante palácio adaptado do século 17, as mostras não só traçam o percurso das artes em Portugal como também lançam luz sobre o impacto da história do país e do império em seu modo de vida.

O MNAA foi fundado em 1884, como primeiro grande museu público dedicado às artes a ser aberto em Portugal. Foi instalado no antigo **Palácio das Janelas Verdes**, cujo nome vem das 40 janelas pintadas de verde na fachada norte, que fica de frente para a rua homônima. A construção foi profundamente alterada ao ser transformada em museu na década de 1880, e novamente em 1940, quando foi construído um anexo na área antes ocupada pelo vizinho convento das carmelitas. A **igreja** do convento, cheia de dourados e azulejos azuis e brancos, foi poupada e agora faz parte do museu. A força do museu está na arte portuguesa, que em boa parte foi adquirida após a supressão de mosteiros e conventos portugueses, e nas coleções africana, indiana e do Extremo Oriente, principalmente porcelanas do final do século 16, e de arte namban japonesa, que data dos tempos em que os portugueses começaram a negociar com o Japão. Há muito mais que isso, a exemplo de uma bela coleção representativa da arte europeia, algumas deslumbrantes pratarias, móveis franceses do século 18 e *objets d'art*.

À dir.: este ostensório dourado com pedras preciosas, usado para expor a hóstia consagrada, é parte do acervo eclesiástico do museu

Abaixo: os Painéis de São Vicente, de Nuno Gonçalves

Uma salva, castiçais e bule de café de um serviço de prata alemã feito na França no século 18

Piso 1 (Térreo)

Pinturas, Mobiliário e Arte Decorativa Europeia

Quem aprecia pinturas deve visitar as 15 galerias de **pintura europeia**, onde o ponto alto são as escolas flamenga e alemã. A *Tentação de Santo Antônio*, de **Hieronymous Bosch**, é um notável exemplo do estilo surrealista do pintor. A data da obra gira em torno de 1500, e sua proveniência é misteriosa – provavelmente chegou aqui com Filipe 2º da Espanha, quando se tornou Filipe 1º de Portugal. Cheio de figuras bizarras e monstros, meio homens e meio animais, mostra o santo no centro de três painéis, rodeado de personificações dos pecados da gula, da luxúria e da avareza. Até hoje é uma obra inquietante. Procure também obras de **Cranach** e de **Dürer**. Deste último, está exposta a tela *São Jerônimo*, pintada em 1521, que mostra o velho santo com o dedo apoiado num crânio, numa reflexão sobre a mortalidade, enquanto o crucifixo na parede de trás aponta para Cristo, o Salvador. Entre outras obras estão a imagem serena e majestosa de *Santo Agostinho*, de Piero della Francesca, na sala 53, e o magnífico quadro *Os Doze Apóstolos*, do pintor espanhol Zurbarán, na sala 62. As galerias de pinturas levam a mostras de **arte decorativa**, **mobiliário** e **tecidos**. Na sala 69 há um serviço de mesa de prata alemã, feita em Paris por volta da década de 1770, por pai e filho artesãos, para os duques de Aveiro – pratos, talheres, conchas, sopeiras, candelabros e um conjunto de 16 figuras dançantes de prata dourada, desenhado como decoração de mesa. O enorme centro de mesa, com folhagens e graciosos cães de caça, provavelmente foi feito na década de 1720. Na sala ao lado há um grande número de peças antigas de **vidro** e de **porcelana**, que incluem algumas louças de jaspe Wedgwood e peças de Meissen com dourados e cores vivas.

Piso 2

Louça Dourada, Cerâmicas e Arte do Extremo Oriente

No topo da escada está a sala 29, onde se encontra o **ostensório de Belém**, encomendado para o Mosteiro dos Jerónimos (➤ 128-132) e feito em 1506 pelo ourives Gil Vicente, suposta-

mente realizado com a primeira leva de ouro trazida das Índias por Vasco da Gama. Rico em detalhes e em símbolos manuelinos, o ostensório, usado para conter a Hóstia Consagrada, é rodeado por figuras ajoelhadas feitas de ouro e esmalte, e fica fácil ver por que essa obra finamente elaborada é considerada a mais bela peça de ouro de Portugal. Daqui, chega-se ao espaço dedicado às fantásticas **cerâmicas** do museu, vindas em boa parte do Extremo Oriente. Aqui estão **conjuntos de chá e jantar** feitos para o mercado português, muitos deles completos e com as marcas armoriais das grandes famílias de Portugal que os encomendaram. Havia um processo de duas vias: a influência oriental se insinuava na porcelana produzida no país, mas também existem cópias portuguesas do século 17 de **vasos** e **potes para especiarias azuis e brancos** chineses. Às vezes, o pêndulo de influências culturais balançava para um ou outro lado, como se pode ver nos **paramentos religiosos** de manufatura indiana e chinesa, nos quais o algodão estampado é usado para imitar os trajes ricamente bordados em Portugal. Os fabricantes portugueses de escrivaninhas passavam desenhos para fabricantes de móveis indianos, cujos produtos fundiam o design indiano e português. Procure os **móveis de mogno** marchetados com roseira, prata e marfim, um estilo encontrado apenas em Portugal. Mas os principais tesouros orientais são de longe os **biombos namban**, feitos no Japão entre 1593 e 1602. Três biombos residenciais, comuns nas casas japonesas da época, retratam a chegada dos portugueses a Nagasaki, segundo a visão dos japoneses.

As 10 Principais Atrações do MNAA

Aqui estão as obras que as autoridades do museu consideram as melhores do acervo.

- Cruz de procissão de Dom Sancho, 1214
- Painéis de São Vicente, Nuno Gonçalves, século 15
- *Tentação de Santo Antônio*, Hieronymous Bosch, *c.* 1500
- Ostensório de Belém, Gil Vicente, 1506
- *São Leonardo*, Andrea della Robbia, 1501-1510
- *São Jerônimo*, Albrecht Dürer, 1521
- Saleiro de Benin, *c.* 1525
- Chafariz duplo português, século 16
- Biombos namban, Japão *c.* 1600
- Serviço de prata feito para os duques de Aveiro, Thomas & François Thomas, Alemanha, 1729-1757

No alto: imagem da Santíssima Trindade

Eles estão cheios de observações curiosas sobre os europeus de "nariz comprido" e suas atividades, com pinturas de veleiros, marinheiros, mercadores e seu comércio, e até um grupo de padres jesuítas que, já naqueles tempos, estavam estabelecidos como missionários no Japão. As figuras dos europeus aparecem mais altas do que as dos nativos, e essa visão oriental das longas pernas dos estrangeiros deve ter surpreendido os portugueses que encomendaram os biombos.

Piso 3

Pinturas e Esculturas Portuguesas

A coleção de pinturas cobre as escolas dos séculos 15 e 16, quando as telas portuguesas estavam passando do estilo gótico ao renascentista, com profunda influência de pintores flamengos como Jan van Eyck e Rogier van der Weyden. Destacam-se **Nuno Gonçalves**, **Gregório Lopes** e **Frei Carlos**, e todos elaboraram cenas estritamente religiosas. A grande obra de Gonçalves é o *Políptico de São Vicente*, um retábulo de seis painéis que mostra o padroeiro de Lisboa recebendo homenagem de um grupo representativo da sociedade. Pintado entre 1458 e 1464, quando Gonçalves era pintor da corte de Afonso 5º, retrata 60 figuras importantes: o rei e a rainha ocupam a tela central, rodeados de cavaleiros, negociantes e clérigos, representados com tanta fidelidade que podiam ser identificados imediatamente. Nesse piso também se encontram esculturas do século 12 ao século 19. O ponto alto é o **saleiro de Benin**, feito na África, onde fica a atual Nigéria, por volta de 1525. Foi esculpido em marfim em estilo gótico primitivo, com cavaleiros e criaturas exóticas – mais um exemplo magnífico das trocas interculturais durante o período dos descobrimentos.

FAÇA UMA PAUSA

O **café do museu** é ótimo para fazer uma pausa; pode-se sentar no jardim tranquilo.

196 B1 Rua das Janelas Verdes 213 912 800; www.mnarteantiga-ipmuseus.pt Ter 14h-18h, qua-dom 10h-18h Barato 60, 713, 714, 732; bondes 15, 18, 25

Exterior do Museu Nacional de Arte Antiga

POR DENTRO DO MUSEU NACIONAL DE ARTE ANTIGA

Dicas Pegue um **folheto na bilheteria**; a planta ajudará você a se localizar nesse prédio confuso.

- O planejamento é essencial para evitar uma sobrecarga cultural; lembre-se de que **não existe guia resumido nem audioguia**.
- Para estrangeiros, há bons painéis de informação em **inglês** em muitas salas; você encontrará caixas com folhetos para pegar, conforme circula.

Atrações

4 Igreja de São Roque

Erguida entre 1565 e 1583, São Roque fica no local onde já havia uma igreja consagrada ao santo, padroeiro dos inválidos e cirurgiões e protetor contra doenças contagiosas. O interior, com nave simples e teto de madeira pintado, escapou ao terremoto. Observe a Capela de São Roque, com azulejos maravilhosos, e a Capela de São João Batista, um esplendor de mármore, marfim, ouro e lápis-lazúli. Foi construída em Roma, abençoada pelo papa e embarcada para Lisboa, onde levou quatro anos para ser remontada. Existe um museu ao lado da igreja, cheio de tecidos, pinturas e objetos de ouro e prata.

197 F3 · Largo Trindade Coelho · 213 235 000 · Diariam 8h30-17h · Bares e cafés próximos · Elevador da Glória

Museu

Vizinho à igreja · 213 235 380 · Ter-dom 10h-17h · Barato

5 Jardim Botânico e Praça do Príncipe Real

Suba a avenida ladeada de palmeiras ao lado da Escola Politécnica e passe pelo Museu da Ciência para chegar a

O Jardim Botânico de Lisboa

este espaço amplo, organizado entre 1873 e 1878. Caminhos sombreados serpenteiam no meio de mais de 10 mil plantas, muitas delas importadas de antigas colônias portuguesas; procure a *Strelitzia regina*, a ave-do-paraíso ou estrelícia, e as samambaias arbóreas (como o xaxim), espécies que existem desde tempos pré-históricos.

Fora, do outro lado da rua, está a Praça do Príncipe Real. Traçada na década de 1850, tem canteiros centrais ótimos para fazer uma pausa, tomando um refresco à sombra de um cedro secular. Casas elegantes, de cores pastel, rodeiam esse lugar encantador, e seus olhos serão atraídos para o nº 26, onde se vê a fantasia neomourisca do Palácio Ribeiro da Cunha, hoje pertencente à universidade.

O esplendor barroco de São Roque

197 D4
Jardim Botânico
Rua da Escola Politécnica, 58
213 921 802; www.jb.ul.pt
Mai-set: seg-sex 9h-20h, sáb-dom 10h-20h; out-abr: seg-sex 9h-18h, sáb-dom 10h-18h
barato Pastelaria--Padaria São Roque, Rua Dom Pedro V, 57 Rato
58, 790

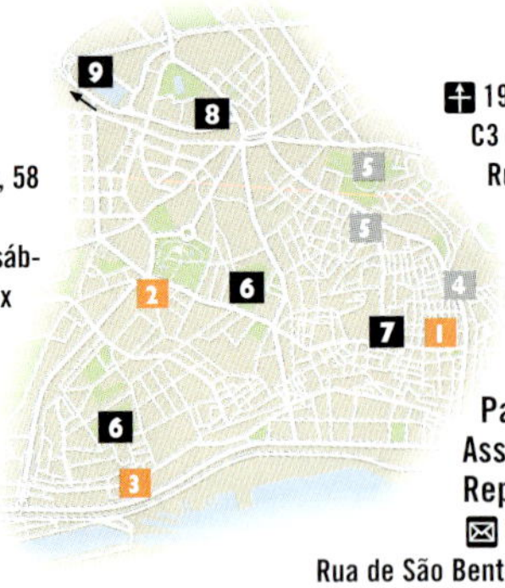

6 São Bento e Lapa

O bairro de São Bento deve o nome ao Palácio de São Bento, ex-mosteiro beneditino que atualmente abriga o **Palácio da Assembleia da República**. Esta edificação imponente, com enorme frontão triangular e colunas, tornou-se a sede do governo a partir de 1834, quando as ordens religiosas foram extintas em Portugal. Desde então o prédio foi reformado algumas vezes. Pode-se fazer uma visita ao interior para ver os murais históricos pintados por Rafael Bordalo Pinheiro entre 1920 e 1926. Na mesma rua, no nº 193, fica a casa onde viveu a fadista Amália Rodrigues (➤ 13), hoje um museu.

A oeste daqui encontra-se a Lapa, talvez a área mais chique e elegante de Lisboa, onde há grande quantidade de mansões e palacetes. Para você ter uma ideia das melhores construções, desça a Rua do Pau de Bandeira, onde está a antiga residência dos viscondes de Olivais, que agora abriga parte da embaixada dos EUA, ou dê um pulo no hotel Lapa Palace (➤ 35).

A entrada grandiosa do imponente Palácio de São Bento

196 A2 (Lapa); 196 C3 (São Bento) Na Rua de São Bento
São Bento: 6, 713, bondes 25, 28; Lapa: 713, bonde 25

Palácio da Assembleia da República
Largo das Cortes, Rua de São Bento 213 919 000; www.parlamento.pt Apenas visitas guiadas (213 919 625: reservar no dia anterior) Grátis Rato
6, 713; bondes 25, 28

7 Igreja de Santa Catarina

Santa Catarina situa-se acima da Bica, bairro diversificado onde restaurantes e bares modernos convivem com lojas e tabernas que atendem pessoas de menor poder aquisitivo. Suas encostas íngremes se formaram quando um deslizamento de terra levou consigo uma colina mais suave durante um terremoto em 1598. Toda a área enfrentou outro desastre em 1755, e a igreja de Santa Catarina, de 1586, foi então reformada. Ela está repleta dos dourados do século 17, com um teto fantástico pintado no século 18. Daqui, você pode subir até a Esplanada do Adamastor, ou a Esplanada de Santa Catarina, um dos melhores miradouros da cidade, com belas vistas do Tejo. A estátua no gramado representa Adamastor, gigante mítico que vigiava o cabo da Boa Esperança. Atrás da praça está o **Museu da Farmácia**, cuja coleção de utensílios médicos abrange mais de dois milênios.

197 E3 Calçada do Combro, 82
213 464 443 Diariam 8h-19h30
Grátis Na Esplanada de Santa Catarina 92; bonde 28

Museu da Farmácia
Rua Marechal Saldanha, 1 213 400 680 Seg-sex 10h-18h
Moderado Na Esplanada de Santa Catarina 92; bonde 28

Painéis azulejados retratam 12 cavaleiros no Palácio dos Marqueses de Fronteira

8 Mãe d'Água

O Aqueduto das Águas Livres foi construído entre 1731 e 1748 para conduzir por 58km a água que havia a noroeste de Lisboa. O principal trecho atravessa o vale de Alcântara, com uma linha de arcos de 940m de comprimento por 64m de altura. Ela sustenta o canal de água que desemboca na Mãe d'Água, um grande prédio de pedra que contém um tanque com capacidade para armazenar 5.500m^3 de água. Nem o aqueduto nem os tanques foram afetados pelo terremoto, e atualmente a Mãe d'Água é usada em exposições e apresentações. Dentro do prédio, pode-se ver a chegada da água que desce em cascata sobre uma escultura extraordinária no tanque; há também shows temporários neste espaço de pedra frio e ressoante.

196 C5 Praça das Amoreiras, 10 213 251 646 Seg-sáb 10h-18h Moderado Bares próximos Rato 6, 9, 58, 74

Menos Conhecido

9 Palácio dos Marqueses de Fronteira

Se você aprecia a combinação de azulejos, estátuas, chafarizes e jardins, visite o Palácio dos Marqueses de Fronteira, que ocupa as encostas mais baixas da floresta Monsanto. Ele foi erguido como pavilhão de caça em 1649 e reconstruído depois do terremoto. A visita guiada segue por grandes salões e salas pomposas, com destaque para a **Sala das Batalhas**, ricamente decorada com azulejos do século 17. Aprecie também os azulejos holandeses de Delft, alguns dos primeiros a serem importados. Fora, nos jardins italianos, há azulejos por toda parte. Combinados com esguichos d'água, canteiros bem cuidados e estátuas barrocas, os jardins azulejados de Fronteira estão entre os mais encantadores de Lisboa.

194, fora do mapa A5 Largo de São Domingos de Benfica, 1, Sete Rios 217 782 023 Apenas visitas; palácio e jardins jun-set 10h30, 11h, 11h30, 12h; out-mai seg-sáb 11h, 12h; jardins só seg-sáb 10h-18h o ano todo Adultos caro, menores de 14 moderado Jardim Zoológico 10 a 15 minutos a pé do metrô; recomenda-se táxi ou ônibus 70

Para as Crianças

Os adolescentes mais velhos vão gostar do **Bairro Alto** – principalmente para jantar e caminhar ao anoitecer –, e os de todas as idades devem apreciar uma subida no **Elevador da Bica** e um passeio até o miradouro de **Santa Catarina**. Se seus filhos são mais novos, podem ir ao **Jardim Zoológico** de Lisboa (à dir.), em Sete Rios (Praça Marechal Humberto Delgado, tel. 217 232 910), que tem um parque de diversões e o **Museu das Crianças** (tel. 213 976 007). Perto daqui, no bairro de Monsanto, fica o **Parque Recreativo do Alto de Serafina** (tel. 217 710 870), um parque de aventuras com escorregadores, balanços, barcos e muito mais. Monsanto era famoso pela presença de traficantes de drogas e outros bandidos, mas, depois de uma campanha para limpar a área, agora está mais seguro (mas deve ser evitado à noite).

Onde... Comer e Beber

Preços
Preços prováveis por pessoa por uma refeição com três pratos, sem bebida
€ menos de €20 **€€** €20-€40 **€€€** mais de €40

1º de Maio €€

Chegue antes das 21h ou prepare-se para ficar numa fila neste lugar concorrido e informal, onde os preços confirmam a fama de boa relação custo-benefício. Paredes azulejadas circundam as mesas em que moradores e visitantes aguardam o menu do dia, com pratos tradicionais, como peixes frescos, açorda, arroz com feijão e diversos tipos de bacalhau.

197 E3 Rua da Atalaia, 8, Bairro Alto 213 426 840 Seg-sex 12h-15h, 19h-22h30; sáb 12h-15h Baixa-Chiado

O Acontecimento – Clube dos Jornalistas €€

A inovadora cozinha catalã neste bonito restaurante com encantador pátio cheio de flores atrai muita gente; por isso, recomenda-se que você faça reserva. Comece com pão com azeite – generosas fatias de pão borrifadas com azeite de oliva –, depois passe para uma das especialidades da casa, a exemplo de bacalhau com alecrim e mel, torta de cebola ou salmão com brie. Há excelentes sorvetes, mas o grande destaque das sobremesas é o chamado "delirium de chocolate".

196 B2 Rua das Trinas, 129-r/c (térreo), Lapa 213 977 138 Seg-sáb 12h-15h, 20h-0h Bonde 28 até Estrela, depois a pé

Alcântara Café €€-€€€

Localizado num armazém portuário adaptado, este lugar elegante, com decoração à base de aço inox e veludo vermelho, está cheio de mesas bem espaçadas onde se pode apreciar a cozinha mediterrânea de fusão, com frutos do mar, carnes e produtos sazonais frescos. Porções grandes, sofisticação, alta qualidade e serviço atencioso.

196 A1 Rua Maria Luísa Holstein, 15, Alcântara 213 637 176 Diariam 20h-1h Bonde 15, 18

Ali-à-Papa €€

Para variar, experimente este restaurante marroquino, onde a decoração lembra tendas e os pratos aromáticos têm raízes étnicas. Menu pequeno, concentrado na qualidade dos ingredientes e no cuidado da elaboração dos pratos: experimente o cuscuz Tifaya com cordeiro temperado com canela e passas ou o tagine Moderbel, com berinjela e cordeiro. Os vegetarianos são bem servidos, com cuscuz de legumes e grão-de-bico. Pudins leves e refrescantes. Reserve.

197 E3 Rua da Atalaia, 95, Bairro Alto 213 474 143 Qua-seg 19h30-1h Baixa-Chiado

O Chá da Lapa €

A poucos minutos a pé do Museu Nacional de Arte Antiga, este salão de chá elegante e tradicional é ótimo para um almoço leve ou lanches. Afunde nos sofás de veludo vermelho e saboreie os bolos e biscoitos deliciosos, todos frescos, feitos no local, ou escolha entre os dois ou três pratos do dia e os excelentes quiches na hora do almoço.

196 A1 Rua do Olival, 8-10, Lapa 213 957 029 Diariam 9h-19h

A Charcutaria €€

Arcos de tijolos, painéis de madeira clara e cadeiras de vime marcam o local. Os pratos mais criativos são de carne de caça, como lebre ou perdiz, mas há receitas como carpaccio de bacalhau. Para sobremesa, a casa oferece deliciosos doces conventuais, preparados com ovos e açúcar.

197 E2 Rua do Alecrim, 47A, Bairro Alto 213 423 845 Seg-sex 12h30-16h, 19h-23h, sáb 19h-24h Baixa-Chiado

Comida de Santo €€

É preciso fazer reserva para ir a este minúsculo restaurante brasileiro. Prove a caipirinha feita com rum branco e limão, enquanto decide se vai comer uma moqueca com leite de coco ou uma deliciosa feijoada, feita com carnes de porco e servida com mandioca frita e laranja. O ambiente é muito agradável e as porções são generosas.

197 D4 Calçada Engenheiro Miguel Pais, 39, Rato 213 963 339 Diariam 12h30-15h30, 19h30-1h Rato

Conventual €€

Instalado numa das praças mais bonitas da área e decorado com arte sacra, serve "escargôs dos papas de Avignon", além de excelentes pratos com arroz – prove o arroz de pato. Os ricos e açucarados doces conventuais lhe darão o sabor inventado por freiras portuguesas.

197 D4 Praça das Flores, 44-45, Rato 213 909 246 Ter-sex 12h30-15h30, 19h30-23h; sáb, dom e feriados 19h30-23h; fecha ago Rato

Pap' Açorda €€

Ocupando uma antiga padaria, este restaurante elegante tem a açorda como marca registrada – trata-se de um caldo cremoso preparado com pão e ovos, misturado com alho, coentro e camarão, ou outras variações, que também estão no menu. As entradas trazem alguns dos frutos do mar mais frescos que você terá a chance de provar. E quem conhece diz que a musse de chocolate daqui é a melhor da cidade.

197 E3 Rua da Atalaia, 57-59, Bairro Alto 213 464 811 Ter-sáb 12h-12h, 20h-23h; fecha nas duas primeiras semanas de jul e nov Baixa-Chiado

Primavera €

Se quiser comida portuguesa boa e simples, vá ao Primavera. Entre os mais pedidos estão carne de caça, pratos com carnes suculentas do norte e delicados mariscos ao vinho. Mais econômicos são os excelentes bacalhaus ou a sopa alentejana. Ambiente limpíssimo, serviço simpático e carta de vinhos de todos os preços.

197 E3 Travessa da Espera, Bairro Alto 213 420 477 Ter-sáb 12h-15h, 19h30-23h30; seg 19h30-23h30 Baixa-Chiado

Solar do Vinho do Porto €-€€

O Solar é dirigido pelo Instituto do Vinho do Porto, órgão regulador da indústria desse vinho, e oferece mais de 200 variedades de estilos e safras para escolher. Fica num elegante palacete do século 18, onde você pode passar algumas horas agradáveis, descobrindo o prazer de tomar um Porto na terra desse vinho.

197 E3 Rua de São Pedro de Alcântara, 45, Bairro Alto 213 475 707/8 Seg-sáb 11h-24h Funicular Elevador da Glória

XL €€

O XL atrai quem gosta de jantar tarde. Paredes de cor ocre, móveis rústicos e antiguidades curiosas dão um ar caseiro a este restaurante concorrido. Os suflês são seu forte. E vale a pena provar o camembert com migalhas de pão em calda de framboesa e os pratos tradicionais portugueses. Termine com um crepe ou o delicioso crème brûlée.

196 B3 Calçada da Estrela, 57, Estrela 213 956 118 Seg-qua 20h-24h, qui-dom 20h-2h Bonde 28

Onde... Comprar

Há lojas para todos os gostos no Bairro Alto e adjacências, que vão desde estabelecimentos pequenos e curiosos, muitos oferecendo artigos da última moda, até casas já antigas, com fama invejável. Quem quer moda deve ir à **Fátima Lopes** (Rua da Atalaia, 36, Bairro Alto, tel. 213 240 546), uma das estilistas mais criativas de Portugal, cujas peças de corte assimétrico destacam tecidos aderentes ao corpo e decotes ousados. Outro nome de destaque, aprendiz de Ana Salazar, é o de **José António Tenente** (Travessa do Carmo, 8, tel. 213 422 560), agora um dos principais estilistas internacionais de Portugal – roupas elegantes e acessórios fantásticos. **Lena Aires** desenha roupas femininas diferentes e coloridas, que você encontrará em **Ia** (Rua da Atalaia, 96, tel. 213 461 815). Para a casa, a Rua Dom Pedro V é conhecida pelos antiquários – um dos melhores é o **Solar** (Rua Dom Pedro V, 68-70, tel. 213 465 522), que dispõe de uma grande seleção de antiguidades e azulejos pintados à mão. Perto de São Bento estão as melhores peças de cristal e vidro portuguesas no **Depósito da Marinha Grande** (Rua de São Bento, 234-242, tel. 213 963 234), uma loja com belos serviços de mesa, vasos e garrafas. Suvenires leves, como velas, são encontrados na **Casa das Velas Loreto** (Rua do Loreto, 53, tel. 213 425 387), fundada em 1789, com a vitrine de mogno e vidro cheia de velas de todos os tipos. Existe outra loja com interior antigo chamada **A Carioca** (Rua da Misericórdia, 9, tel. 213 420 377), onde se pode comprar diversos tipos de café – em grãos ou moído na hora – e de chás, além de utensílios para preparar as duas bebidas.

Onde... Se Divertir

As ruas principais do Bairro Alto estão cheias de bares, que muitas vezes avançam pela calçada. Parte da alegria de uma boa noitada é aproveitar a atmosfera – e os drinques – em alguns deles. Os fãs de fado podem ir às **Arcadas do Faia** (Rua da Barroca, 54-56, tel. 213 426 742), ótimo lugar, onde com certeza se ouve boa música, ou à **Adega Machado** (Rua do Norte, 91, tel. 213 224 640), que funciona desde 1931. Os ritmos sul-americanos agitam **A Tasca** (Travessa da Queimada, 13-15, tel. 213 433 431), ótima para tequila e nachos e para se animar com a música. Existem outros lugares do tipo, com canções da década de 1980, como o **Keops** (Rua da Rosa, 157-159). Se você quiser dançar junto com os ricos e famosos de Lisboa, vá ao **Kapital** (Avenida 24 de Julho, 68, Santos, tel. 213 957 101), lugar da moda, com leões de chácara muito seletivos – uma roupa elegante pode colocar você lá dentro. O mesmo acontece no **Plateau** (Avenida 24 de Julho, Rua das Escadinhas da Praia, 7, tel 213 965 116), casa noturna original de Lisboa, onde o ponto alto são as músicas da década de 1980, pop e rock – se você conseguir entrar. Esse problema da entrada também ocorre no **Kremlin** (Avenida 24 da Julho, Rua das Escadinhas da Praia, 5, tel. 213 525 867); uma vez lá dentro, você pode escolher entre música techno, acid, dance e underground. O **Trumps** (Rua da Imprensa Nacional, 104B, tel. 213 971 059), no Bairro Alto, é a maior e melhor casa noturna gay de Lisboa.

Belém

Como Se Localizar

Algumas das atrações mais representativas de Lisboa, e que figuram em milhares de cartões-postais, estão concentradas em Belém, cujo grupo de monumentos e museus magníficos fica à beira-rio, a oeste do centro. Eles cobrem o passado político e cultural do país, com notável arquitetura que abrange mais de 600 anos e uma história que reverbera os ecos da época áurea de Portugal. A área, originalmente chamada Restelo, era separada da cidade, sendo um embarcadouro excelente com fácil acesso ao mar. Daqui, durante todo o século 15, partiram expedições oceânicas, e Belém, cujo novo nome foi adquirido um século mais tarde, presenciou a partida de Vasco da Gama, o maior navegador do país, que descobriu o caminho marítimo para a Índia em 1497.

Aqui existem atrações para mantê-lo ocupado o dia todo. Monumentos e museus estão espalhados por uma ampla área ao lado do Tejo, com lindas vistas do rio e diversas calçadas espaçosas e jardins. Ao chegar, programe sua visita com cuidado, a fim de evitar um excesso de atividades culturais, concentrando-se naquilo que o atrai mais e reservando tempo para apenas aproveitar o cenário. Não perca os três destaques principais: a Torre de Belém, o Mosteiro dos Jerónimos e o Padrão dos Descobrimentos, e a visita a museus dependerá de suas preferências e disposição. Comece as explorações pela Torre de Belém e desloque-se para leste, até o Padrão e o Mosteiro dos Jerónimos. As demais atrações, com exceção da Igreja da Memória e do Palácio da Ajuda, ficam no mesmo eixo à beira-rio.

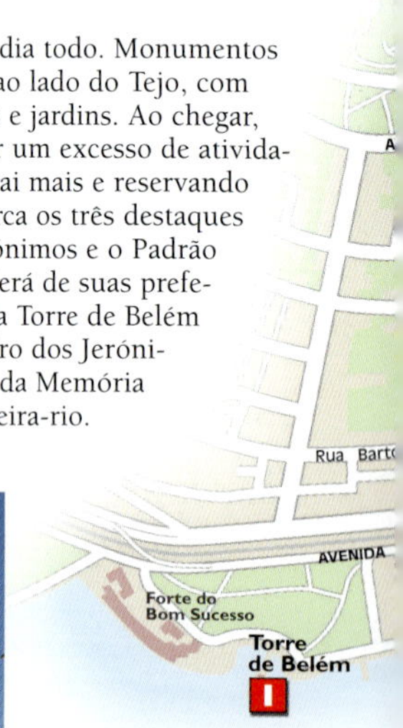

★ Destaques

Atrações

Fora do Centro

Pág. 115: ornatos manuelinos na Torre de Belém

À esq., no canto: Padrão dos Descobrimentos

À esq: vista de Belém a partir do Padrão

Repleta de monumentos ao período áureo de Portugal, esta bonita área à beira-rio contém algumas das atrações mais representativas de Lisboa – um grupo de construções e museus que manterão você ocupado o dia todo.

Belém em Um Dia

9h30

Dirija-se para **Belém** a tempo da abertura de monumentos e museus, às 10h. Tome o moderno e rápido bonde nº 15 ou o trem para Cascais; ambos saem do Cais do Sodré e os cartões de viagem servem para os dois. Se não tiver um, compre o bilhete de bonde a bordo ou a passagem de trem nas máquinas das estações. Em Belém, se estiver de bonde, desça no ponto depois do complexo do mosteiro, para caminhar diretamente até a **Torre de Belém** (abaixo). Quem vai de trem pode descer em Algés, um ponto depois de Belém, de onde a caminhada até a Torre é menor.

10h

Mantenha a câmera à mão conforme explora a 1 **Torre de Belém** (► 120-121), pois você vai querer fotografar tudo neste prédio fantástico e as vistas nos andares superiores. Depois da visita, não se esqueça de que as atrações de Belém são afastadas, por isso talvez queira usar o **trem de turismo**, um bondinho aberto que para a intervalos frequentes em todos os monumentos e museus (funciona ter-dom 10h-17h).

11h

A próxima parada é no 2 **Padrão dos Descobrimentos** (► 122-123; acima), onde se entende um pouco da história de Belém ao assistir à apresentação multimídia, antes de tomar o elevador até o topo para ter linda vista do rio. Fora, examine o **mapa-múndi** que mostra as rotas dos descobrimentos portugueses.

12h

Continue no tema marítimo visitando o 3 **Museu de Marinha** (➤ 124-127; à esq.), enorme acervo com itens náuticos bem interessantes.

13h

O café do museu oferece um almoço rápido, mas você também pode optar por um dos bares do outro lado da rua, na direção do rio.

13h30

Vá até o 4 **Mosteiro dos Jerónimos** (➤ 128-132) antes da chegada do ônibus turístico da tarde. Você terá a oportunidade de apreciar este magnífico complexo em relativa paz. (Ou visite primeiro o Museu dos Coches e volte aos Jerónimos mais tarde.)

15h

Passeie pelo 5 **Museu Nacional dos Coches** (➤ 133-135; detalhe de uma carruagem à dir.), e faça uma pausa para o café na 8 **Antiga Casa dos Pastéis de Belém** (➤ 137).

16h30

É hora de descansar no **jardim** que fica em frente a esta ponta de Belém; há quiosques que vendem refrescos e sorvetes, ou você pode se sentar em um dos cafés.

18h

Agora já dá para voltar ao centro para a noite, mas vale a pena pesquisar o que está acontecendo no 6 **Centro Cultural de Belém** (➤ 136), um dos principais locais em Lisboa para música, teatro e dança.

Torre de Belém

De formato atarracado e robusto, embora com certa elegância, a fantástica Torre de Belém monta guarda no acesso a Lisboa. Trata-se de um potente monumento ao passado de Portugal, à coragem de seus comandantes marítimos e à visão dos reis do país. Ela revela a posição da Lisboa do século 16 como capital de uma superpotência, proclamando o poder e a riqueza da cidade para os navios que se aproximavam. Faz tempo que o período áureo terminou, mas sua mágica perdura, e esta edificação magnífica, tão leve, tão sólida, ainda transmite os ecos do passado de glória e do atual orgulho nacional.

A Torre de Belém foi construída para defender o porto de Lisboa

Erguida entre 1515 e 1519 por dom Manuel 1º, a **Torre de Belém**, dedicada a são Vicente, padroeiro de Lisboa, ficava originalmente numa ilha em pleno rio. A edificação deveria servir como fortaleza para proteger o acesso ocidental ao porto de Lisboa, junto com outra em Cascais, a oeste, e uma terceira em Caparica, no outro lado da foz do Tejo. O grande terremoto de 1755 modificou profundamente o curso do rio e, atualmente, a Torre fica à beira-rio, mas ainda é cercada por água em três lados. Foi projetada por Francisco de Arruda, que já havia trabalhado em construções portuguesas no Marrocos. Nota-se a forte influência mourisca em boa parte dos detalhes arquitetônicos. A combinação desses elementos com toques góticos, venezianos e bizantinos tornaram a torre inigualável e ela é a única edificação completamente manuelina em Portugal (outras foram remodeladas a partir de construções anteriores ou terminadas mais tarde). A fortaleza perdeu seu objetivo original em 1580, quando Lisboa sofreu a invasão espanhola, e se tornou prisão e alfândega durante os séculos seguintes. Esquecida e a ponto de desmoronar, foi restaurada na década de 1840 e declarada Monumento Nacional em 1910.

Caminhe pela passagem que a liga à margem e chegará ao **bastião** hexagonal, de cinco andares, com a torre de 35m de altura que se eleva em um dos lados. Este recinto abobadado possui 17 aberturas para o encaixe de canhões e uma escada que leva até uma plataforma aberta, com pequenas torres mouriscas nos cantos. É um lugar encantador para observar o rio antes de entrar na torre. Ao entrar, olhe acima do portal onde está a serena imagem gótica de **Nossa Senhora dos Navegantes** ou **do Restelo** colocada num nicho coroado por um baldaquino manuelino. Há mais ornatos manuelinos na porta que leva à torre e por toda a construção. O que mais chama a atenção é a riqueza de detalhes marítimos e desenhos ligados ao próprio dom Manuel, principalmente as esferas armilares. Elas representam o mundo e faziam parte da insígnia pessoal do rei, assim como a cruz da Ordem de Cristo, militar, dos antigos Templários, que tiveram papel importante em todas as explorações militares portuguesas. Observe o intricado trabalho de pedra em forma de cordame, típico dos ornatos manuelinos, que se destaca na fachada norte. No lado sul, no primeiro piso, há uma arcada renascentista veneziana, que não destoaria num palácio do Canal Grande, uma demonstração dos amplos interesses comerciais de Portugal. Quatro andares acima está a **capela**, com abóbada em cruzeiro e vistas panorâmicas do rio.

Janelas em arco e galerias ao estilo veneziano na Torre de Belém

FAÇA UMA PAUSA

Volte ao **Centro Cultural de Belém** para uma pausa no café.

192 A1 ✉ Avenida de Brasília, Belém ☎ 213 620 034/38; www.mosteirojeronimos.pt Mai-set ter-dom 10h-18h30; out-abr ter-dom 10h-17h (última admissão 30 minutos antes de fechar) Moderado Cafés próximos 729; bonde 15 Belém/Algés

POR DENTRO DA TORRE DE BELÉM

Dicas A escada para subir na Torre é **estreita e íngreme**, e pode ter fila para o acesso; não recomendada para quem tem problemas com escadas. • Procure chegar às 10h, quando a Torre abre. Você **evitará as aglomerações** com a chegada dos ônibus de turismo que lotam o monumento.

Joias Ocultas Na **câmara do primeiro andar**, vá até a fenda da passagem que leva ao canto noroeste e dê uma olhada para baixo. Você verá uma pedra que ainda resiste ao ataque das águas e que tem um rinoceronte entalhado. Esta é a primeira representação daquilo que, no século 16, era considerado um animal lendário, e dizem que inspirou o artista alemão Albrecht Dürer a produzir seu famoso desenho.

Para Saber Mais A Torre de Belém, junto com o Mosteiro dos Jerónimos, foi classificada como **Patrimônio da Humanidade** da Unesco em 1983, segundo dois critérios. Considera-se que ela "oferece uma testemunha sem igual da tradição cultural e está de fato associada a eventos de notável significado universal", o que a coloca entre os tesouros mundiais de maior reconhecimento público.

2 Padrão dos Descobrimentos

Projetando-se para a água como a proa de um grande navio, o Padrão dos Descobrimentos é um símbolo do orgulho nacional português. Seu perfil elevado e austero, suavizado pelas esculturas das figuras históricas mais veneradas do país, atrai os olhos para cima e para os lados, numa ousada imagem dos grandes navegadores. Na base, um fantástico mapa-múndi marca as viagens; de seu ponto mais alto, o olhar se perde no mar, na direção das terras distantes.

Em 1940, enquanto a Segunda Guerra Mundial assolava a Europa, o ditador Salazar fazia a Exposição do Mundo Português, uma celebração do nacionalismo destinada a distrair a atenção do país dos eventos internacionais. Para esse fim, o distrito de Belém foi remodelado e ergueram-se prédios e monumentos. O Padrão original foi um deles, e era uma construção temporária que glorificava os Descobrimentos no interesse do regime salazarista. Foi um sucesso, e em 1960, no 500º aniversário da morte do infante dom Henrique (➤ 8-9), foi erguida uma réplica permanente de pedra.

Como a proa de um navio, o Padrão se lança na direção das águas, em Belém

Para ter uma visão melhor do **Padrão**, com 52m de altura, caminhe para um dos lados, onde conseguirá ver como ele lembra um navio pronto para partir, com a proa já apontada para o mar, enquanto uma fila de figuras se alinha atrás do **infante** ao longo da balaustrada. É um monumento romântico, idealizado, com referências fascistas em seu formato de casco de navio inclinado, mas ele não deixa de mexer com os sentimentos. Dom Henrique lidera o grupo. Atrás, segurando uma esfera armilar, está **dom Manuel 1º** (1495-1521), em cujo reinado foram feitas muitas descobertas, além das figuras dos grandes navegadores: **Vasco da Gama**, que descobriu o caminho para a Índia; **Pedro Álvares Cabral**; **Fernão de**

Magalhães, o primeiro a circum-navegar o globo; e **Bartolomeu Dias**, que contornou o cabo da Boa Esperança. As façanhas deles foram louvadas pelo poeta **Luís de Camões** em *Os Lusíadas*; e ele também está aqui, segurando um exemplar do poema épico, enquanto **Nuno Gonçalves**, pintor deste período heroico, mantém-se por perto.

Na frente do Padrão estende-se um mapa-múndi. Conforme o sol se move, a sombra do monumento traça o progresso dos navegadores. Esta é uma bela peça, que tem os países ressaltados em mármore vermelho, uma rosa dos ventos na margem externa e as datas dos descobrimentos marcadas claramente. O cabo da Boa Esperança, contornado em 1498, fica no centro, uma homenagem à África do Sul, que presenteou o mapa em 1960 como tributo ao infante dom Henrique. Dentro do Padrão, você pode assistir a um **show multimídia** sobre Lisboa e Belém, embora a maioria dos visitantes vá direto para o elevador que leva quase até o topo do monumento. Não esqueça a câmera para captar as vistas magníficas do rio, de Belém, da margem sul e dos barquinhos à vela que ainda usam esta hidrovia histórica.

FAÇA UMA PAUSA

O lugar mais perto é o **Centro Cultural de Belém** (➤ 136).

192 C2 Avenida de Brasília 213 031 950; www.padraodescobrimentos.egeac.pt Mai-set ter-dom 10h-18h30; out-abr ter-dom 10h-17h50 Barato Cafés próximos 714, 727, 729, 732, 759; bonde 15 Belém

No monumento, navegadores e exploradores heroicos

POR DENTRO DO PADRÃO DOS DESCOBRIMENTOS

Dicas Se você tem **filhos pequenos**, lembre-se de que o parapeito no topo do Padrão é muito alto para eles conseguirem ver por cima.
• As crianças vão gostar de "**caminhar pelo mundo**" no piso da frente do Padrão.

3 Museu de Marinha

Bem perto do lugar em que Vasco da Gama zarpou para sua viagem rumo à Índia fica o Museu de Marinha, um dos mais importantes desse tipo na Europa. O acervo enorme, distribuído por uma série de galerias, explica a longa história marítima de Portugal e lança luz sobre a realidade das grandes viagens oceânicas. Aqui existem navios, galeotas, bússolas, globos, mapas, armas, uniformes, pinturas e fotografias – uma espantosa variedade de tudo o que se relaciona com o mar que vai fascinar mesmo quem prefere a terra firme.

O Museu de Marinha é um ótimo exemplo de arquitetura manuelina

O Museu de Marinha foi instalado na ala oeste do **Mosteiro dos Jerónimos** (► 128-132), uma ampliação construída no século 19. Fundado pelo rei dom Luís 1º em 1863, a coleção foi originalmente apresentada no Arsenal da Marinha e mais tarde transferida para o Palácio Farrobo, no noroeste da cidade, após um incêndio, até que encontrasse um destino final em Belém, em 1962. Um pavilhão moderno foi acrescentado para abrigar as peças maiores, e o local também abriga o **Planetário Calouste Gulbenkian**. Com mais de 17 mil itens no acervo e mais de 2.500 peças expostas, o museu talvez intimide um pouco, e é melhor se concentrar no que for mais atraente.

Lá dentro, a primeira coisa que se vê é um tributo, na forma de estátuas, aos **heróis dos Descobrimentos**, com o infante dom Henrique em lugar de honra no centro da sala. Gaste algum tempo na observação do **planisfério**, que mostra como, durante todo o século 15, as rotas ao redor do mundo se abriram à medida que os portugueses se aventuravam até destinos cada vez mais longínquos.

A sala ao lado é dedicada às viagens e aos descobrimentos, e entre as mostras estão **caravelas, instrumentos de navegação e mapas**. Bússolas precisas, astrolábios para calcular a posição das estrelas e bons mapas estimularam as explorações, e os portugueses os mantiveram em segredo, assim como os desenhos e os componentes de seus navios. Aqui você também encontra **imagens religiosas**, muitas vezes levadas em viagens como proteção contra os perigos. A mais preciosa e talvez o tesouro mais importante do museu é um entalhe de madeira policromática do *Arcanjo Rafael*, que acompanhou Vasco da Gama em sua jornada à Índia em 1497.

Conforme os navegantes avançavam para o leste, novos achados inundavam Portugal, e a sala 2 é dedicada às **mostras do Extremo Oriente**. Aqui existe porcelana chinesa, usada para servir as novas bebidas exóticas que chegavam à Europa – principalmente chá, mas também café das terras que depois seriam o Brasil. Há miniaturas de embarcações usadas na China e nas Índias Orientais e dois excelentes conjuntos de armaduras samurais japonesas do século 16.

MUSEU
DE
MARINHA

Outras salas exibem mostras que traçam o **desenvolvimento da marinha mercante**, das **frotas pesqueiras** e de suas explorações na Groenlândia e na Terra Nova, da construção de navios, de barcos de rios e da mão de obra altamente especializada na ilha da Madeira e no arquipélago dos Açores, duas possessões portuguesas. Uma das salas foi dedicada à construção de navios do século 18, e outra aos magníficos **globos**, entre os quais está um elaborado pelo mais famoso dos fabricantes: Willem Jansz Blaeu. Ainda que essas peças sejam interessantes, a maioria das pessoas é atraída para a sala onde está o **iate real** *Amélia*. Usada pela família real de 1887 a 1910, esta foi a embarcação que transportou o último monarca, o rei Carlos, para o exílio; mais tarde, os aposentos reais foram removidos do iate e estão expostos na sala 13. Os ricos painéis de madeira e os móveis estofados evocam os encantos da vida a bordo no século 19, exclusivamente para a alta sociedade. A parte final da coleção, disposta numa ala anexa, consiste num enorme conjunto de **embarcações maiores**, entre as quais algumas usadas pela realeza, no formato de **galeotas cerimoniais** do século 18. Uma delas foi construída para a rainha Maria 1ª na década de 1780,

A Embarcação dos Descobrimentos

Há muito para falar sobre a importância das caravelas portuguesas, mas o que, exatamente, tornou este navio tão especial? Duas coisas: a velocidade e o conjunto de velas, ou seja, uma caravela podia velejar ziguezagueando contra o vento, em vez de esperar que ele soprasse diretamente por trás. Os navegantes portugueses estudaram os navios árabes, que tinham popa alta e velas triangulares, e usaram tais elementos na construção das caravelas, que eram mais leves, mais rápidas e mais manobráveis do que embarcações mais antigas. Elas podiam navegar facilmente tanto perto do litoral quanto em mar aberto, o que facilitava os mapeamentos. As caravelas franquearam o litoral africano e o oceano Índico, e ajudaram os portugueses a traçar suas rotas comerciais cada vez mais em direção ao Oriente.

Acima: a entrada do museu

e ficou em uso até quase 200 anos depois, quando, com uma tripulação de 78 remadores, transportou a rainha Elizabeth 2ª da Grã-Bretanha durante uma visita cerimonial a Portugal em 1957. A outra parece, à primeira vista, uma peça bizarra para um museu marítimo: um avião. De perto, porém, percebe-se que se trata de um hidroavião, o *Santa Cruz*, no qual dois aviadores portugueses fizeram a primeira travessia do Atlântico Sul até o Brasil. Isso ocorreu em 1922, quando Sacadura Cabral e Gago Coutinho decolaram de Belém num hidroavião Fairey 17 para transpor os 7.284km até o Rio de Janeiro. A travessia levou quase quatro meses, sendo que os dois primeiros aviões avariados, o *Lusitânia* e o *Pátria*, foram substituídos pelo *Santa Cruz*. Os aviadores terminaram em junho de 1922 a difícil travessia, que teve um tempo de voo de pouco mais de 62 horas.

O Planetário Gulbenkian organiza eventos especiais para crianças

FAÇA UMA PAUSA

É preciso sair do museu e caminhar até a **Rua de Belém** para achar cafés e restaurantes.

192 C2 Praça do Império, Belém 213 620 019; www.museumarinha.pt Out-mar ter-dom 10h-17h; abr-set ter-dom 10h-18h (última admissão 30 minutos antes de fechar) Moderado Café-bar fora do museu 714, 727, 759; bonde 15 Belém

Planetário Calouste Gulbenkian

213 620 002; www.planetario.online.pt Qui 16h, sáb 15h30, dom 11h, 15h30 Moderado

POR DENTRO DO MUSEU DE MARINHA

Dicas Levaria por volta de 2 horas para ver tudo neste enorme museu. Por isso, antes de começar, **planeje a visita** com um guia na mão.
- Não espere mostras interativas ou exposições moderníssimas; este é um **museu à antiga**, mas ainda assim fascinante.
- O museu segue uma **organização temática**, não cronológica, com salas diferentes para assuntos diversos.
- A parte mais interessante do museu são as salas dedicadas ao **Período dos Descobrimentos**.

Não Deixe de Ver A imagem do **Arcanjo Rafael**
- As **embarcações do governo** no Pavilhão das Galeotas
- Os **astrolábios** e os **mapas antigos**

4 Mosteiro dos Jerónimos

O Mosteiro dos Jerónimos é a edificação mais bonita de Lisboa. Este complexo não é apenas a maior obra-prima da arquitetura manuelina – ele também se tornou o símbolo do período áureo de Portugal, um monumento portentoso construído com o lucro obtido com as viagens comerciais. Seus padres zelavam pelos homens corajosos que partiam nas grandes viagens, e o local guarda o túmulo do maior de todos os navegantes: Vasco da Gama. É possível dizer que este conjunto de prédios sintetiza as conquistas históricas e arquitetônicas de Portugal.

O **Mosteiro** foi erguido no local onde havia uma igreja mais antiga, consagrada à Virgem de Belém e fundada pelo infante dom Henrique, onde Vasco da Gama passou a última noite em terra antes de zarpar para sua viagem ao Oriente, em 1497. Dom Manuel 1º prometeu erigir uma igreja muito maior se a viagem fosse bem-sucedida, e a construção começou em 1501. Para o rei, o novo prédio serviria como local de sepultamento para ele e sua linhagem e como base na qual os jerônimos dariam apoio espiritual aos navegantes que partiam, absolvendo-os de seus pecados antes de enfrentarem toda sorte de perigos. Esses padres eram de uma ordem ibérica, com mosteiros em Portugal e na Espanha; ainda existem dois mosteiros dos jerônimos depois da fronteira. Dom Manuel contratou como principais arquitetos Diogo Boitaca, criador do estilo manuelino, e João de Castilho, um espanhol que introduziu elementos platerescos que o manuelino iria absorver. O lucro obtido com o comércio com a África e o Oriente financiou a construção, com pedras extraídas no local. Por volta de 1521, os 250 operários terminaram a igreja, e o complexo inteiro foi acabado no final do século. Após a expulsão das ordens religiosas em 1834, o mosteiro se tornou propriedade do Estado, e a restauração do prédio, então desgastado, ocorreu no início do século 20. O complexo foi apontado como Patrimônio da Humanidade em 1983, e atualmente é considerado um dos monumentos mais importantes de Portugal.

Abaixo e à dir.: a luz do sol realça os entalhes manuelinos nos claustros do Mosteiro dos Jerónimos

Antes de entrar na igreja, observe a **fachada sul**, com 96m de extensão e sua **entrada** requintada. Tudo é obra de João de Castilho, com destaque para a bonita imagem da Virgem de Belém com o Menino Jesus no centro do arco. Ela é ladeada por quatro mártires virgens, quatro profetas e os doze apóstolos, tendo à volta anjos e músicos. Trata-se de um exemplo perfeito da fusão do gótico, do renascentista e do plateresco que resultou no manuelino, estilo decorativo exclusivo de Portugal. Chega-se à principal entrada, a oeste da igreja, por uma abóboda coberta, parte de uma ampliação do século 19 que abriga o Museu de Marinha (➤ 124-127) e o Museu de Arqueologia (➤ 136). Os belos entalhes deste portal, uma transição do gótico para o renascentista, são obra de Nicolas de Chanterenne e mostram dom Manuel 1º e sua segunda esposa, Maria de Aragão, seus santos padroeiros, quatro evangelistas e apóstolos, todos magnificamente executados, a ponto de suas figuras formarem uma unidade abrangente e coesa.

Dentro da **igreja**, caminhe pela galeria, passando por duas capelas ornamentadas e, à esquerda, atrás do templo principal, encontrará o **túmulo de Vasco da Gama**, ao passo que o de **Luís de Camões**, o poeta e cronista dos descobrimentos, fica na ala em frente. O sarcófago de Vasco da Gama é sustentado por leões e decorado com seu brasão, com entalhes de cordames e seis caravelas de velas enfunadas. A figura dele aparece usando um barrete com pompom em cima, e seus pés apontam para o céu. A partir daqui, colunas altas, que lembram palmeiras, enfileiram-se na **nave** e sobem até um **teto abobadado**, e a pesada decoração nas colunas contrasta com as linhas simples da abóbada e acentua a tensão espacial por todo o prédio. Tal contraste é uma das principais características do estilo manuelino, e não há lugar melhor para perceber isso do que aqui. Observe o local enquanto a luz da manhã bate nas janelas do sul, e ficará fácil perceber por que os fiéis se sentiam próximos de Deus neste espaço de exaltação espiri-

Acima: o mosteiro atual foi construído no local onde havia uma igrejinha fundada pelo infante dom Henrique

À dir.: magnífico portal manuelino, obra de João de Castilho

tual. A nave é flanqueada por **duas alas** e culmina no **transepto**, com abóbadas que, aqui, alcançam 25m de altura. Os **seis altares do transepto** são ricos em detalhes: o da esquerda possui uma bela imagem florentina, do século 15, de terracota policromática de são Jerônimo, padroeiro da Ordem. O **altar-mor** existente (1569-1572) substituiu o anterior, e contém os túmulos de dom Manuel, dom João 3º e das respectivas esposas.

Você tem de sair da igreja para chegar **aos claustros de dois andares**, construídos entre 1517 e 1541. Uma das peças arquitetônicas mais bonitas de Portugal, eles incorporam a habilidade manuelina de combinar diferentes estilos arquitetônicos, com elementos góticos e renascentistas contrastando com seus próprios toques inovadores, como as âncoras, os cordames e os temas marítimos recorrentes, enquanto a monarquia é representada por escudos e insígnias, as esferas armilares de dom Manuel e os emblemas da Ordem de Cristo. Repare nos pequenos **confessionários** que se abrem aqui, onde os navegantes eram absolvidos antes de partirem para as

Vasco da Gama

Nascido por volta de 1460, o grande navegante português veio de uma família abastada e de militares e seguiu a tradição ao se juntar ao pai, que estava preparando uma expedição para tentar abrir uma rota marítima para o Oriente. Em 1497, o pai morreu e Vasco assumiu seu posto, navegando a partir de Belém. Ele contornou o cabo da Boa Esperança, passou por Moçambique e Mombaça e chegou a Calicute (atual Kolkata) no ano seguinte. Voltou para Portugal em 1499 e foi ricamente recompensado com títulos, propriedades e uma pensão, mas a vida sossegada durou apenas até 1502, quando foi enviado à Índia para vingar o massacre de emigrantes portugueses. Ele os vingou, incendiando barcos e matando centenas de pessoas, e continuou bombardeando o litoral, massacrando pescadores indianos inocentes. De volta à Europa, mais uma vez atuou como conselheiro do rei para assuntos da Índia, papel que o levou a ser nomeado vice-rei da Índia, em 1524. Ele zarpou naquele ano, mas morreu logo depois de chegar a Goa – um homem de seu tempo, cujas conquistas superaram muito os seus erros.

viagens. Aqui também fica o **refeitório**, um recinto simples e abobadado, com um belo trabalho de cordames entalhados e azulejos azuis e brancos. Em cada canto do claustro de baixo há uma escada que leva ao andar de cima, que, além de ser o melhor lugar para ter uma vista geral do local, fica mais perto das fantásticas **gárgulas** – crocodilos, anjos, aves, leões, cabeças de carneiro e até uma águia. No lado sul você encontra uma porta que dá acesso à galeria do órgão da igreja e às cadeiras do coro, que vale a pena visitar para ter uma excelente vista do interior da igreja e para observar de perto os entalhes nas colunas. Caminhe pelos claustros desse andar e você chegará ao **espaço de exposições**, lindamente apresentado em português e em inglês. Ele conta a história do mosteiro no contexto dos eventos portugueses e mundiais, de 1501 a 2001.

FAÇA UMA PAUSA

Dê uma parada em um dos **cafés** da Rua de Belém.

192 C3 ✉ Praça do Império ☎ 213 620 034; www.mosteirojeronimos.pt Mai-set ter-dom 10h-18h; out-abr ter-dom 10h-17h (última admissão 30 minutos antes de fechar) Igreja grátis; claustros moderado Cafés próximos 714, 727, 759; bonde 15 Belém

Os jardins na frente do mosteiro levam até o rio Tejo

POR DENTRO DO MOSTEIRO DOS JERÓNIMOS

Dicas Para chegar ao mosteiro, saindo do Padrão, você tem de **atravessar a rua e a ferrovia.** Há um **túnel não sinalizado** um pouco à esquerda do Padrão que leva você até o grande chafariz nos jardins da frente do mosteiro.
• Como principal atração de Belém, o mosteiro **fica cheio de ônibus de turismo**. Chegue **cedo**, faça a visita na **hora do almoço** ou espere o **final da tarde**, se quiser escapar da aglomeração.

Não Deixe de Ver A porta sul, coroada com a imagem da Virgem de Belém
• Os **túmulos** de Vasco da Gama e de Luís de Camões
• Os **bancos do coro**
• O **interior** visto da galeria
• Os **tetos abobadados** na nave e no transepto
• Os **claustros** e o **refeitório**

5 Museu Nacional dos Coches

A monarquia e a nobreza de Portugal exigiam madeiras de lei, entalhes muito elaborados, dourados suntuosos, estofamentos de veludo e conforto quando se locomoviam. Neste museu extraordinário foi reunida a maior e mais valiosa coleção internacional de carruagens e coches. O próprio edifício, uma escola real de equitação do século 18, é o cenário perfeito para esses veículos maravilhosos, que mostram o tipo de vida que os proprietários levavam. Trata-se do museu mais visitado de Lisboa.

Em 1726, a família real portuguesa adquiriu uma propriedade em Belém que contava com arena de equitação. Sessenta anos depois, ela foi substituída pela edificação atual, neoclássica, com um salão de dois andares, com 50m de comprimento e 17m de largura. Da galeria superior, com azulejos, a família real e a corte apreciavam as apresentações equestres. Trata-se de um espaço magnífico, com paredes e teto ornamentados com pinturas e painéis que retratam cenas com cavalos, e um excelente pano de fundo para a coleção. Aqui foram reunidos veículos para uso diário e para cerimônias, usados desde o século 17 até o século 19, que revelam a sequência de projetos até o aparecimento do automóvel. O salão lateral, que abriga carruagens posteriores, foi acrescentado em 1940.

Uma das carruagens suntuosas do Museu Nacional dos Coches

Pinturas e brasões em algumas das carruagens expostas

No salão principal, a maioria das **carruagens** é portuguesa, francesa e espanhola. Entre os modelos mais antigos está a **carruagem de viagem de Filipe 2º da Espanha**, do final do século 16, uma das mais antigas que existem. Ela não possuía lugar para o cocheiro, que montava um dos cavalos da frente. Por volta do século 17, as carruagens haviam evoluído para a **berlinda**, com corpo sustentado por tiras de couro, uma suspensão primitiva que diminuía as sacudidas. Os veículos para cerimônias foram produzidos em todo o século 18, e o museu dispõe de exemplares suntuosíssimos. Veja a carruagem feita para **Maria Anna da Áustria**, quando se casou com dom João 5º. A parte externa é revestida de madeira entalhada e dourada, rica em símbolos das virtudes da rainha, e apresenta figuras, atrás e na frente, que representam a Europa, as Américas, a África e a Ásia. Há mais alusões geográficas no presente que dom João recebeu do papa Clemente 11 para comemorar o nascimento de um príncipe; os quatro continentes estão nas laterais, cariátides representam as estações do ano na parte de trás, enquanto o assento do cocheiro é uma enorme concha dourada. Dom João retribuiu, enviando ao papa a **Carruagem dos Oceanos**, ainda mais suntuosa, com esculturas dos oceanos Atlântico e Índico na parte de trás, figuras douradas da primavera e do verão, interior de brocado dourado e painéis de veludo vermelho. Esta carruagem foi restaurada na década de 1990 e é o melhor exemplo de quão extraordinários esses veículos devem ter sido quando eram novos. Próximas, estão quatro berlindas com decoração elaborada e bem mais leves que as carruagens maiores; foram fabricadas em Portugal e na França como veículos de gala para a família real. Observe a carruagem feita em Londres em 1824, usada pela última vez em 1957 pela rainha Elizabeth 2ª, durante uma visita a Portugal.

Depois disso, é quase um alívio observar os veículos posteriores, no segundo salão, alguns dos quais bem despojados. Os **cabriolés** surgiram no fim do século 18 e foram muito usados até o século 19. São muito mais leves, com molejo. Há um exemplar charmoso, da segunda metade do século 18, usado por

Portas para carruagens na fachada do museu, que era uma escola de equitação

príncipes e princesas na área dos palácios reais em Mafra (➤ 170-172) e Queluz (➤ 167). A **sege dos óculos** também surgiu nessa época; era um veículo resistente, rápido, que podia ser dirigido pelo ocupante, o qual era protegido das intempéries por cortinas de couro, cada uma com uma janela redonda de vidro – daí o nome. Nas cidades, as **liteiras** e **cadeirinhas** eram muito usadas. A diferença básica entre elas é que as liteiras possuíam portas laterais para entrar e costumavam ser puxadas por duas mulas, enquanto as cadeirinhas eram acessadas pela frente e transportadas por dois carregadores. Aqui também existem cabriolés para crianças; construídos em escala menor, quase sempre eram puxados por pôneis e outros animais de estimação, como carneiros treinados.

Todos esses veículos estão cercados de itens equestres – pinturas, gravuras, insígnias, uniformes e instrumentos para cortejos. Há também alguns fantásticos anúncios do século 19; procure um que fala da vantagem dos "landaus, cupês e carruagens Mylord" de fabricação inglesa.

FAÇA UMA PAUSA

Existem **cafés** na própria rua do museu.

193 D2 Praça Afonso de Albuquerque 213 610 850; www.museudoscoches-ipmuseus.pt Ter-dom 10h-18h (última admissão 17h30) Moderado Cafés próximos 714, 727, 732, 759; bonde 15 Belém

POR DENTRO DO MUSEU NACIONAL DOS COCHES

Dicas Aproveite bem os **quadros informativos** para conhecer mais detalhes sobre as peças exibidas.

- A loja do museu oferece grande variedade de artigos de todos os **museus estatais de Portugal** – porcelanas, livros, peças de vidro e outros suvenires.

Atrações

6 Centro Cultural de Belém

Você não pode perder o grande prédio do Centro Cultural de Belém, conhecido como CCB, que domina o lado oeste do espaço aberto na frente do Mosteiro dos Jerónimos (➤ 128-132). Principal local público de arte e apresentações de Lisboa, foi construído em 1992 para alojar em Portugal a presidência da União Europeia. Com projeto de Vittorio Gregotti e Manuel Salgado, foi criticado inicialmente por seu custo, mas logo se tornou um dos lugares mais apreciados da cidade. Com linhas simples e belas esplanadas voltadas para o rio, é um lugar cativante para passar algumas horas, visitar uma exposição ou saborear um lanche ou uma refeição no excelente café e restaurante. O CCB recebe **importantes exposições temporárias** do munto todo em suas galerias impressionantes e possui uma programação anual de música, teatro e dança (➤ 140), que muitas vezes oferece uma série de eventos temáticos. Mesmo que você não veja uma apresentação, vale a pena fazer uma visita e espiar a excelente livraria e outras butiques.

192 C2 Praça do Império 213 612 400; www.ccb.pt Diariam 11h-20h; nas noites de apresentações o horário varia CCB grátis; preços variados para apresentações e exposições Café no CCB 714, 727, 759; bonde 15 Belém

Centro Cultural de Belém

7 Museu Nacional de Arqueologia

Fundado em 1893, este museu contém o maior acervo de achados arqueológicos de Portugal, cobrindo toda a história nacional, além de importante coleção egípcia. O museu levou anos reclassificando seus objetos, o que significa que boa parte do acervo permanente não está à mostra; por isso, verifique o que está exposto antes da visita. Você deve encontrar muitos itens de seu interesse, seja em mostras próprias, seja em excelentes exposições temporárias. Entre as exibições permanentes há uma enorme variedade de **joias antigas**, com belas peças intricadas que datam do começo da metalurgia até o início da Idade Média. A península Ibérica é muito rica em depósitos de metais naturais que forneceram cobre, estanho e ouro desde tempos remotos. Não perca também as **300 peças egípcias** trazidas para Portugal no início do século 20. Elas cobrem 5 mil anos, de 6.000 a.C. até 400 a.C., e contam com achados de túmulos, esculturas e joias. O museu também dispõe de excelente coleção de mosaicos romanos, com alguns lindos pisos de casas do Alentejo.

192 C2 Praça do Império 213 620 000; www.mnarqueologia-ipmuseus.pt Seg-sáb 10h-18h (última admissão 17h45) Moderado Café próximo (CCB) 714, 727, 759; bonde 15 Belém

8 Antiga Casa dos Pastéis de Belém

Você encontra pastéis de nata por toda a cidade, mas se perguntar a qualquer lisboeta onde comprar o melhor, a resposta será sempre a mesma: em Belém. Esta bonita pastelaria, com prateleiras cheias de garrafas e paredes de azulejos azuis e brancos, funciona desde que as ordens religiosas foram expulsas em 1834.

Despejado de um mosteiro nas proximidades e obrigado a trabalhar para viver, em 1837 um monge vendeu a receita do doce mais famoso do mosteiro para o dono de uma loja vizinha. Gente que passava por Lisboa lotava a famosa confeitaria para provar o maravilhoso doce, e Domingos Rafael Alves prosperou. Ele se recusou a divulgar a receita, que até agora só três pessoas conhecem. Todas as manhãs, às 7h, essas pessoas se fecham na Oficina do Segredo para fazer a massa e o recheio, em quantidade suficiente para preparar 1.800 pastéis por hora. A Casa vende cerca de 10 mil a 12 mil pastéis nos dias de semana, e esse número chega a 20 mil no fim de semana. Existem outros doces de dar água na boca, mas você não pode dizer que esteve em Lisboa se não provar um pastel de Belém. Sente-se a uma das mesas de madeira ou fique no balcão, peça dois com canela e dê uma bela mordida na massa crocante e no recheio pastoso do melhor pastel do mundo. E não se esqueça de comprar uma caixa com seis para levar.

193 D2 Rua de Belém, 84-92 213 637 423; www.pasteisdebelem.pt Seg-sáb 8h-23h, dom 8h-22h 714, 727, 759; bonde 15 Belém

Pastéis de Belém

Fora do Centro

9 Igreja da Memória

A Igreja da Memória é, na realidade, uma igreja-monumento. Em 1758, três anos depois do terremoto, a família Távora armou uma conspiração para matar o rei dom José 1º. E tinha motivos para isso: ele era suspeito de ter um caso com a marquesa de Távora, e levou um tiro ao sair da casa dessa família após um encontro amoroso. Sobreviveu ao atentado e viveu mais 19 anos. Seu poderoso primeiro-ministro, o marquês de Pombal, perseguiu os suspeitos, cinco dos quais foram brutalmente executados em Belém, quatro meses mais tarde. Para lembrar o acontecido, o rei encomendou ao arquiteto italiano Bibiena a construção de uma igreja em estilo italiano, com fachadas de pilares e cúpula, iniciada em 1760 e terminada 20 anos depois. O túmulo do marquês de Pombal fica ali.

193 D4 Largo da Memória, Calçada do Galvão, Ajuda 213 635 295 Seg-sáb 14h30-17h (para visita), dom 10h-11h (só para a missa) Grátis Cafés próximos 727 de Belém

10 Palácio da Ajuda

A marcante fachada clássica do Palácio da Ajuda esconde um segredo – caminhe até a parte de trás e verá que é apenas metade de um palácio, que ficou inacabado em 1807, 12 anos após o início da construção, quando a família real fugiu para o Brasil, a fim de escapar do exército napoleônico. Com Napoleão fora do caminho, as obras foram retomadas em 1813 de forma descontínua, pois a família real viveu aqui de modo intermitente durante a segunda metade do século 19. O período áureo do palácio foi na década de 1860, quando a rainha Maria Pia, casada com dom Luís 1º, comandou a decoração interior – a suntuosidade exagerada de alguns recintos são desse tempo. Os aposentos dela, com ricas paredes azuis, candelabro enorme, cama com dossel e teto com afrescos, são especialmente grandiosos. O destaque maior é a Sala do Trono de seu marido, que chama a atenção durante a visita.

193 E4 Largo da Ajuda, Ajuda 213 637 095 Qui-ter 10h-17h (última admissão 16h30) Moderado Cafés próximos 729 de Belém

Para as Crianças

Belém é um bom lugar para levar crianças de todas as idades – muitos gramados para os pequenos gastarem suas energias, e museus com atrações para todas as faixas etárias. As crianças mais velhas podem gostar do **Mosteiro dos Jerónimos**, mas irão preferir o **Museu de Marinha** ou o audiovisual no **Padrão dos Descobrimentos**, onde o mapa das viagens também chama a atenção. Lá, tome o elevador para aproveitar as vistas, se os pequenos tiverem altura suficiente para ultrapassar a balaustrada, e deixe-os soltos para explorarem ou virarem soldados na **Torre de Belém** – até mesmo andar pelo "passadiço" é divertido. Lembre-se de checar os eventos infantis no **Centro Cultural de Belém (CCB)** ou talvez reservar uma sessão no **Planetário**. Não se esqueça que Belém é uma área ampla; você vai descobrir que um bilhete de um dia para o trem de turismo pode ser ótimo, e certamente vai descansar as pernas dos pequenos.

Onde...
Comer e Beber

Preços
Preços prováveis por pessoa para uma refeição com três pratos, sem bebida
€ menos de €20 **€€** €20-€40 **€€€** mais de €40

Há muitos locais para comer em Belém, e boa parte deles atende o grande número de turistas que vem para cá diariamente. A maioria dos estabelecimentos fica ao longo da Rua de Belém, a leste do Mosteiro dos Jerónimos e na Rua Vieira Portuense, a um quarteirão de lá. Existem lanchonetes espalhadas pelos espaços verdes, boas para tomar uma bebida gelada, e diversos lugares self-service. A melhor opção é selecionar um local frequentado por moradores, que apresente um menu pequeno e disponha de algum prato especial do dia.

BBC – Belém Bar Café €€-€€€

Este restaurante chique, instalado num armazém adaptado no leste de Belém, oferece mesas à beira-rio e internas. Ótimo para almoçar, e bom também se você decidir ficar em Belém à noite. Saboreie um delicioso jantar da cozinha portuguesa, com apresentação imaculada, como a carne de gado Barrosã na grelha e camarões graúdos envoltos em massa crocante. Depois, junte-se aos jovens animados que chegam conforme a noite cai. Cresce o barulho no bar e costuma haver música ao vivo. O ambiente é animado.

192 C2 Avenida Brasília, Pavilhão Poente 213 624 232 Ter-sex 12h30-15h, 20h-24h; sáb 20h-24h 28; bonde 15 Belém

Cafetaria Quadrante €

A esplanada voltada para o rio, com mesas sombreadas por oliveiras, é a principal atração deste café-bar. Café, bebidas e lanches são servidos o dia todo, com bons sanduíches e alguns pratos quentes no almoço. É bastante procurado por estudantes e por pessoas que frequentam as exposições e os eventos culturais.

192 C2 Centro Cultural de Belém, Praça do Império 213 622 888 Diariam 10h-22h Bonde 15 Belém

O Carvoeiro €€

Um quarteirão abaixo da Rua de Belém e de frente para o parque, este restaurante simples atrai tanto moradores como turistas. Você encontra todos os pratos portugueses com carne e peixe, a exemplo de sardinhas na brasa, bife simples com batatas fritas e sopas caseiras. Bom lugar para recarregar as baterias, em ambiente despretensioso.

193 D2 Rua Vieira Portuense, 66-68 213 637 998 Ter-sáb 12h-15h, 19h-22h, dom 12h-15h Bonde 15 Belém

O Caseiro €-€€

Este restaurante faz jus ao nome, pois serve comida tradicional, simples e, sobretudo, caseira. Lugar atraente, perto do Mosteiro dos Jerónimos, tem teto abobadado e paredes onde há presuntos e abóboras pendurados para curtir. Peixes e carnes grelhados ou pratos mais elaborados, como cordeiro ao forno ou açorda de marisco, são servidos em porções generosas. Para terminar, prove o pudim de amêndoas.

193 D2 Rua de Belém, 35 213 638 803 Seg-sáb 12h-15, 19h-22h30; fecha ago Bonde 15 Belém

Onde... Comprar

Repleto de museus, Belém quase nunca é citado como lugar ideal para fazer compras, mas talvez você queira espiar as excelentes **lojas dos museus** durante sua visita.

Todos os principais museus – Mosteiro dos Jerónimos, Museu de Marinha, Museu Nacional dos Coches e Museu Nacional de Arqueologia – possuem lojas que vendem lembranças e reproduções. Além de livros, porcelanas, suvenires para crianças e tecidos relativos a seu próprio acervo, essas lojas também dispõem de reproduções de museus de outros lugares – as belas cópias da porcelana do século 18 são muito bonitas, e você encontra bons exemplos de azulejos, peças de faiança e artigos de couro, assim como joias. Para algo barato e alegre, você pode dar uma olhada nos **quiosques e bancas de suvenires** no lado de fora do Mosteiro, onde é oferecida muita bugiganga e peças de mau gosto, ou pode ir até a **Antiga Casa dos Pastéis** (➤ 137) para comprar uma caixa com seis pastéis de Belém para viagem. O **CCB** (➤ 136) também vende suvenires de alta qualidade e livros, e possui diversas butiques em volta da entrada principal.

Os fãs de música devem ir ao **Valentim de Carvalho** (CCB, Praça do Império, tel. 213 624 815), um dos principais pontos de venda de música do país, com grande variedade de estilos para agradar a todos os gostos – se você procura algo fora do comum, há ótimas opções de CDs africanos.

O CCB também conta com **Coisas do Arco do Vinho** (lojas 7-8, tel. 213 642 031), uma elegante loja de vinhos com excelente seleção de rótulos de alta qualidade – os proprietários, entusiasmados e conhecedores do assunto, podem dar uma ótima orientação.

Onde... Se Divertir

Em Belém está um dos polos das artes cênicas mais importantes de Lisboa, o **Centro Cultural de Belém** (➤ 136). O teatro, moderno e confortável, apresenta diversos eventos que vão desde música clássica e dança até shows internacionais; ele oferece concertos gratuitos em dias úteis, entre as 19h e as 21h. Se você tem filhos, uma visita de fim de semana pode ser algo que os interesse; existe uma programação mensal de eventos, em português ou inglês, voltada para famílias, que apresenta dança, teatro e circo. Procure no site do Centro Cultural de Belém (www.ccb.pt) ou peça informações no balcão.

Para algo completamente diferente, você pode ir até a água.

A **Associação Naval de Lisboa** (Doca de Belém, tel. 213 619 480, www.anl.pt), vizinha do Padrão dos Descobrimentos, aluga barcos pequenos, com ou sem instrutor, mas você deve lembrar de fazer a reserva com pelo menos três dias de antecedência.

Para mais ar fresco e exercícios, vá até **Estoril** (➤ 161-163), mais a oeste, onde terá a opção de passar o dia numa das praias ou de jogar tênis no Clube de Tênis do Estoril (Avenida Conde de Barcelona, tel. 214 662 770), que dispõe de 18 quadras, piscina e sauna. Em Estoril também fica o **Golfe do Estoril** (Avenida da República; tel. 214 680 176), complexo de dois campos, com belo projeto, aberto também para quem não é sócio.

Parque das Nações

Como Se Localizar

Depois de passar dias na bonita Lisboa antiga, com suas encostas íngremes e ruelas estreitas, o visitante pode querer ver o lado moderno da cidade no século 21. E vai encontrá-lo no leste de Lisboa, no maravilhoso Parque das Nações – um trecho de empreendimentos à beira-rio que dispõe de escritórios, hotéis, complexos residenciais, algumas das melhores atrações de Lisboa e um de seus maiores shopping centers. Aqui você encontra a Lisboa atual, com calçadas limpas e bem varridas, que acompanham o rio; no caminho, há árvores e canteiros. O Parque tem, ainda, entretenimento moderníssimo, além de grande quantidade de lojas, bares e restaurantes.

O melhor modo de chegar ao Parque das Nações é de metrô, e você desembarcará na Gare do Oriente, estação de trem emblemática do arquiteto espanhol Santiago Calatrava, monumento ao que há de melhor no design moderno. Daqui, pegue a escada rolante e cruze o shopping Vasco da Gama, de muitos andares, com lojas portuguesas e internacionais. Atravesse a rua e pegue uma planta do Parque no quiosque de informações à esquerda; o Oceanário e o Centro Ciência Viva ficam à direita, a Torre Vasco da Gama está à esquerda e os jardins da orla acham-se bem à frente. Se você pretende explorar tudo, vai ter de caminhar bastante; mas há um trenzinho, ou você pode alugar uma bicicleta por um dia. Há cafés, bares e restaurantes por toda parte.

★ Destaques

1 Oceanário ➤ 146

2 Centro Ciência Viva ➤ 150

Atrações

3 A Orla e os Jardins ➤ 152

4 Torre Vasco da Gama ➤ 154

5 Centro Comercial Vasco da Gama ➤ 154

Pág. 141: cortina de água no Parque das Nações

Abaixo: Centro Comercial Vasco da Gama

Vá até o Parque das Nações, complexo de lazer muito moderno, para fazer ótimas compras e se divertir num cenário à beira-rio com arquitetura instigante e belo paisagismo.

Parque das Nações em Um Dia

9h30

Vá de metrô para o **Parque das Nações**, pegando a linha verde até Alameda, depois mudando para a linha vermelha até Oriente. Quando chegar, observe a magnífica arquitetura da estação (à dir.), um dos núcleos de transportes mais importantes de Lisboa. Depois peça informações no quiosque da entrada e pegue um mapa e um folheto informativo. Se quiser alugar uma bicicleta, a encontrará atrás do quiosque.

10h

Junte-se aos primeiros visitantes quando abre o **1 Oceanário** (➤ 146-149; à esq.) e passe algumas horas explorando um dos maiores aquários do mundo.

12h

Pegue o Teleférico (➤ 153) na orla, perto do Oceanário, e aproveite a vista aérea do Parque das Nações e da Ponte Vasco da Gama (➤ 153). Quando descer, faça um passeio nos Jardins Garcia d'Orta, com atrações aquáticas e canteiros tranquilos.

13h

Há muitas opções para o almoço. Bem perto, você pode experimentar o Passeio do Oriente (Rua da Pimenta, 51, tel. 218 956 147, abre diariam), um bar e restaurante alegre, de frente para os jardins; ele oferece menu a preço fixo, que muda sempre e vale a pena.

14h

Passe o Pavilhão Atlântico (➤ 158) e siga pela Alameda dos Oceanos até o **2 Centro Ciência Viva** (➤ 150-151), um centro interativo de ciências que agrada adultos e crianças. (À dir.: *Homem-Sol*, escultura de Jorge Vieira.)

15h30

Chegou a hora de fazer umas comprinhas no shopping center **Vasco da Gama** (➤ 154), segundo maior centro de compras de Lisboa, ou vá ver um filme no cinema de 10 salas, onde as exibições são na língua original. Leve as crianças ao Parque Infantil do Parque do Tejo, um divertido playground para toda as idades, ou, se você alugou uma bicicleta, siga pelo Passeio do Tejo para ver de perto a Ponte Vasco da Gama (➤ 153).

18h

Relaxe tomando um drinque num café ao ar livre, enquanto planeja o que vai fazer à noite.

20h

Ou você volta para o centro ou aproveita a vida noturna no Parque, onde poderá comer e se divertir. Talvez haja um concerto no Pavilhão Atlântico ou uma encenação no Teatro Luís de Camões. Você pode também ir ao Cassino Lisboa (tudo na ➤ 158), onde há apresentações ao vivo e bares e restaurantes para escolher, além das áreas de jogo – incluindo mais de 600 caça-níqueis.

Oceanário

O Oceanário de Lisboa exibe e explica muito bem a vida marinha e os oceanos que a sustentam. Um dos maiores aquários do mundo, tem tanques com uma escala que dá uma noção real da vida subaquática, zonas de controle climático que imitam os ecossistemas globais e milhares de espécies em exposição, além de tanques menores e mostras interativas. Bonito, fascinante e educativo, o Oceanário coloca ênfase no papel futuro dos oceanos e na percepção que o ser humano tem deles, oferecendo excelente material para reflexão nesses tempos de reavaliação dos efeitos que a humanidade provocou na natureza.

O Oceanário foi um dos pontos altos da **Expo 98**, a feira internacional que comemorou os 500 anos da descoberta da rota marítima para as Índias. O tema da exposição eram os oceanos, e o papel do aquário era oferecer a Lisboa algo que lembrasse para sempre a Expo, por meio de uma ligação nítida do passado marítimo do país com o papel futuro dos oceanos e a percepção que as pessoas têm deles. Com projeto do arquiteto americano Peter Chermayeff, é uma edificação de pouca altura à beira-rio, parecendo uma exótica criatura aquática ou uma máquina submarina futurista, mas seu conteúdo atrai muita gente. Suba a ponte em rampa até o prédio principal, rodeado de água, e entre no **aquário**, onde **quatro habitats oceânicos diferentes** são avistados acima do nível da água. O ambiente

Cardume no tanque principal do aquário

se enche de sons aquáticos – ondas que se quebram, pios de aves marinhas, sons emitidos por baleias e golfinhos. Aqui, neste **imenso tanque central**, você verá tubarões, raias, linguados e grandes cardumes de peixes menores que vivem em profundidades diferentes e que serpenteiam entre algas e pedras em formações bem densas. Esse tanque central, que parece um só mas que de fato foi subdividido, é cercado por quatro áreas que representam diversos ecossistemas oceânicos – Atlântico, Antártico, Pacífico e Índico –, refletindo as diferentes zonas no tanque principal. Essas mostras possuem **habitats acima e abaixo da água**, permitindo que o visitante veja aves, animais e vegetação típicos dessas zonas climáticas, além da própria vida marinha. Ao redor das paredes externas existem **exposições interativas**, excelentes **mostruários** e **galerias multimídia** relacionados a todo o universo marinho, além de diversos **tanques de peixes menores**, cada um dedicado a uma espécie diferente e ilustrando a incrível diversidade que se encontra em cada habitat oceânico. Tudo está claramente identificado em português e inglês.

A edificação foi projetada por Peter Chermayeff

Comece a visita pelo andar de cima, passando entre as diferentes regiões climáticas, mantendo o tanque central à sua esquerda. Para a maioria dos visitantes, a grande atração do andar são os **papagaios-do-mar** e os araus-

O Oceano Global

Pode haver quatro zonas oceânicas no tanque central, mas a mensagem é clara: na realidade, existe apenas um oceano global e são apenas limitações fisiológicas que evitam que toda a vida marinha alcance todos os cantos dos mares do mundo. O enorme tanque central parece ser só isso, mas ele é dividido por painéis quase invisíveis, dando a ilusão de que os peixes e as criaturas marinhas do tanque vivem em uma única massa de água. Cerca de cem espécies do mundo todo parecem repartir esse tanque, muitas das quais você nunca verá juntas num ambiente natural. Pode ser desconcertante observar tal diversidade de espécies no mesmo local, mas é inesquecível.

À esq.: anêmonas com seu vivo colorido

À dir.: uma raia, um dos habitantes do Oceanário

-comuns do Atlântico, os pinguins-de-magalhães saltando em volta da neve na zona Antártica e as ágeis e aerodinâmicas **lontras-marinhas** do Pacífico. Não perca as galerias nas paredes externas, que mostram aspectos fascinantes do relacionamento do ser humano com o mar e contam com exposições sobre pescarias, produtos oceânicos, correntes, ventos e marés, além de todos os tipos de proteção ambiental. Ao caminhar para o andar de baixo, repita o passeio circular, dessa vez para ver as diferentes zonas **abaixo da superfície**. Nesse andar, a luz solar se filtra através da água até as algas e corais, e cardumes deslizam em silêncio – é como estar em pleno mergulho com cilindro.

Além disso, tanques menores cobrem habitats marinhos que vão desde **recifes de coral** até florestas de mangue. Aqui, os destaques são o **peixe-dragão-australiano**, com uma camuflagem tão perfeita que é quase impossível diferenciá-lo das algas em que vive, as luminosas **águas-vivas** tropicais, as **anêmonas** com tons fortes de rosa, azul, verde e roxo, com até 3m de diâmetro, e uma enorme variedade de **siris e caranguejos**. Há **corais** duros e moles, iluminados para mostrar coloridos rosados, alaranjados e arroxeados, **peixes-elétricos** e criaturas assustadoras das profundezas. No total, são mais de 15 mil animais e plantas de 450 espécies diferentes.

FAÇA UMA PAUSA

O Oceanário tem uma excelente **sorveteria e lanchonete**, ou prossiga pelas calçadas e sente-se num dos **cafés ao ar livre** do Parque das Nações.

---

200 B3 · Esplanada Dom Carlos, Parque das Nações · 218 917 002/006; www.oceanario.pt · Abr-out diariam 10h-19h; nov-mar diariam 10h-18h · Caro · Café no térreo · Oriente

POR DENTRO DO OCEANÁRIO

Dicas Se quiser ver tudo, adquira o **Cartão do Parque** (€€€) no aquário, que dá acesso ao Oceanário e a outros locais importantes, além de diversos descontos.

- Se não quiser andar até o Oceanário, embarque no **trenzinho de turismo** (€) que circula pelo Parque, entre 10h-17h (jul-set 10h-19h). Ele sai da frente do Pavilhão do Atlântico nas horas cheias.
- O tempo de espera para o Oceanário pode ser de mais de uma hora; por isso, chegue cedo ao Parque e venha para cá primeiro.
- O Oceanário tem uma **grande loja de presentes**, com estoque variado.

Não Perca Raias e tubarões-martelo no **tanque principal**.

- Lontras-marinhas, na **zona temperada do Pacífico**.
- Gaivotas-incas, pinguins-de-magalhães, pinguins-macaronis e pinguins-saltadores-da-rocha, na **zona Antártica**.
- Ouriços-do-mar e estrelas-do-mar, nos **tanques menores**.
- Peixes tropicais, na **zona tropical indiana** e nos **tanques menores**.
- Floresta de algas-marinhas, no **tanque principal**.
- **Floresta de mangue** com peixes-saltadores-do-lodo.

Para Saber Mais O **tanque central** mede 1.000m² e tem quatro telas de acrílico de 49m² para dividir as diferentes áreas. Sua capacidade é de 7 milhões de litros de água e tem mais de 7m de profundidade. Para garantir sua pureza, a água é filtrada e tratada dentro do aquário e continuamente bombeada pelos tanques. A salinidade e a temperatura são ajustadas às diferentes áreas, dependendo da necessidade das criaturas daquela zona específica, e a qualidade da água é analisada diariamente. Mergulhadores limpam os tanques todos os dias. Cada espécie é alimentada conforme suas necessidades – os peixes tropicais, duas vezes por dia; as lontras-marinhas, cinco vezes por dia; os tubarões, duas vezes por semana. Crustáceos, corais, invertebrados, águas-vivas e anêmonas obtêm alimento de organismos microscópicos e minúsculas partículas de solo adicionadas à água de seus tanques.

2 Centro Ciência Viva

Brilhante exemplo do que pode ser um moderno museu de ciência, o Centro Ciência Viva é muito bem-sucedido em sua missão, que se resume a estimular a pesquisa científica. Com o objetivo de atingir o público diretamente, suas mostras interativas e moderníssimas são, acima de tudo, recreativas, com algo para todo mundo, não importa a idade. Se você já estiver cansado dos programas de arte e cultura, este maravilhoso e divertido local é o remédio perfeito.

As maiores atrações do Ciência Viva são temáticas e contam com recursos dos principais institutos científicos do mundo. O centro ocupa o **Pavilhão do Conhecimento**, ao qual se chega por uma rampa que passa por jatos de água. Ao entrar, vá para uma das salas especializadas, onde tudo é identificado em português e inglês. Comece pelo **Exploratório**: originalmente projetado em São Francisco por Frank Oppenheimer, ele se concentra na natureza e em como o ser humano percebe os fenômenos naturais. Aqui, você pode realizar experiências com luz e cor, fazer coisas desaparecerem ou deixarem apenas um traço, ou conhecer o vento, os vórtices e os vácuos. Assuntos complexos, mas tão acessíveis que você chegará ao final até com noções de física quântica. De lá,

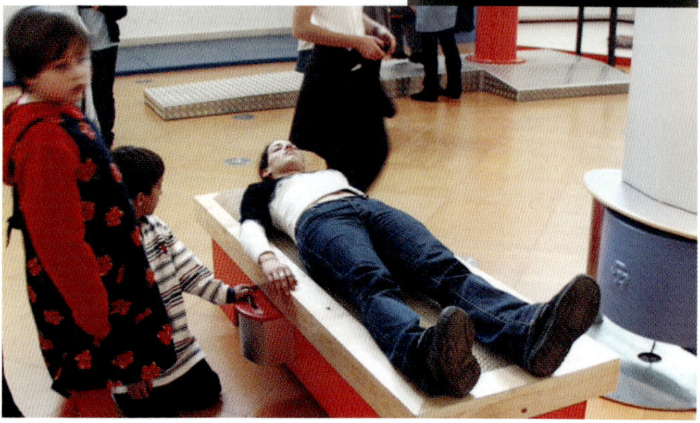

prossiga para a seção **Vê, Faz, Aprende**. Observe, faça experimentos e toque nas 66 mostras interativas coloridas, fáceis de operar, que ensinam fenômenos científicos do cotidiano – você pode até se deitar numa cama de pregos e entender que ela não machuca porque seu peso está distribuído por igual. Fora daqui, uma linha de metal se estende por um vazio que você atravessa em segurança numa **Bicicleta Voadora**; o contrapeso embaixo da bicicleta impede que você caia. Cruzando o hall, outra sala explica os mistérios da visão, da percepção e da própria luz, com dezenas de mostras interativas.

Acima e à esq.: famílias se divertem explorando as mostras interativas do Centro Ciência Viva

No andar de baixo fica a sala de **Matemática**, que convence quem briga com os números de que essa ciência não só é importante como pode ser até divertida. Aqui também está a **Casa Inacabada**. As crianças vestem colete, põem capacete e terminam a construção de uma casa – podendo também desconstruí-la. A casa, com um andaime de plástico, precisa de paredes, painéis e azulejos; e tudo é fornecido sob a forma de espuma leve e plástico. Carrinhos de mão, baldes e roldanas ajudam a levar a tarefa adiante, e o mestre de obras dá uma tarefa a cada criança. Tudo foi projetado para oferecer total segurança para os pequenos com idade entre 3 e 6 anos.

Nesse andar inferior também há **exposições temporárias**, que apresentam expositores e questionários temáticos interativos. Ao sair dessa área, você pode ir ao **centro de mídia**, onde funcionários simpáticos têm paciência para ajudar até os mais nervosos usuários de computador.

FAÇA UMA PAUSA

Experimente um dos cafés com terraços, nas principais avenidas do Parque.

200 B2 · Alameda dos Oceanos, Parque das Nações · 218 917 100; www.pavconhecimento.pt · Ter-sex 10h-18h; sáb-dom 11h-19h · Caro · Cafés próximos · Oriente

POR DENTRO DO CENTRO CIÊNCIA VIVA

Dicas Apesar de o Centro ser **maravilhoso para crianças**, os adultos também vão se divertir.

- A loja dispõe de excelentes **produtos relacionados à ciência**, enquanto a livraria tem ótimos livros, vídeos e DVDs com temas científicos.
- **Venha cedo no fim de semana** para evitar visitas de escolas.

Atrações

3 A Orla e os Jardins

Construído para a Expo 98, o Parque das Nações atrai milhares de visitantes de fim de semana de outras partes de Lisboa. Ele tem muitos pontos positivos – possui acesso fácil, é uma ótima área de lojas, restaurantes e diversões, e há também muita atividade para crianças. Outro fator que chama muita gente é a localização, pois esse é um dos poucos pontos da cidade em que se pode caminhar tranquilamente ao lado do Tejo, um dos grandes recursos de Lisboa.

Até o início da década de 1990, poucos lisboetas chegavam perto da área que agora abriga o Parque das Nações. Era uma antiga zona industrial, marcada por armazéns abandonados, uma refinaria de petróleo e um matadouro municipal. Mas o lugar foi escolhido como centro da Expo 98, Feira Mundial de Lisboa para comemorar o descobrimento do caminho marítimo para as Índias, um evento que engrandeceu o perfil da cidade em termos internacionais e atraiu a atenção de seus cidadãos para as áreas do leste. Um terreno de 2km de comprimento, que cobria mais de 330ha, foi terraplenado, e teve início a construção dos pavilhões necessários, junto com o paisagismo e os jardins do entorno.

A Expo ocorreu de maio a setembro de 1998 e, quando terminou, o lugar reabriu como um bairro urbano e recebeu o nome de **Parque das Nações**. As construções ainda estão em andamento, com o objetivo de criar uma área residencial e comercial em larga escala e bem planejada, tendo como centro o Parque existente e o imenso jardim à beira-rio. A área contém dois dos maiores locais de concerto de Lisboa, hotéis elegantes e muitos cafés, restaurantes e lojas, e é servida por excelentes ligações de transporte público via Estação do Oriente, a sensacional construção do

Uma das muitas fontes espetaculares

arquiteto espanhol Santiago Calatrava. Um dos aspectos mais agradáveis do Parque é a área verde e o constante som de água batendo por toda parte, enquanto a localização à beira-rio e as calçadas e jardins aumentam ainda mais o prazer da visita.

Aqui, o Tejo tem mais de 10km de largura e as vistas são magníficas. Rio acima, o que mais se destaca é a **Ponte Vasco da Gama**, enorme conjunto de viaduto e ponte suspensa que foi inaugurado em 1998. Tem 17,2km de comprimento, com 11km sobre a água, e por algum tempo foi a maior ponte da Europa. Sua construção e sua localização geraram polêmica, mas agora a ponte é uma parte aceita na paisagem fluvial, e ajudou a desafogar os terríveis congestionamentos na **Ponte 25 de Abril** (► 180), rio abaixo. Seus arcos graciosos se elevam muito acima do Parque Natural do Estuário do Tejo, uma imensa reserva natural de pântano

voltada para o Mar de Palha, como é chamada essa parte do estuário. Esse nome vem da palha que outrora era embarcada no rio, e se diz que o lugar abriga as Tágides – as ninfas das águas do Tejo. Mais reais são as grandes colônias de aves aquáticas que se alimentam na **reserva natural**; há centenas de espécies, entre as quais uma das maiores colônias europeias de flamingos-cor-de-rosa. Eles se alimentam no lodo embaixo da ponte, e no verão dá para vê-los da ponta leste do Parque.

Siga uma das passagens à beira-rio para pegar a ponte; primeiro você caminha pelos **Jardins Garcia d'Orta**, com suas atrações aquáticas e canteiros tranquilos, até chegar à Casa do Arboreto, onde as plantações contam com árvores e arbustos exóticos vindos das ex-colônias portuguesas. Esse é um bom lugar para pedalar, se você alugou uma bicicleta. Não perca a avenida central do Parque, a Alameda dos Oceanos. Aqui, o grande destaque são os chafarizes cônicos, cujos jatos d'água mudam sempre. Reserve um tempo e visite o **Jardim da Água**, na extremidade oeste, onde lagos são ligados por caminhos de pedra e onde há grande quantidade de jatos, bombeamentos e fontes. Mais para oeste, outra esplanada atravessa a marina.

Para ter uma vista aérea de tudo isso, você pode pegar o **Teleférico**, cujo percurso passa entre o Oceanário e a Torre Vasco da Gama. É um passeio divertido e uma ótima maneira de se localizar.

A Torre Vasco da Gama, de 145m

O shopping center Vasco da Gama

200 C5 (Jardins Garcia d'Orta e Jardim da Água)

Parque das Nações
Parque das Nações, Alameda dos Oceanos 218 919 333; www.parquedasnacoes.pt Grátis Oriente

Teleférico
200 C5 Trafega da Torre Vasco da Gama até a ponta oeste da marina 218 956 143; www.parquedasnacoes.pt Jun-set seg-sex 11h-20h, sáb-dom 10h-21h; out-mai seg-sex 11h-19h, sáb-dom 10h-20h Moderado Cafés e bares próximos Oriente

4 Torre Vasco da Gama

Forte representação dos descobrimentos portugueses, a Torre Vasco da Gama é o contraponto na zona leste para a Torre de Belém (➤ 120-121). Foi construída para a Expo 98 como símbolo das grandes viagens do século 15. Seu formato lembra o velame de uma caravela, a embarcação que possibilitou as travessias oceânicas. Teve projeto dos arquitetos Leonor Janeiro, portuguesa, e Nick Jacobs, britânico, e a enorme estrutura de aço é a construção mais alta de Portugal. A torre se eleva até 145m com uma construção de três andares na base, que serviu de pavilhão para a União Europeia durante a Expo 98. Tanto a plataforma de observação como o restaurante panorâmico estão fechados à visitação, e o destino da torre continua incerto. Há planos para que seja expandida, com a construção de um formidável hotel de luxo à beira-rio.

200 C5 Cais das Naus www.parquedasnacoes.pt Oriente

5 Centro Comercial Vasco da Gama

Se você adora shopping centers, dê um pulo no Centro Comercial Vasco da Gama. Este shopping imenso faz parte do complexo do Parque das Nações, e você obrigatoriamente tem de atravessá-lo ao sair da estação e caminhar para outras atrações locais. Projetado pelo mesmo escritório que construiu o Centro Comercial Colombo (➤ 39), o maior de Lisboa, tem como atração

O maior complexo de compras e lazer de Lisboa ocupa quatro andares

sua localização e o acesso fácil, combinando algumas horas de compras com um dia no Parque. São quatro andares de lojas, convenientemente dispostas por tipo, uma praça de alimentação movimentada com oferta de todas as variedades de comida, um cinema com dez telas e um deque na cobertura onde você pode relaxar, tomando uma cerveja e se maravilhando com a vista do Tejo. Bem arejado e iluminado, decorado com padrões aquáticos que suavizam o ambiente, o shopping center Vasco da Gama oferece outra visão da Lisboa e de seu povo no século 21.

200 B4 Avenida Dom João II/ Alameda dos Oceanos 218 930 600; www.centrovascodagama.pt Diariam 10h-24h Praça de alimentação no 4º andar Oriente

É divertido ter uma vista aérea do Parque das Nações a bordo do teleférico

Para as Crianças

O Parque das Nações é um dos melhores **destinos para crianças** em Lisboa, constituindo um antídoto para as visitas a museus e outras atrações. E não conta apenas com os atrativos do **Oceanário** (➤ 146-149) e do **Centro Ciência Viva** (➤ 150-151), mas também com **três áreas de diversão** (➤ 158), **aluguel de bicicletas**, o **Teleférico** (➤ 153) e o enorme espaço onde os pequenos podem se soltar. Os adolescentes talvez queiram ir a um dos **cinemas** do shopping Vasco da Gama, e todas as idades vão adorar as **lanchonetes** daqui, bem mais sofisticadas do que as do centro de Lisboa.

Onde... Comer e Beber

Preços
Preços prováveis por pessoa para uma refeição com três pratos, sem bebida
€ menos de €20 €€ €20-€40 €€€ mais de €40

Os estabelecimentos citados a seguir estão entre os melhores restaurantes, lanchonetes e cafés do Parque das Nações. Além disso, o shopping Vasco da Gama tem uma praça de alimentação que ocupa um andar inteiro e há mais opções no complexo da estação, quando você sai do metrô.

Água e Sal €€

Talvez o mais bonito do Parque, este restaurante elegante oferece a opção de dois terraços ou de uma sala interna despojada. Fica aberto o dia todo e serve diversos grelhados, todos feitos na brasa, assim como pratos do dia bem criativos, e muito mais. O destaque fica por conta do frescor e da qualidade dos ingredientes, juntamente com os toques de imaginação. Os pudins são muito bons; prove o vulcão de chocolate ou as panquecas com doce de leite condensado.

Os excelentes coquetéis à base de rum tornaram o lugar muito concorrido para um drinque no início da noite.

200 B3 Esplanada Dom Carlos I, Oceanário de Lisboa 218 936 189 Seg-sáb 9h30-24h, dom 10h-24h Oriente

Atanvá €€

O forte desta casa calorosa e simpática é a melhor carne de Portugal. Prove os filés bem preparados e a carne de porco mais macia, feitos na brasa, ou especialidades portuguesas, como bacalhau ou o aromático arroz de peixe. Entre os outros pratos, há muitas opções de açordas. Reserve espaço para as sobremesas, que vão desde a leve musse de manga até o merengue de chocolate.

200 C4 Rua da Pimenta, 43-45, Frente Ribeirinha Norte 218 950 480 Diariam 12h30-15h30, 19h30-23h Oriente

Brisa do Rio €

Vale a pena caminhar até este restaurante bem administrado, situado numa rua a leste do Parque. A decoração tem madeira, iluminação bem projetada, roupa de mesa engomada e vidros imaculados, e o menu mistura pratos portugueses e internacionais destinados aos moradores da área residencial ao redor. Entre os pratos há bifes ótimos, peixes frescos, bacalhau e frutos do mar, tudo muito leve. Experimente as sobremesas modernas, como a musse de manga, que derrete na boca.

200 C4 Rua Ilha dos Amores, L4 218 936 035 Diariam 11h-24h Oriente

Casino Lisboa €€-€€€

O cassino de Lisboa possui bares ao lado da área de jogos e três restaurantes. O **Pragma** é cotado como restaurante gourmet e oferece saboroso menu sazonal e uma carta de vinhos com mais de 250 safras diferentes; o **Spot** serve comida mais leve, saladas, massas e uma atraente linha de sushis; e o **Atrio** é especializado em bifes e grelhados simples. Todos são bem projetados, com decoração agradável e ótima iluminação. O serviço é de alto padrão.

200 B3 Alameda dos Oceanos 218 929 000 Seg-qui 15h-3h, sex-dom 16h-4h Oriente

El Tapas €-€€

Embora faça parte de uma rede popular, El Tapas não perde nada por isso. Serve variados tira-gostos espanhóis além de pratos principais. Os funcionários e os ingredientes são da Espanha, então dá para ter certeza de que a comida é autêntica. O menu oferece alguns pratos concorridos, como patatas bravas (apimentadas), pimientos padrón (pimentões verdes com alho), gambas (camarões) e calamares (lulas), além de muitos frios, a exemplo de chorizo (tipo de salame apimentado) e de jamón (presunto curtido).

200 C4 Rua da Pimenta, 99-101 218 966 900 Diariam 12h-2h Oriente

Espaço Origens Bio €

Os fãs de comida vegetariana e orgânica vão adorar os sucos e lanches desta lanchonete concorrida, onde se destaca a origem dos ingredientes orgânicos. O menu varia conforme a estação, e sempre se encontram produtos frescos, gostosos e excelentes. Os sucos gelados de frutas e verduras são muito bons, e há uma grande variedade dos melhores queijos portugueses.

200 B3 Alameda dos Oceanos, Lote 1.02.1 2A, Loja 1 218 946 166 Seg-sáb 12h30-15h, 20h-23h Oriente

Olá Ice Cream Parlour €

Quando você sair de uma visita ao Oceanário com seus filhos, dê um pulo nesta sorveteria, que faz parte do complexo do aquário. O sorvete pode ser comercial, mas nem por isso é ruim, e os funcionários simpáticos montam sundaes e especiais como você pedir. Existe também a opção de frutas batidas com sorvete, deliciosas, ou prove uma mistura de sorvete e café quente.

200 B3 Esplanada Dom Carlos 218 917 002/006 Mai-set diariam 10h-20h; out-abr diariam 10h-19h Oriente

Sabor a Brasil €-€€

Restaurante brasileiro onde os moradores começam a noite com caipirinha ou mojito (mexicano), feitos com rum. A comida é sul-americana, com bifes suculentos, moquecas e feijoadas completas. Nos fins de semana fica lotado e barulhento, o que aumenta a animação.

200 B4 Alameda dos Oceanos, Fracção J 218 955 143 11h-24h Oriente

Status €€

Este restaurante, bar e casa noturna fica superanimado nas noites de sábado, quando se torna um lugar concorrido para os moradores, que vêm por causa da comida italiana simples. Oferece todos os pratos mais conhecidos: massas, risotos, grelhados e peixes. A lasanha é muito pedida. Coma primeiro e depois dê um pulo no bar, que tem música à noite.

200 C4 Rua da Pimenta, 71-73 218 951 966 12h30-15h30, 19h30-2h Oriente

Onde... Comprar

O **Centro Comercial Vasco da Gama** é o paraíso dos consumistas, com grifes portuguesas e internacionais. Em Portugal, os preços são menores do que em alguns outros países europeus; por isso, pode-se encontrar artigos que custam menos aqui do que em outro país. Não espere grifes famosas – essas você acha na Avenida da Liberdade, no Chiado e no shopping El Corte Inglés –, mas para compras de nível médio, em local agradável, é um ótimo shopping.

As lojas maiores são a **C&A**, com roupas masculinas e femininas para todos os fins, e a **Continente**, imenso hipermercado que vende comida e bebida, aparelhos elétricos, roupas, brinquedos e muito mais. As mulheres vão gostar da **Zara** (térreo, 202, tel. 218 923 073), com muita variedade de moda acessível, do mesmo modo que da **Mango** (piso 1, 150, tel. 218 951 176). Chama a atenção a **Massimo Dutti** (piso 1, 158, tel. 218 955 694), loja de rede com roupas clássicas masculinas e femininas e roupas esportivas originais, e vale a pena dar uma olhada nas peças de malha. A **Cortefiel** (piso 1, 26, tel. 218 930 852) é outra rede europeia que oferece trajes femininos bem clássicos.

Quem quer comprar calçados portugueses pode conferir o estoque da **Agostini** (piso 1, 152, tel. 218 955 697). Você pode adquirir produtos de beleza e maquiagem na **Sephora** (piso 2, 67-71, tel. 218 935 040), uma rede francesa que oferece importantes produtos de beleza e para cuidados com a pele, e também perfumes de grife a preços baixos. Outra opção é a **Perfumes e Companhia** (piso 1, 118, tel. 218 951 193). O shopping dispõe de creche e playground para crianças, e há internet sem fio em todo o prédio.

Onde... Se Divertir

O Parque das Nações oferece diversão o dia inteiro para toda a família. Há **três playgrounds infantis** com escorregadores, balanços e equipamentos desse tipo, um playground de música no qual as crianças podem acionar instrumentos musicais enormes e uma pirâmide para escalar – o acesso a eles é fácil, se você **alugar uma bicicleta** ou pegar o **trenzinho de turismo** para circular (➤ 149).

Também existe a **BIL**, uma casa de boliche enorme com 30 pistas moderníssimas e outros equipamentos (seg-qui 12h-2h, sex 12h-4h, sáb 11h-4h, dom 11h-2h; tel. 218 922 521/2), e um **cinema com 10 salas** que exibem os últimos lançamentos na língua original, no shopping Vasco da Gama (tel. 218 922 280; www.lusomundo.pt; seg-sex 12h-24h, sáb-dom 19h30-24h).

Para diversão noturna, o **Pavilhão Atlântico** (tel. 218 918 409; www.pavilhaoatlantico.pt) é a maior arena coberta de Portugal, que recebe eventos esportivos e concertos de rock – aqui já se apresentaram, por exemplo, Eric Clapton, Joe Cocker, REM e Red Hot Chili Peppers.

Todas as noites há o que fazer no **Casino Lisboa** (tel. 218 929 000; www.casinolisboa.pt; seg-qui 15h-3h, sex-dom 16h-4h), que tem mais de mil caça-níqueis e 22 mesas de jogo, com pôquer, roleta, bacará e vinte e um. Seu auditório exibe shows de música e dança todas as noites, e há apresentações ao vivo na agradável Arena Lounge.

Você pode começar a noite aqui, jantando em um dos três restaurantes: **Pragma**, **Spot** ou **Atrio** (➤ 156), ou saboreando um drinque num dos quatro bares.

No verão, verifique o que está em cartaz na **Praça Sony** (Avenida Dom João, tel. 218 919 098), um recinto coberto na extremidade norte do Parque. Cercada de bares, ela recebe grandes eventos num ambiente muito aconchegante.

Se você gosta de música brasileira e latina, vale a pena pagar os preços altos do **Bugix** (Rua Pedro e Inês, tel. 218 951 181), onde às sextas e aos sábados são realizados espetáculos ao vivo depois da meia-noite até as 2h30, seguidos pelo som de DJs até muito mais tarde.

Para algo mais tradicional, lembre-se de que, no Parque, o **Teatro Luís de Camões** (Passeio de Neptuno, tel. 218 923 470) oferece ótimo entretenimento, a exemplo de apresentações do Balé Nacional, cuja sede é aqui.

Roteiros Imperdíveis

Roteiros Imperdíveis

Lisboa oferece grande variedade de roteiros – em suas imediações encontram-se desde palácios monumentais e elegantes balneários litorâneos até excelentes caminhadas e uma linha costeira intocada a cerca de uma hora do centro.

A viagem até Sintra, cerca de uma hora a noroeste de Lisboa, é um passeio que todo visitante deve fazer. Essa fantástica cidade montanhosa, incrustada no meio de um bosque, tem castelos e palácios magníficos. Você pode combinar a visita a Sintra com o bonito palácio real de Queluz, cercado de alguns dos jardins formais mais belos de Portugal. Há outras edificações reais em Mafra, a exemplo de um palácio com convento do século 18, fora do centro, construído com o ouro brasileiro.

Se estiver em pleno verão, pegue um trem e prossiga até as cidades litorâneas de Estoril, outrora balneário chique, e Cascais, onde barcos de pesca ainda atracam na praia. Depois desse ponto, o litoral se curva para o norte e se encontra com o Atlântico, cujas ondas atraem surfistas às praias ao redor de Guincho. Bem perto daqui fica o cabo da Roca, ponto mais ocidental da Europa continental.

A Costa Oeste

Estoril, Cascais, Guincho e Cabo da Roca

Se o céu estiver aberto e azul, se a água brilhar, suba num trem e comece a explorar o litoral de Lisboa, uma miscelânea maravilhosa de cidades balneárias com belas orlas, praias extensas e desertas e um fantástico panorama costeiro.

Acima: vista da praia dos Pescadores, em Cascais

Pág. 159: a Esplanada, em Estoril

Quando se sai de Lisboa rumo ao oeste, a primeira parada é **Estoril**, sinônimo de balneário de glamour em meados do século 20, onde ficavam os ricos, a nobreza exilada e os espiões. Na Segunda Guerra Mundial, Portugal era neutro e vinham para cá observadores e escutas dos dois lados, a exemplo de monarcas depostos, como Juan Carlos da Espanha e Umberto da Itália. Entre os agentes do serviço secreto britânico estava um certo Ian Fleming, que, fascinado pela visão de seu opositor iugoslavo gastando no **Casino** seus fundos operacionais, mais tarde usaria o incidente como inspiração para o livro *Casino Royale*, com o qual lançou o personagem do agente 007, James Bond. O cassino continua na ativa, os dados ainda rolam, mas hoje o que atrai os jogadores são os caça-níqueis e os shows noturnos extravagantes. Abaixo dos **jardins do Casino**, uma esplanada ladeada de palmeiras acompanha o mar e a **praia do Tamariz**, um trecho de areia limpa, procurado por moradores e turistas.

A partir daqui, você pode caminhar pela costa até **Cascais**, que continua a ser um **porto pesqueiro ativo** e movimentado **balneário**, com marina ótima. A esplanada liga

três lindas **praias**, frequentadas nos fins de semana por jovens lisboetas que vêm para cá antes de seguir para a animada noite de Cascais, concentrada na Rua Frederico Arouca, o principal calçadão, que também tem boas lojas. De dia, o visitante pode ir ao **Museu Conde de Castro Guimarães**, antiga residência do nobre, legada ao país após sua morte em 1892. A casa conta com uma coleção eclética. Saindo do centro, o ônibus 427 vai até a **Boca do Inferno**, um belo lugar que fica ainda mais atraente quando as tempestades trazem ondas estrondosas.

Houve tempo em que o cassino em Estoril ficava cheio de espiões e de nobres exilados

A oeste de Cascais a estrada passa por uma paisagem agreste e intocada, que fica difícil de acreditar que esteja tão próxima da capital. Baías pedregosas, rochedos, trechos de areia limpa e dunas onduladas marcam o lugar e, se você estiver de carro, qualquer angra com praia serve para um **banho de sol**.

Surfistas e windsurfistas preferem **Guincho**, a 6km de Cascais, onde trechos de areia atingem as dunas e, no horizonte, se elevam as colinas de Sintra (➤ 164). Essa **praia** fantástica tem um dos melhores pontos de windsurfe da Europa, e uma série de restaurantes de peixe se alinham pela rua, onde se come sardinha e se ouve o rebentar das ondas.

Continuando para o norte, o **cabo da Roca** fica no final da serra de Sintra, onde os morros perdem altura para encontrar o mar. Agreste e escarpado, com vistas espetaculares do litoral, esse é o **ponto mais ocidental da Europa continental**, situado a 38º 47' de latitude norte e a 09º 30' de longitude oeste. Não há muito para ver, a não ser o farol e um monumento com um verso do poeta Luís de Camões, mas mesmo assim vale o passeio. E o centro de informação turística pode lhe vender um certificado que atesta que você esteve neste extremo oeste.

FAÇA UMA PAUSA

O **Pereira** (Rua Bela Vista, 92, tel. 214 831 215, abre sex-qua 12h-15h, 19h-22h30, €) é um restaurante simples em Cascais, com comida tradicional, bem despojado. Oferece cabrito ou pato assado e outras opções de carne, todas servidas em enormes porções acompanhadas de batata frita e arroz, como é costume nesse tipo de estabelecimento. Também em Cascais, o grupo de restaurantes conhecido como **Casa da Guia** (Estrada do Guincho, abre diariam 10h-22h) é excelente para almoçar ou fazer um lanche. Existe ainda a **Confeitaria do Monte** e o **Chá da Guia**, bons para quiches, bolos e doces, e o **Dom Grelhas** ou o **Prazeres da Carne**, onde, depois de observar o pôr do sol do penhasco acima do mar, você escolhe entre peixes grelhados e pratos com carne.

Promontório rochoso em Guincho

Informação Turística de Estoril
Arcadas do Parque ☎ 214 663 813; www.estorilcoast.com Mai-set seg-sáb 9h-20h, dom 10h-18h; out-abr seg-sáb 9h-19h, dom 10h-18h

Informação Turística de Cascais
Avenida Combatentes da Grande Guerra, 25 ☎ 214 868 204; www.estorilcoast.com Mai-set seg-sáb 9h-20h, dom 10h-18h; out-abr seg-sáb 9h-19h, dom 10h-18h

Museu Conde de Castro Guimarães
Avenida Rei Humberto de Itália, Cascais ☎ 214 825 401 Ter-dom 10h-17h Barato

POR DENTRO DA COSTA OESTE

Dicas Existem **excelentes opções de lojas e restaurantes** em Estoril e Cascais; e você pode jantar e pegar um trem para voltar a Lisboa mais tarde.

- Você pode realizar a jornada **em qualquer direção** – começar no Estoril e terminar o dia na costa oeste, ou ir diretamente para o cabo da Roca e acabar o dia em Estoril ou Cascais.
- Se **entrar no mar**, lembre-se de que na Costa Oeste **a água é muito fria** e tem **forte correnteza** – muita gente morre nesse litoral todos os anos. As **praias mais seguras** ficam em Estoril e Cascais.

Como Chegar Quatro trens trafegam por hora do **Cais do Sodré** até **Estoril** e **Cascais**.

- Até Estoril, o tempo de viagem é de 35 minutos.
- Para Cascais são mais 5 minutos na mesma linha, ou 20 minutos se você **caminhar entre as duas**.
- Para **chegar a Guincho**, pegue o ônibus 403 da Scotturb na saída da estação de Cascais, para uma viagem de 30 minutos até o farol.
- Vale a pena **alugar um carro** para esse passeio. A **estrada costeira** que passa por Guincho até o cabo da Roca é **magnífica**, e um carro permite que você tenha mais flexibilidade.
- Se decidir alugar por um dia, **pegue o carro em Cascais**, a fim de evitar os congestionamentos para sair de Lisboa.

Quando Ir Escolha um **dia bonito**; balneários e praias não têm graça com chuva.

Sintra e Queluz

Um dia em Sintra, antiga residência de verão da monarquia portuguesa, é o passeio número um nas imediações de Lisboa. Este Patrimônio da Humanidade, com palácios, jardins e museus incríveis, fica no meio de morros com bosques densos e belas vistas do mar. A área é formada por três vilas diferentes, e o maior número de atrações está na vila de Sintra. A cidadezinha de Queluz, com um palácio real de conto de fadas e lindos jardins, fica no caminho para Sintra.

Sintra

Os romanos usaram Sintra como posição de defesa, mas os mouros se apaixonaram por este lugar arborizado, com abundância de água, e aqui erigiram um palácio no século 9º. A construção foi ocupada pelos cristãos em 1147 e se tornou propriedade dos reis de Portugal, que a mantiveram até o exílio da monarquia em 1910. O palácio era uma base de caça e refúgio quando Lisboa ficava muito quente no verão. Foi ampliado e cercado de jardins com o passar dos anos. Os aristocratas ricos tomaram a cidade e, por volta do século 19, as colinas de Sintra estavam pontilhadas de mansões e palacetes, alguns dos quais ainda são particulares. Sintra dispõe de golfe, tênis e cavalos, e o mar está perto. Por isso, continua sendo um lugar procurado nas férias pelos abastados, que aproveitam o comércio, com suas butiques e antiquários. Na parte cultural, interessante, destaca-se o Festival Internacional de Música e Dança (jun-jul), um dos mais prestigiados de Portugal.

À dir.: o Poço Iniciático nos jardins da Quinta da Regaleira

Duas fantásticas chaminés cônicas, rodeadas por uma mistura de arquitetura gótica e manuelina com muitos traços mouriscos, dominam o centro da vila de Sintra. Trata-se do **Palácio Nacional de Sintra**, castelo de verão erguido nos séculos 14 e 15, em grande parte por dom João 1º e dom Manuel. A visita à edificação passa por todos os recintos importantes, com uma visão de longe de pátios escondidos e vistas excelentes do campo ao redor. A **Sala dos Cisnes**, principal

Abaixo: o Palácio Nacional de Sintra domina o centro da cidade

salão de recepções durante o reinado de dom João 1º e o maior do palácio, dispõe de um hall com azulejos magníficos voltado para um pátio central; o teto é decorado com pinturas de cisnes enfeitados com coleiras douradas. Daqui, uma escada leva à **Sala das Pegas**, uma antecâmara privativa com friso e teto pintados com um alegre bando de pegas (gralhas), cada uma segurando no bico o lema *"Por bem"*. Consta que foram pintadas a pedido de dom João 1º para colocar um fim nos constantes mexericos das senhoras da corte, pois Filipa de Lancaster, sua esposa, ouvira falar dos namoricos do marido com uma de suas damas. A partir daqui, uma sucessão de salas menores, muito bem decoradas e com belos azulejos, e corredores arejados leva à deslumbrante **Sala dos Brasões**, cheia de azulejos azuis e brancos, com teto em caixotão com os escudos emoldurados de 72 famílias nobres. As vistas do mar são maravilhosas; diz a tradição que o monarca podia observar daqui as

A Sala do Trono, um dos destaques do Palácio Nacional de Queluz

frotas que zarpavam para a África, o Brasil e a Índia. Na extremidade oposta do palácio estão as cozinhas, localizadas, como era comum, bem longe dos recintos finos. Ali estão as duas grandes chaminés, e a área dá uma noção do serviço executado em larga escala – que certamente funcionava com eficiência, pois as cozinhas ainda são usadas em banquetes oficiais.

O **Palácio da Pena**, nos altos da vila de Sintra, é a construção mais recente neste local serrano, que outrora alojava uma capela com um claustro anexo no estilo gótico tardio, que caiu em desuso após o terremoto de 1755. Em 1836, a rainha Maria 2ª casou-se com o príncipe Fernando de Saxe-Coburgo-Gota, um entusiasta do estilo romântico. Ele encarregou o arquiteto alemão Von Eschwege de projetar este palácio extraordinário, preservado desde o exílio da monarquia em 1910. O palácio é uma **fantasia neogótica**, uma extravagante mistura de decoração manuelina, ornamentos teutônicos e detalhes mouriscos, construído exatamente como Fernando visualizara. Torres, cúpulas e ameias estão por toda parte, e o interior não fica atrás, numa celebração do estilo vitoriano tardio, onde tudo que pode ser decorado ganha sua cota de ornamentos, e salas inteiras são conservadas como se os moradores tivessem saído para dar uma volta. Entre os destaques estão alguns notáveis trabalhos de estuque, cozinhas e banheiros fantásticos, e algumas telas inacabadas, levemente eróticas, pintadas por Carlos 1º, último rei de Portugal. O **claustro** azulejado, com arcos redondos simples, oferece um alívio bem-vindo. Vale a pena explorar o **jardim arborizado** abaixo do palácio, um oásis verdejante com regatos suaves.

De volta à cidade, a **Quinta da Regaleira**, a 5 minutos a pé da praça principal de Sintra, é uma elaborada residência que exemplifica o renascer da arquitetura manuelina na virada para o século 20. Decorada com torres e trabalhos de pedra, ela possui algumas salas sofisticadas – não perca os tetos rococó de madeira e os pisos de mosaico com detalhes incríveis, que mostram cenas de caça e de caça morta. Mas os **jardins** são o maior destaque, num labirinto de caminhos numa encosta íngreme plantada com camélias, hortênsias e samambaias arbóreas. Há muitos lagos, chafarizes, esplanadas e estátuas. Eles estão cheios de temas e imagens maçônicos, sobressaindo o **Poço Iniciático**, com porta de pedra, à qual se chega por uma escada cheia de musgo e um túnel, inspirado na Maçonaria e nos Templários.

Perto daqui, as crianças vão adorar o **Museu do Brinquedo**, modernissimo, com mostras que cobrem 3 mil anos. Morro abaixo, em **Estefânia**, o **Museu de Arte Moderna** exibe obras contemporâneas que abrangem minimalismo, futurismo, pop art e cinetismo, entre outros, com nomes como Hockney, Lichtenstein, Warhol e Jackson Pollock.

Há mais para ver pelos bosques e morros, a exemplo do **Castelo dos Mouros**, ruínas de uma obra mourisca, de cujos penhascos têm-se vistas maravilhosas do litoral. Quem gosta de plantas não pode perder **Monserrate**, um jardim amplo, rico em árvores e arbustos subtropicais, cujo plantio ocorreu de 1793 a 1799 por William Beckford, conhecido e rico homossexual que fugiu da Inglaterra para não ser enforcado. Outros plantios foram feitos por sir Francis Cook, que erigiu a mansão extravagante e ampliou os jardins no século 19.

Queluz

São 30 minutos de trem até Queluz, onde fica o elegante e rosado **Palácio Nacional de Queluz**. Ele foi, também, um pavilhão de caça, e adquiriu o formato atual durante o reinado de dom Pedro 3º, que em 1747 adotou um programa de reconstrução. Isso o transformou num palácio considerado um dos melhores exemplos da arquitetura rococó do país, com jardins formais do século 18 para combinar. Pedro se casou com a sobrinha, a futura rainha Maria 1ª, e foi aqui que ela passou 27 anos, quando enlouqueceu de tristeza após a morte de um filho. Esperava-se que sua tristeza melhorasse com o encanto desses ambientes, cujos destaques incluem a **Sala de Música**, a **Sala do Trono** e o **Corredor**, com seus maravilhosos azulejos azuis, brancos e amarelos. A melhor talvez seja a **Sala dos Embaixadores**, com colunas espelhadas e piso de mármore de quadrados pretos e brancos. Muitos dos salões desta edificação bonita e surpreendentemente aconchegante dão de frente para os **jardins**, dotados de canteiros quadrados,

O Palácio Nacional de Queluz é rodeado de jardins formais, com estátuas e chafarizes

Observação da paisagem em uma das torres forradas de hera do Palácio de Sintra

calçadas azulejadas e ladeadas de topiaria, fontes e laguinhos. Boa parte das estátuas é inglesa; John Cheere fez **98 estátuas de chumbo** para Queluz na década de 1750, das quais ainda existem 22, uma das melhores coleções europeias desse tipo de obra. O terreno do palácio contém a **Escola Portuguesa de Arte Equestre**, e aqui são feitas apresentações de verão do treinamento clássico.

FAÇA UMA PAUSA

Para um almoço divertido em Sintra, vá ao **Tacho Real Sintra** (Rua da Ferraria, 4, Vila Velha, tel. 219 235 277, qui-ter 12h30-15h, 19h30-22h30), restaurante tradicional onde se saboreiam pratos de bacalhau, camarões e carnes. Fica a apenas 50m do Palácio Nacional.

Subindo a colina a partir do palácio em Queluz acha-se o **Palácio del Rei** (Largo Mouzinho de Albuquerque, tel. 214 350 674, seg-sáb 12h30-15h, 19h30-22h). Simpático, esse restaurante é uma boa opção, se você não quiser comer na pousada ou no restaurante do palácio. A comida é simples e clássica, e prepare-se para as porções, muito generosas.

Informação Turística de Sintra
✉ Praça da República ☎ 219 231 157/924 700; www.cm-sintra.pt ⌚ Jun-set diariam 9h-20h; out-mai diariam 9h-19h

Palácio Nacional de Sintra
✉ Largo Rainha D. Amélia, Sintra ☎ 219 106 840 ⌚ Qui-ter 10h-17h30 (última admissão 17h) 🖐 Moderado

Palácio da Pena
✉ Sintra ☎ 219 105 340 ⌚ Jul-meados set ter-dom 10h-19h; meados set-jun ter-dom 10h-17h (última admissão 1 hora antes de fechar) 🖐 Caro

Quinta da Regaleira
✉ Rua Barbosa du Bocage ☎ 219 106 650; www.cm-sintra.pt ⌚ Abr-set diariam 10h-20h; nov-jan diariam 10h-17h30; fev-mar, out diariam 10h-18h30 (última admissão 30 minutos antes de fechar); visitas guiadas (reservar) 🖐 Caro

POR DENTRO DE SINTRA E QUELUZ

Dicas Se você tiver bastante tempo, pode **reservar dois dias** para o passeio, voltando a Lisboa todas as noites. Passe **um dia em Sintra** e **meio dia em Queluz**.
- Se só tiver tempo para uma delas, opte por **Sintra**.
- Não imagine que é possível ir a pé a todos os cantos de Sintra; há **muitas ladeiras** e as **atrações estão espalhadas**.
- Use o ônibus nº 434 e o **bilhete múltiplo de Sintra** para circular. Você pode usá-lo para ir até Cascais via cabo da Roca, voltando a Lisboa pela linha de Cascais.
- Se **tomar um táxi para Monserrate**, verifique o preço antes com o taxista, pois os taxímetros nem sempre são usados; cerca de €10 devem pagar a corrida. Os táxis esperam do lado da estação e na Praça da República em Sintra.

Como Chegar A estação do Rossio, no centro de Lisboa, ponto de partida para Sintra, está **fechada por pouco tempo**. O melhor trajeto é pegar a linha azul do metrô até o Jardim Zoológico, depois seguir as placas até a estação de trem de Sete Rios e tomar ali o trem para Sintra. Os trens trafegam a cada 20 minutos para a viagem de 50 minutos. Queluz fica a 20 minutos de Lisboa na mesma linha (30 minutos de Sintra). Desça em Queluz-Belas e siga as placas da estação até o palácio, numa caminhada de 15 minutos.

Como Circular em Sintra Os **trens de Lisboa chegam a Estefânia**, a uma caminhada de 10 a 15 minutos para subir até Sintra; para São Pedro de Sintra são mais 20 minutos a pé. O Palácio de Sintra, a Quinta da Regaleira e a maioria das outras atrações ficam em Sintra, e o Palácio da Pena está mais acima do morro. A cada meia hora, um **ônibus de turismo conecta todas as principais atrações**, e é bem simples se localizar após a chegada. Os jardins de Monserrate pedem um táxi, mas quem está acostumado a caminhar pode apreciar bastante o passeio a pé.

Quando Ir Saia de Lisboa bem cedo para ver o que há de melhor em **Sintra** e **Queluz**.

Museu do Brinquedo
Rua Visconde de Monserrate, 28 219 242 171; www.museu-do-brinquedo.pt Ter-dom 10h-18h Moderado

Museu de Arte Moderna
Avenida Heliodoro Salgado 219 248 170; www.cm-sintra.pt Ter-dom 10h-18h Moderado

Castelo dos Mouros
Parque de Sintra 219 237 300; www.parquesdesintra.pt Mai-meados jun diariam 9h-19h; meados jun-meados set diariam 9h-20h; meados set-out diariam 9h-19h; nov-abr diariam 9h30-18h (última admissão 1 hora antes de fechar) Moderado

Monserrate
Estrada de Monserrate 219 107 806/219 237 300; www.parquesdesintra.pt Igual ao Castelo dos Mouros Moderado

Palácio Nacional de Queluz
Lgo. do Palácio Nacional, Queluz 214 343 860 Palácio qua-seg 9h30-17h (últ. adm. 16h30); jardins mai-set 10h-18h; out-abr 10h-17h Moderado

Mafra

Para conhecer o que o ouro e os diamantes brasileiros financiaram em Portugal vá até Mafra, onde o Palácio-Convento oferece uma amostra da ostentação real em grande escala. Construído nas colinas ao norte de Lisboa, o palácio sobressai na agradável cidadezinha – uma lembrança perpétua da riqueza e da extravagância de seu construtor.

Essa enorme edificação, metade palácio real, metade mosteiro, foi construída entre 1717 e 1755 por dom João 5º, que teve como modelo o Escorial, nos arredores de Madri, na Espanha. De início era para ser apenas um simples convento para cumprir a promessa feita ao nascer seu herdeiro, mas a construção mal tinha começado quando João e Johann Friedrich Ludwig, arquiteto alemão da corte, tiveram ideias mais ousadas. O esquema arquitetônico final, uma fusão dos estilos barroco e neoclássico italiano, resultou numa imensa basílica, duas alas reais e um mosteiro com capacidade para 450 padres.

Ironicamente, essa obra grandiosa nunca foi ocupada como residência permanente, já que a família real vinha a Mafra para

Mais de 50 mil operários trabalharam para construir este imenso palácio-convento

Curiosidades

- O Palácio tem 220m de comprimento e 68m de altura.
- Ocupa uma área de 40 mil m^2.
- Existem 1.200 cômodos, 4.700 portas e janelas, 156 escadas e 29 pátios.
- O carrilhão possui 114 sinos e é o maior do mundo.
- A construção envolveu 50 mil trabalhadores.

Imagem de são Francisco em um nicho na fachada do palácio

caçar e comparecer a cerimônias religiosas.

A visita começa pelo **mosteiro**, onde você verá a farmácia, a enfermaria, a cozinha e algumas das celas dos padres. Muitas delas contêm instrumentos de penitência e flagelação semelhantes aos do *Código Da Vinci*, embora as imagens azulejadas da Virgem acima dos catres dos padres sejam mais sugestivas de uma vida piedosa. Daqui, uma porta leva ao **palácio**, onde a escala e a ambientação mudam imediatamente e assumem a suntuosidade barroca.

Cada **ala real** é a imagem espelhada da outra, com conjuntos idênticos de salas para o rei e a rainha – duas salas do trono, duas capelas particulares, dois aposentos reais, com uma caminhada de 300m entre os dois, o que deve ter causado problemas para as visitas noturnas tardias. Entre as duas alas encontra-se uma belíssima basílica de mármore rosa e branco, com magnífico corredor azulejado que, de um lado, dava à família real uma vista da igreja abaixo, e, de outro, dava para a praça na frente do palácio. Uma série aparentemente interminável de enormes apartamentos leva à sensacional **Sala dos Troféus**, cujos móveis, estofados e candelabros são totalmente feitos de chifre e pele de gamo.

O ponto alto é a **biblioteca**, uma fantástica sala rococó que guarda mais de 35 mil livros, entre os quais muitos e preciosos incunábulos (peças do início da imprensa). Os livros estão em excelentes condições, em parte por causa dos cuidados de especialistas, em parte por causa da pouca luz, da temperatura estável e da baixa umidade, e também graças a uma ativa população de morcegos que ajuda a manter sob controle os insetos que atacam livros. Trata-se de um local magnífico, mas que já foi mais suntuoso, com dourados por toda parte e retratos em medalhões de estuque – uma ostentação retirada pelos franciscanos, que controlaram Mafra no século 19.

O corredor que vai do convento ao palácio abriga diversas estátuas

FAÇA UMA PAUSA

Na frente do palácio existem **bares**, **cafés** e **restaurantes**. Se você quiser mais que um lanche, vá até o **Sete Sóis** (tel. 261 817 958), uma taberna com bons preços e mesas externas, numa praça na frente da entrada principal do palácio.

Centro de Informação Turística

Palácio Nacional de Mafra, Torreão Sul, Terreiro Dom João V ☎ 261 817 170; www.cm-mafra.pt Diariam 9h30-13h, 14h30-18h

Palácio-Convento de Mafra

Terreiro Dom João V ☎ 261 817 550 Seg, qua-dom 10h-17h (última admissão 16h30) Moderado

POR DENTRO DE MAFRA

Como Chegar O melhor modo de chegar a Mafra é pela Empresa Viação Mafrense (www.mafrense.pt tel. 261 816 152), cujos ônibus partem do terminal de Campo Grande, duas vezes por hora, para uma viagem de 45 minutos. Pegue a linha verde do metrô até Campo Grande e siga as placas para o terminal. O ponto da Mafrense é o mais afastado, à direita, no lado da estação que dá para o estádio.

Quando Ir Reserve **um dia inteiro para este roteiro**, lembrando que o palácio fecha às terças-feiras.

Dicas Você só pode visitar o palácio em **grupos acompanhados de guia**; assim, talvez tenha de esperar um pouco para a formação de um grupo pequeno. A visita leva de 1h25 a 1h50.

- Se quiser escutar o toque dos **114 sinos do carrilhão**, procure fazer a visita numa tarde de domingo, no verão, único momento em que a apresentação é garantida.
- No outono, Mafra recebe o **Festival Internacional de Música**, quando ocorrem concertos barrocos e contemporâneos na basílica e na biblioteca. Solicite mais detalhes no Centro de Informação Turística.

Outros Passeios

1 Chiado e Bairro Alto

Passeio a Pé

O Elevador da Glória facilita a circulação

DISTÂNCIA 2,4km **DURAÇÃO** 1 hora só de caminhada, de 2 a 3 horas com as visitas
INÍCIO/FIM Praça dos Restauradores 197 F4

Esta caminhada circular no centro de Lisboa, principalmente em descidas, mostra dois bairros diferentes e oferece a oportunidade de ver igrejas, museus, lojas atraentes e alguns dos cafés mais famosos da cidade.

1-2

Comece pela **Praça dos Restauradores** (➤ 53), com o **Palácio Foz** à esquerda, sede de um dos principais centros de informação turística de Lisboa. Contorne a esquina para pegar o **Elevador da Glória**. Este funicular, inaugurado em 1885 e o segundo a ser construído na cidade, liga as ladeiras do Bairro Alto ao centro. Sente-se para ter uma noção do que é Lisboa. Ao desembarcar, vire à direita no topo da escada. Subindo alguns degraus, à direita está o jardim do **Miradouro de São Pedro Alcântara**, com belas vistas da área central e até o Castelo. Vire à esquerda e volte para descer a Rua São Pedro de Alcântara, com a parede da **Igreja de São Roque** (➤ 109) à esquerda.

2-3

Vire à esquerda bem na frente da igreja e caminhe pela praça até o canto mais distante, onde há um lance de escada para baixo, à esquerda. Desça e pegue a segunda à direita, a Rua da Condessa, uma rua sossegada, com alguns bares e pequenas oficinas. Ela leva até o **Largo do Carmo**, bonito, com bancos e pés de acácia, onde fica o **Museu Arqueológico do Carmo** (➤ 61).

Quando Ir

No horário comercial, principalmente à tarde, quando se faz uma pausa para tomar alguma coisa e observar as pessoas nos cafés.

Como Chegar ao Início

Metrô até a Praça dos Restauradores.

Para uma Pausa

Café A Brasileira (➤ 60-61).

Interior da Igreja de São Roque

O museu ocupa uma ala do antigo convento, e foi aqui que Caetano se rendeu durante a Revolução dos Cravos em 1974 (➤ 24-25).

3-4

Caminhe pela praça e desça a Calçada do Sacramento até o cruzamento com a Rua Garrett, com algumas das lojas mais chiques de Lisboa. Vire à direita e suba a ladeira, apreciando as tradicionais fachadas das lojas e, do outro lado, a da **Igreja dos Mártires**, erguida entre 1769 e 1784. Como diversas outras de Lisboa, a igreja fica no lugar de uma anterior, e os afrescos no teto da nave mostram dom Afonso Henriques, primeiro rei de Portugal, prometendo construir o templo original. Passando os Mártires, a Rua Serpa Pinto conduz ao **Museu do Chiado** (➤ 60) – você pode fazer um desvio para visitá-lo ou virar à esquerda no Sacramento para tomar alguma bebida ou um cafezinho no famoso **Café A Brasileira** (➤ 60-61).

4-5

Ao sair do café, atravesse a rua e o Largo do Chiado e prossiga até a Rua Duques de Bragança. Bem perto fica o Largo de São Carlos, abaixo, à esquerda. Desça até o largo e caminhe na frente do **Teatro Nacional de São Carlos** (➤ 66). Esta é a Casa de Ópera de Lisboa, construída no final do século 18, tendo como modelo o Scala

Obelisco na Praça dos Restauradores

de Milão. Dispõe de belíssimo interior rococó, que se pode admirar durante a temporada de ópera, no inverno.

5-6

Depois do teatro, continue em frente pela Rua do Capelo e vire à esquerda na Rua Ivens, muito bonita, ladeada de construções homogêneas do século 19. Por ela você volta à Rua Garrett. Dobre à direita e verá o moderno shopping center do Chiado (➤ 65) à sua frente. Ele foi erguido durante o extenso programa de reconstrução após o catastrófico incêndio do Chiado em 1988. O projeto da reconstrução é de Álvaro Siza Vieira, arquiteto

do Porto, que, admiravelmente, conseguiu manter um toque de tradição neste bairro histórico.

6-7

No fim da Rua Garrett vire à esquerda e caminhe pela Rua do Carmo, outra área comercial chique. Na parte de cima encontra-se o viaduto do **Elevador de Santa Justa** (➤ 50), projetado e construído em 1901 por um admirador de Eiffel, para ligar a Baixa ao Largo do Carmo. Você pode tomar o elevador para ir ao largo e aproveitar a belíssima vista da cidade – vire à direita ao descer os degraus da entrada – ou, no fundo do Carmo, acompanhar o **Rossio** (➤ 52-53), à direita.

Você pode caminhar pela praça, a fim de voltar aos **Restauradores**, com a estação à sua esquerda, ou prolongar o passeio virando à direita para pegar a Rua Áurea (Rua do Ouro), a Rua dos Sapateiros e a Rua Augusta até a **Praça da Figueira**. Aqui, dobre à esquerda, atravesse a praça e vire à esquerda de novo para retornar ao Rossio e aos Restauradores.

À esq.: Teatro Nacional de São Carlos
À dir.: Elevador de Santa Justa

2 Alfama

Passeio a Pé

DISTÂNCIA 3,7km **DURAÇÃO** De 1 a 2 horas só de caminhada, de 2 a 4 horas com as visitas
INÍCIO Praça do Comércio ✚ 198 A1 **FIM** Sé ✚ 198 B1

A melhor maneira de explorar a histórica Alfama, bairro mais antigo de Lisboa, é a pé. Este passeio sobe e desce as ladeiras da área e oferece a oportunidade de visitar igrejas históricas no percurso, até chegar bem no centro do bairro.

1-2

Vire-se de costas para o rio e comece a caminhada pela **Praça do Comércio**, dirigindo-se para o canto mais afastado da praça, à direita. Atravesse a rua e ande pela Rua da Prata. Pegue a primeira à direita, a Rua do Comércio, e cruze a Rua dos Fanqueiros (comerciantes de tecidos). Então, dobre a primeira à esquerda e a segunda à direita (seguindo as placas marrons) para subir. À direita, você verá a **Igreja da Madalena**; acompanhe a rua curva até a Rua de Santo António da Sé; bem na frente, avista-se a fachada da **Sé** (➤ 72-73).

Quando Ir

Boa caminhada em qualquer ocasião. Muita gente garante que o miradouro da Graça é o melhor local de Lisboa para ver o pôr do sol.

Como Chegar

Metrô até Baixa-Chiado, depois caminhe pela Rua Áurea (Rua do Ouro) até a Praça do Comércio (à esq.).

Faça uma Pausa

Relaxe em um dos cafés próximos do Miradouro de Santa Luzia ou do Largo das Portas do Sol.

Vista da Igreja da Graça

2-3

Com a catedral à sua direita, suba a Rua Augusta Rosa, acompanhando o trilho do bonde. Um estandarte na parede oposta à catedral marca a entrada do **Museu do Teatro Romano** (tel. 217 513 200, ter-dom 10h-13h, 14h-18h; grátis), dedicado a preservar o pouco que restou do único anfiteatro romano em Portugal. Foi descoberto e vistoriado em 1798, mas foram feitas construções por cima. Em 1964, descobriram alguns bancos de pedra enterrados e teve início uma escavação moderna. Boa parte do teatro ainda está enterrado sob as casas ao redor, mas há um trecho de parede visível, e um vídeo em diversas línguas informa sobre a evolução da área. Deixe o museu e suba a colina. A parede alta à direita é da Faculdade de Direito da Universidade de Lisboa. Continue morro acima pelo Largo do Limoeiro e entre na Rua do Limoeiro, depois suba a escada à direita ao lado do declive gramado para chegar ao **Miradouro de Santa Luzia** (➤ 179).

Bonde nº 28 no Largo das Portas do Sol

3-4

Este fantástico ponto de observação deve seu nome à pequena Igreja de **Santa Luzia**, cujo exterior é lindamente decorado com azulejos do século 18. As cúpulas e torres que se veem daqui são da Igreja de Santo Estêvão. Continue a contornar a igreja pela esquerda e chegará ao **Largo das Portas do Sol**, onde se situa o **Museu-Escola de Artes Decorativas** (➤ 74-76), outro miradouro com excelentes vistas do rio e da imagem de são Vicente, padroeiro de Lisboa.

4-5

Siga a rua e a linha de bonde morro acima. Dobre à esquerda e vá pela rua de pedra até ver a placa marrom do miradouro apontando para a subida da Calçada da Graça. Esta rua é uma ladeira íngreme que leva até a **Igreja da Graça** (➤ 88), e na frente dela tem-se uma esplêndida vista do centro de Lisboa. Dê uma olhada no interior; depois aprecie as vistas da Baixa. Se quiser descansar, aqui existe um ótimo café.

5-6

Deixando a igreja, caminhe pelo lado sul do Largo da Graça e desça a escada para a Rua Voz do Operário – de novo, procure o trilho do bonde. Prossiga até a Igreja de **São Vicente de Fora** (➤ 80-81), à esquerda.

6-7

Continue morro abaixo, seguindo o trilho do bonde na curva para a direita. Cerca de 300m à frente, onde a rua vai para a direita, atravesse-a e desça as Escadinhas das Escolas, um longo lance de degraus.

Embaixo, vire à direita até o Largo do Salvador, onde você vai pela esquerda e desce o morro. Aqui as ruas são estreitas e íngremes e chegam ao centro de **Alfama** (➤ 82-84). Continue para baixo, até uma pracinha com o Centro Paroquial da Alfama na esquina, vire à direita ao lado dele e chegará a uma série de lojas locais como açougues, padarias e quitandas – tudo muito movimentado.

Um dos cafés perto do Miradouro de Santa Luzia

7-8

Você chegará ao **Largo de São Miguel**, outra pracinha de bairro, onde se encontra uma solitária palmeira no centro. Atravesse a praça, com a igreja à sua direita, e prossiga até a Rua de São Miguel, que se transforma na Rua de São João da Praça, cujo nome vem da igrejinha simples do século 18.

Mantenha-se ao lado da igreja, o que o levará até o lado sul da Sé.

3 Cacilhas e Santuário do Cristo Rei

Passeio de Ferryboat

Basta um rápido passeio de ferryboat para atravessar o rio rumo à margem sul, onde a enorme estátua do Cristo Rei abre os braços para Lisboa. Este passeio lhe oferece uma noção do que é a margem sul e a oportunidade de ver toda a cidade, com o Tejo aos pés dela, correndo para o mar.

DISTÂNCIA 4,5km; só de caminhada 1km **DURAÇÃO** De 2 a 3 horas
INÍCIO/FIM Cais do Sodré 197 E2

1-2

Ao chegar no **Cais do Sodré** (➤ 60), siga as placas para a **Estação Fluvial** e compre um bilhete. Siga as indicações até o ferryboat para Cacilhas e pegue um lugar em cima, ao lado da janela. A viagem pelo Tejo leva uns dez minutos e você observa os destaques da cidade sumindo atrás do barco. Rio abaixo, vê-se a **Ponte 25 de Abril**, construída em 1966, conhecida então como Ponte Salazar e a mais longa ponte pênsil da Europa, na época. Suas quatro pistas foram ampliadas para seis, mas continua sendo um dos principais gargalos do trânsito nas horas de pico e nos fins de semana de verão, quando muita gente vai para as praias de Caparica. O terminal de ferryboat de **Cacilhas** serve Almada, sempre em expansão.

2-3

Desembarque e vire à esquerda para a estação de ônibus até o ponto nº 20. O ônibus nº 101 sai a cada 20 minutos para o **Santuário do Cristo Rei**; suba e pague ao motorista. A viagem por **Almada** e a subida até a estátua levam uns 15 minutos, e no caminho você atravessa a área mais baixa e moderna desta cidade movimentada. Não se vê nenhum sinal da imensa estátua até chegar em cima do morro, onde as casas diminuem e o Cristo se destaca sozinho, numa plataforma gramada, quase na beira do penhasco. Se esta figura enorme o faz lembrar de outra, saiba que foi a famosa

Quando Ir

A qualquer momento do dia, menos nos horários de pico da manhã e da tarde; é um ótimo passeio para depois do almoço.

Como Chegar

Metrô até o Cais do Sodré.

Faça uma Pausa

Experimente o café ao lado do Cristo Rei ou vá até o **Atira-te ao Rio** (Cais de Ginjal 69, tel. 212 751 380), um restaurante brasileiro tranquilo.

A estátua do Cristo Rei

estátua do Cristo Redentor do Rio de Janeiro que inspirou a construção. Em 1934, apenas três anos após ter sido terminada, o cardeal de Lisboa visitou o Rio e sentiu-se imediatamente inspirado pela imagem. Seis anos depois, com a Europa quase toda em guerra, o governo português prometeu construir uma estátua semelhante, se o país fosse poupado da Segunda Guerra Mundial. Portugal conservou-se neutro e, em 1950, teve início a construção da imagem.

O escultor desta figura impressionante foi Francisco Franco de Sousa, e o arquiteto, António Lino.

3-4

Quando sair do ponto de ônibus, atravesse o arco central dos prédios administrativos da estátua. Ao se aproximar, você terá a noção de seu tamanho – a estrutura toda tem 110m de altura, enquanto o Cristo mede 28m.

Dentro, um elevador o leva até uma plataforma, onde irá caminhar pelas lojas para acessar as escadas até o **miradouro**. Existem suvenires religiosos à venda, um lembrete de que, para muitos portugueses, a estátua é um importante santuário nacional e local de peregrinação. Ao sair, você verá a Ponte 25 de Abril.

4-5

Do outro lado do rio está Lisboa, com o perfil delicado da **Ponte Vasco da Gama** (➤ 153) marcando os limites da cidade. Rio abaixo, a vista ultrapassa **Belém** (➤ 115-140) e vai até as colinas de **Sintra** (➤ 164-167). Depois de Belém, você consegue distinguir os balneários de **Estoril** (➤ 161) e **Cascais** (➤ 161), e mais além, o mar aberto. Pegue o ônibus de volta para Almada.

5-6

Desça do ônibus no 3º ou 4º ponto e caminhe pela cidade antiga, que fica mais atraente em julho, quando recebe um dos mais importantes festivais de teatro do país. Há outras vistas magníficas no miradouro atrás da **Câmara Municipal**, onde existe uma igreja antiga numa praça agradável. Você pode descer o morro a pé até o ferryboat ou tomar o ônibus. Na volta, terá a oportunidade de se aproximar da Baixa como Pombal idealizou – a partir do mar, com a Praça do Comércio e o Arco Triunfal funcionando como o grandioso portal da cidade.

A Ponte 25 de Abril faz lembrar a Golden Gate de São Francisco

Passeios Organizados

Um passeio organizado costuma ser a melhor maneira de se localizar numa cidade desconhecida. Lisboa é bem servida de empresas que oferecem desde passeios de bonde até cruzeiros fluviais e excursões a locais mais afastados.

Carristur
Empresa de transporte público de Lisboa, opera ônibus regulares e serviço de embarque e desembarque em alguns pontos. Todos saem da Praça do Comércio.
☎ **213 582 334; www.carristur.pt**

Colinas Tour
Turismo no centro em bonde de época, que contempla Baixa, Graça, Alfama, Chiado, Bairro Alto e Lapa. 1 hora e 20 minutos. A cada 30 minutos 10h-19h (menos 12h30 e 14h) jun-set; 10h, 10h30, 12h, 13h, 13h30, 15h, 15h30, 16h, 17h, 17h30, 18h) out-mai. Caro.

Cruzeiros no Tejo €€€
Passeio pelo rio, desde o Terreiro do Paço rio acima até o Parque das Nações e rio abaixo até Belém. 2 horas. Diariam 15h. Caro.
☎ **808 203 050; www.transtejo.pt**

Discoveries Tour
Passeio em bondes de época pela cidade velha até Belém. 1 hora e 50 minutos. Diariam 11h30, 15h30, 17h30. Caro.

Lisbon Walker
Quatro passeios temáticos a pé, guiados, a diferentes áreas e aspectos da cidade, incluindo a Cidade Velha, a cidade pós-terremoto, Chiado e Bairro Alto e Lendas e Mistérios. Caminhadas diárias na Praça do Comércio (de 2 a 3 horas).
✉ **Rua dos Remédios, 84** ☎ **218 861 840; www.lisbonwalker.com**

Olispo Tour
Trajeto circular com embarque e desembarque pelo Bairro Alto, norte de Lisboa, Parque das Nações e beira-rio. Diariam, a cada meia hora 10h30-17h30 mar-out; diariam 11h30, 13h30, 15h30 nov-fev. Caro.

Tagus Tour
Trajeto com embarque e desembarque via Avenida da Liberdade, Praça de Espanha, Estrela, Alcântara, Belém e beira-rio. A cada meia hora 10h15-17h15 mar-jun, out; a cada meia hora 9h15-20h15 jul-set; a cada uma hora 11h15-16h15 nov-fev. Caro.

Fora do Centro
Há passeios mais longos até Fátima, Batalha, Nazaré, Alcobaça e Óbidos organizados por:
Cityrama
✉ **Avenida Praia da Vitória, 12B** ☎ **213 191 090; www.tours.cityrama.pt**
Dianatours
✉ **Campo Grande, 30B**
☎ **217 998 540; www.dianatours.pt**

A Carris também organiza passeios diários por toda a cidade e excursões para Sintra via Queluz, Sintra direto, cabo da Roca, Guincho, Cascais e Estoril.

Informações Úteis

INFORMAÇÕES PRÉVIAS

Sites

- Portugal Global: www.portugal.org
- Turismo em Portugal: www.visitportugal.com
- Informações turísticas de Lisboa: www.visitlisboa.com
- Reserva de hotel: www.maisturismo.pt
- Turismo independente (em inglês): www.golisbon.com
- Mais informações: www.portugalvirtual.pt

ANTES DE VIAJAR

DO QUE VOCÊ PRECISA

● Exigido
○ Sugerido
▲ Opcional
△ Não se aplica

Alguns países exigem a apresentação de um passaporte válido por um período mínimo (em geral, pelo menos 6 meses) a partir da data de entrada. Verifique.

	Brasil	Alemanha	EUA	Canadá	Austrália	Irlanda	Holanda	Espanha
Passaporte/Carteira de Identidade Nacional	●	●	●	●	●	●	●	●
Visto (as regras podem mudar – veja antes de viajar)	▲	▲	▲	▲	▲	▲	▲	▲
Passagem de ida e volta	○	○	○	○	○	○	○	○
Vacinas (tétano e pólio)	▲	▲	▲	▲	▲	▲	▲	▲
Documentos de saúde	▲	▲	▲	▲	▲	▲	▲	▲

QUANDO IR

Lisboa

Alta temporada / Baixa temporada

JAN	FEV	MAR	ABR	MAI	JUN	JUL	AGO	SET	OUT	NOV	DEZ
Baixa temporada	Baixa temporada	Baixa temporada	Baixa temporada	Alta temporada	Alta temporada	Alta temporada	Alta temporada	Alta temporada	Alta temporada	Baixa temporada	Baixa temporada
15°C	16°C	18°C	19°C	22°C	25°C	27°C	28°C	26°C	22°C	18°C	15°C
sol/chuvas	sol/chuvas	sol/chuvas	sol/chuvas	ensolarado	ensolarado	ensolarado	ensolarado	ensolarado	sol/chuvas	muita chuva	muita chuva

ensolarado · sol/chuvas · muita chuva

As temperaturas correspondem à **média diária máxima** para cada mês. A primavera (abril a junho) e o outono (setembro a outubro) são os melhores momentos para visitar Lisboa, pois nos meses de verão pode ficar muito quente e a cidade lota, embora uma visita de verão possa incluir viagens aos balneários de Cascais e Estoril ou ao litoral de Caparica, do outro lado do Tejo. Em novembro costuma chover muito, mas janeiro e fevereiro anunciam os primeiros sinais da primavera. As diárias de hotéis tendem a diminuir um pouco nesses meses, o que se torna um atrativo para conhecer a cidade.

No Brasil
São Paulo (SP)
aicep.s.paulo@portugal
global.pt
☎ 55 11 3084-1830

Casa de Portugal
São Paulo (SP)
Av. Liberdade, 602
Centro
☎ 55 11 3209-5554

Casa de Portugal
Rio de Janeiro (RJ)
Rua do Bispo, 72
Rio Comprido
☎ 55 21 3987-730

COMO CHEGAR

De Avião O aeroporto internacional de Lisboa é servido por voos regulares da **TAP-Air Portugal**, a empresa aérea nacional, e da brasileira **TAM**, além de empresas internacionais, como **Iberia**, **Air France**, **British Airways**, **Continental** e **Lufthansa**. Em 2007, a TAM e a TAP começaram a realizar os chamados voos compartilhados entre Brasil e Portugal, que partem do Rio de Janeiro, de Brasília e de São Paulo, diretamente para Lisboa.

De Carro No continente europeu existem diversos pontos de entrada ao longo da fronteira com a Espanha, com poucos entraves de controle alfandegário. As principais estradas para Portugal vão de Vigo ao Porto, de Zamora a Bragança, de Salamanca a Guarda e de Badajoz a Elvas; e você pode acessar o sistema viário português para Lisboa a partir dessas cidades. Da Grã-Bretanha, pegue um ferryboat até Bilbao ou Santander, no norte da Espanha, de onde a viagem cobre cerca de 1.000km até Lisboa.

De Trem Existem trens regulares para Lisboa que partem de Madri (10 horas) e Paris (24 horas). Há uma linha de trem de Vigo, na Espanha, que cruza a fronteira em Valença, no vale do Minho, e vai até Lisboa, passando pelo Porto.

FUSO HORÁRIO

Portugal se encontra no Horário Médio de Greenwich (GMT), três horas na frente do horário de Brasília. Desde o último domingo de março até o último domingo de outubro, horário de verão em Portugal, a diferença sobe para quatro horas. Durante o horário de verão brasileiro, entre outubro e março, cai para duas horas.

MOEDA E CÂMBIO

Moeda O euro (€) é a moeda oficial de Portugal. Existem moedas metálicas nos valores de 1, 2, 5, 10, 20 e 50 centavos de euro, e de €1 e €2. Há cédulas de €5, €10, €20, €50, €100, €200 e €500. Observação: não são emitidas cédulas de €200 e €500 em Portugal, mas as de qualquer outro lugar são válidas no país.

Traveller's cheques podem ser trocados em bancos, casas de câmbio e em muitos hotéis – sempre com a apresentação do seu passaporte. As **casas de câmbio** geralmente oferecem o melhor negócio, mas cobram para comprar; portanto, compare o preço das comissões. Também se pode retirar dinheiro em caixas automáticos com cartão de crédito ou débito, usando a sua senha. Seu banco vai cobrar uma taxa por esse tipo de operação.

Cartões de crédito são bem aceitos em Lisboa, embora seja aconselhável ter algum dinheiro vivo à mão para pagar lanches e compras em locais que não aceitam cartão. É mais fácil e menos caro (dependendo das taxas do seu cartão) usar apenas dinheiro de plástico, em vez de levar traveller's cheques ou trocar dinheiro antecipadamente.

DIFERENÇA DE HORÁRIO

GMT	EUA (Nova York)	Brasil (Brasília)	Lisboa	Alemanha	Espanha
12h	7h	9h	12h	13h	13h

QUANDO ESTIVER LÁ

TAMANHOS DAS ROUPAS

Brasil	Portugal	EUA	
46	46	36	Ternos
-	48	38	Ternos
48	50	40	Ternos
-	52	42	Ternos
50	54	44	Ternos
52	56	46	Ternos
41	41	8	Calçados
42	42	8,5	Calçados
43	43	9,5	Calçados
44	44	10,5	Calçados
45	45	11,5	Calçados
46	46	12	Calçados
36	37	14,5	Camisas
37	38	15	Camisas
39	39/40	15,5	Camisas
40	41	16	Camisas
41	42	16,5	Camisas
42	43	17	Camisas
38	32	4	Vestidos
40	34	6	Vestidos
42	36	8	Vestidos
44	38	10	Vestidos
46	40	12	Vestidos
48	42	14	Vestidos
37	38	6	Calçados
37	38	6,5	Calçados
-	39	7	Calçados
-	39	7,5	Calçados
38	40	8	Calçados
-	41	8,5	Calçados

FERIADOS

1º jan	Ano-Novo
fev/mar	3ª feira de Carnaval
mar/abr	6ª feira Santa
25 abr	Dia da Liberdade
1º mai	Dia do Trabalho
mai/jun	Corpus Christi
10 jun	Dia de Camões
15 ago	Festa da Assunção
5 out	Dia da República
1º nov	Dia de Todos os Santos
1º dez	Dia da Independência
8 dez	Festa da Imaculada Conceição
25 dez	Natal

HORÁRIOS DE FUNCIONAMENTO

○ Lojas ● Correios
● Escritórios ● Museus/Igrejas
● Bancos ● Farmácias

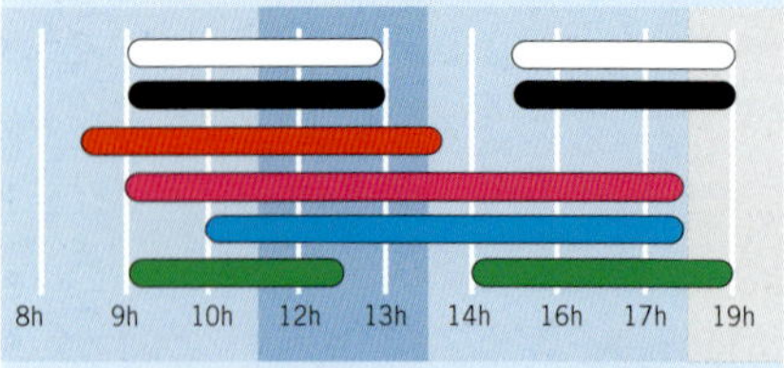

□ Manhã □ Meio-dia □ Noite

Lojas Em geral, 9h-12h30, 14h30-19h. Grandes lojas e supermercados costumam funcionar 9h-19h. Alguns supermercados abrem até as 22h (17h aos dom). Hipermercados em shoppings vão até as 22h ou mais.
Escritórios Em geral, 9h-12h30, 14h-18h.
Bancos Costumam abrir 8h30-15h.
Correios seg-sex 9h-18h; sáb 9h-12 nas principais filiais. Nos subúrbios podem fechar para o almoço.
Museus e igrejas Os grandes museus abrem 10h-18h e os menores 10h-13h, 14h-17h, mas os horários podem variar – verifique antes.
Farmácias Quase sempre abrem 9h-12h30, 14h-19h, mas as de plantão ficam até mais tarde (► 188).

EMERGÊNCIAS

POLÍCIA 112

BOMBEIROS 112

AMBULÂNCIA 112

SEGURANÇA PESSOAL

A violência contra turistas é incomum em Lisboa, mas você deve ficar atento a roubos de bolsas, mochilas e batedores de carteira em transporte público lotado e em algumas áreas.

- Sempre deixe itens de valor no cofre do hotel.
- Cuidado com trombadinhas em mercado cheio ou ônibus lotado.
- Não descuide da bagagem enquanto espera ônibus ou táxi.
- À noite, dê preferência às ruas bem iluminadas.
- Se você for assaltado, nunca reaja.

Ajuda policial:
112 de qualquer telefone

TELEFONES

Existem telefones públicos em quase todas as esquinas. Eles funcionam com moedas, cartões de crédito ou cartão telefônico, disponível em quiosques, correios e lojas com o logo da PT (Portugal Telecom).

As ligações internacionais são mais baratas entre as 21h e as 9h e nos fins de semana.

As ligações feitas no quarto do hotel terão sobretaxa pesada.

A recepção dos celulares é excelente em toda a cidade.

Códigos para Ligações Internacionais
Digite 00 seguidos de

Austrália:	**61**
Brasil:	**55**
Espanha:	**34**
EUA/Canadá:	**1**
Reino Unido:	**44**

CORREIOS

Os selos são adquiridos nos correios, em quiosques e tabacarias. Cartas para a UE chegam dentro de cinco a sete dias, e para as Américas, em dez dias. Envie correspondência urgente pelo *correio azul* e coloque-a numa caixa de correio azul (as outras caixas são vermelhas).

ELETRICIDADE

O fornecimento é de 220 volts, CA. As tomadas são de dois pinos redondos. Visitantes com aparelhos de tomada com pino chato e que funcionam com 100/120 volts precisam de adaptadores e de um transformador.

GORJETAS

Não se espera que você dê gorjeta para todos os serviços, e as taxas são as mais baixas da Europa.

Como referência geral:

Conta de restaurante	(serviço não incluído) 10%
Táxis	10%
Guias turísticos	meio dia €3; dia inteiro €5
Porteiros	€1 por mala
Camareiras	não esperam gorjeta
Atendentes em toaletes	alguns trocados

CONSULADOS E EMBAIXADAS

Brasil	EUA	Reino Unido	Austrália	Canadá
☎ 217 248 510	☎ 217 273 300	☎ 213 924 000	☎ 213 101 500	☎ 213 164 600

SAÚDE

Seguro Brasileiros segurados do INSS têm assistência médica gratuita em Portugal; basta soliciar o Certificado de Direito a Assistência Médica Durante Estadia Temporária, no Departamento Nacional de Auditoria do SUS, Ministério da Saúde.

Serviços Odontológicos Em geral, o padrão de atendimento odontológico particular é excelente. Informe-se no hotel, se precisar de dentista. Você terá de pagar o tratamento, mas se tiver seguro particular de viagem, ele deve cobrir as despesas.

Tempo O sol é intenso em todos os momentos do ano, e você pode se queimar muito depressa, mesmo em dias nublados. Passe protetor solar potente, use chapéu e beba muita água, principalmente se caminhar bastante durante o dia.

Remédios As farmácias funcionam seg-sex 9h-13h e 14h30-19h, e sáb 9h-12h30. Algumas não fecham no almoço, e a lista dos plantões está afixada na vitrine. Os farmacêuticos são bem treinados e podem vender alguns remédios que precisam de receita em outros países. Mas leve o suprimento adequado de seus medicamentos de uso contínuo, pois talvez eles não estejam disponíveis.

Água A água da torneira é segura, mas sua composição pode ter sabor desagradável. Peça água com ou sem gás, fornecida em garrafas ou frascos.

DESCONTOS

Estudantes e jovens A maioria dos museus tem ingressos mais baratos para estudantes, mediante a apresentação de passaporte ou com de carteira estudantil válida. A entrada de crianças costuma ser gratuita.

Idosos Em geral, os viajantes com mais de 65 anos costumam ter desconto nos ingressos para museus e tarifas reduzidas no transporte público. Porém, se a mobilidade for um problema, circular pode ser meio complicado (➤ Portadores de Deficiência, à dir.).

PORTADORES DE DEFICIÊNCIA

Equipamentos para os portadores de deficiência estão melhorando, mas hotéis e prédios públicos antigos ainda são inacessíveis, e hotéis mais baratos costumam ocupar os andares superiores de prédios sem elevador. As ruas de pedra são um problema para os cadeirantes. Algumas estações de metrô têm elevador para acessar a plataforma. Shoppings, alguns museus, aeroportos e estações de trem têm banheiros especialmente adaptados. Converse sobre suas necessidades com a agência de viagem ou o hotel antes de marcar as férias.

CRIANÇAS

Em geral, hotéis e restaurantes são simpáticos com crianças, mas as menores podem não gostar muito da cidade. Os fraldários são raros.

BANHEIROS PÚBLICOS

Há banheiros públicos em shoppings, algumas estações de metrô e museus. Muitos bares e cafés têm toaletes, só para o uso da clientela.

ALFÂNDEGA

A importação de itens que provenham de espécies raras ou ameaçadas de extinção pode ser ilegal ou exigir autorização especial. Verifique as regras alfandegárias de seu país.

Palavras e Frases

EMERGÊNCIAS E PALAVRAS ÚTEIS

Absorvente higiênico **Penso higiênico**
Achados e perdidos **Perdidos e achados**
Até logo, tchau **Adeus, adeuzinho**
Caixa eletrônico **Multibanco**
Chiclete **Pastilha elástica**
Contundido **Magoado**
Curativo **Penso**
Delegacia **Esquadra**
Dolorido **Dorido**
Durex, fita adesiva **Fita-cola**
Esmalte de unhas **Verniz de unhas**
Esparadrapo **Adesivo**
Fumante **Fumador**
Injeção **Picada, pica**
Pessoa física/jurídica **Pessoa singular/coletiva**
Planejar **Planear**
Pronto-socorro **Serviço de urgência**
Sotaque **Acento**
Sinto muito **Tenho muita pena**
Tem fogo? **Tem lume?**

COMPRAS/TIPOS DE LOJA

Açougue **Talho**
Armarinho, venda **Drogaria**
Atacadista **Grossista**
Banca de revistas **Quiosque**
Bares com mesa ao ar livre **Esplanadas**
Liquidações **Saldos**
Loja de discos **Discoteca**
Loja de doces, doceira **Pastelaria**
Marrom **Castanho**
Menor **Mais pequeno**
Papai Noel **Papai Natal**
Para presente **Para oferta**
Peruca **Capachinho**
Restaurantes econômicos **Tascas**
Sorveteria **Gelateria**
Troco **Resto, trocos**
Varejista **Retalhista**
Vermelho **Encarnado**
Vitrine **Montra**

ROUPAS E ACESSÓRIOS

Bolso **Algibeira**
Blusão **Camisola**
Calcinha **Cueca feminina**
Terno **Fato**
Maiô **Fato de banho**
Macacão **Fato-macaco**
Capa **Gabardine**
Jeans **Ganga**
Meias **Peúgas masculinas**
Sacola **Saco**
Camiseta **T-Shirt**

CARDÁPIO

Aguardente **Bagaço**
Aspargo **Espargo**
Baguete **Cacete**
Batata assada com casca no sal **Batata a murro**
Batata cozida em molho de manteiga **Batata salteada**
Bebida destilada **Espirituosa**
Bife à milanesa **Bife panado**
Bife de carne de porco **Febra**
Bolinho de bacalhau **Pastel de bacalhau**
Cachorro-quente **Cachorro**
Café com leite servido em copo **Galão**
Cafezinho **Bica**
Camarão **Gamba**
Caqui **Dióspiro**
Carapau (cavalinha) frita **Joaquinzinho**
Champanhe **Espumante**
Chope (expressão mais comum no norte do país) **Fino**
Chope (expressão mais comum no sul do país) **(Uma) imperial**
Churrasquinho de carne de porco **Bifana**
Churrasquinho de carne de vaca **Prego**
Cordeiro **Anho, borrego**
Cozido de carne de cabra **Chanfana**
Creme de espinafre **Esparregado**
Defumado **Fumado**

Doce de caramelo, pirulito **Rebuçado**
Doce feito de massa (os mais famosos são os pastéis de Belém) **Pastel**
Embebedar-se **Enfrascar-se**
Espécie de espinafre selvagem em sopa, creme ou salteado **Grelos**
Filé de peixe **Filete**
Filé mignon **Lombo**
Frutos do mar **Mariscos**
Grapefruit **Toranja**
Legumes **Hortaliças**
Linguiça feita de vários tipos de carne e frita com batata **Alheira**
Milk-shake **Batido**
Misto quente **Tosta mista**
Ovos pochés (mergulhados em água fervente) **Ovos escalfados**
Panela e prato típico do Algarve **Cataplana**
Pão de sanduíche **Carcaça**
Papa de pão amassado com alho **Açorda**
Pequeno café preto **Cimbalino**
Pimenta **Picante**
Pimenta forte **Piri-piri**
Presunto **Fiambre**
Sanduíche **(Um) sandes**
Sanduíche quente **Tosta**
Sopa de verduras **Sopa de grelos**
Sorvete **Gelado**
Tipo de marisco **Amêijoas**
Torta doce ou salgada **Tarte**

MEIOS DE TRANSPORTE E CIRCULAÇÃO

Aeromoça/Comissário (avião) **Hospedeira/Hospedeiro de bordo**
Aterrissar (avião) **Aterrar**
Banheiro público **Retrete, lavabo**
Bonde **Eléctrico**
Calçada **Passeio**
Caminhão **Camião**
Carona **Boleia**
Carro de aluguel **Carro de aluger**
Carteira de habilitação **Carta de condução**
Carteira de identidade **Bilhete de identidade**
Cobrador, fiscal **Picas, revisor**
Decolar (avião) **Descolar**
Direção hidráulica **Direcção assistida**
Escritório de turismo **Posto de turismo**
Estação **Gare**
Estação de trem **Estação de comboios**
Faixa de pedestres **Passadeira para peões**
Fechado **Encerrado**
Ferrovia **Caminho de ferro**
Funicular **Elevador**
Metrô **Metro**
Ônibus **Autocarro**
Ônibus-sanfona **Lagarta**
Parlamento **Hemiciclo**
Passe múltiplo **Caderneta**
Prefeitura **Câmara**
Terminal de ônibus **Estação de autocarros**
Trem **Comboio**
Usuário **Utente**
Vagão (de trem) **Carruagem**
Validar (o bilhete) **Picar o módulo**

HOTEL

Abajur **Candeeiro**
Andar **Piso**
Andar térreo **Rés do chão**
Armário, guarda-roupa **Guarda-fato**
Banheiro **Casa de banho** ou **quarto de banho**
Café da manhã **Pequeno almoço**
Chuveiro **(O) Duche**
Elevador **Ascensor**
Estacionamento **Parque**
Fila **Bicha**
Mensageiro **Paquete**
Sobrenome **Apelido**
Sofá, poltrona **Maple (pronuncia-se "maiple")**
Subsolo **Cave**
Travesseiro **Almofada**
Vaso sanitário **Sanita**

TELEFONE E CORREIOS

Alô (de quem liga) **Está lá?**
Alô (de quem atende) **Estou**
Caixa de correio **Marco**
Caixa-postal **Apartado**
Celular **Telefone móvel**
Código ou prefixo telefônico **Indicativo**
Defeitos **Avarias**
Discagem automática **Serviço automático**
Endereço **Morada**
Fones de ouvido **Auscultador**
Ocupado **Impedido** ou **interrompido**
Posso deixar um recado? **Posso deixar uma mensagem**
Ramal (telefônico) **Extensão**
Secretária eletrônica **Atendedor de chamada**
Sinal de discar **Sinal de marcar**

Mapas

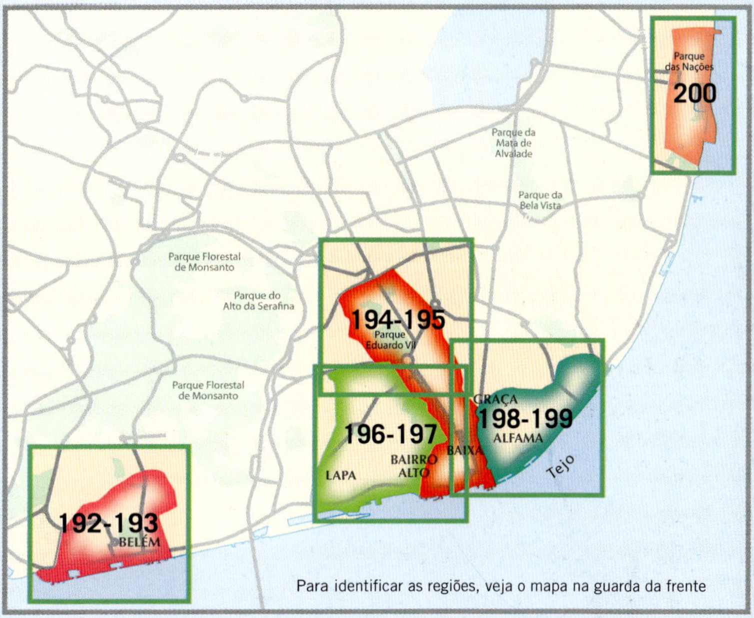

Para identificar as regiões, veja o mapa na guarda da frente

Mapas da Cidade

Rodovia	Local de interesse
Outras estradas	Informação turística
Estrada secundária	Monumento
Estrada estreita	Igreja
Ferrovia	Sinagoga
Linha de funicular	Miradouro
Edifício importante	Correio
Parque	Estação de metrô

192–200 0 100 200 300 400 500 metros

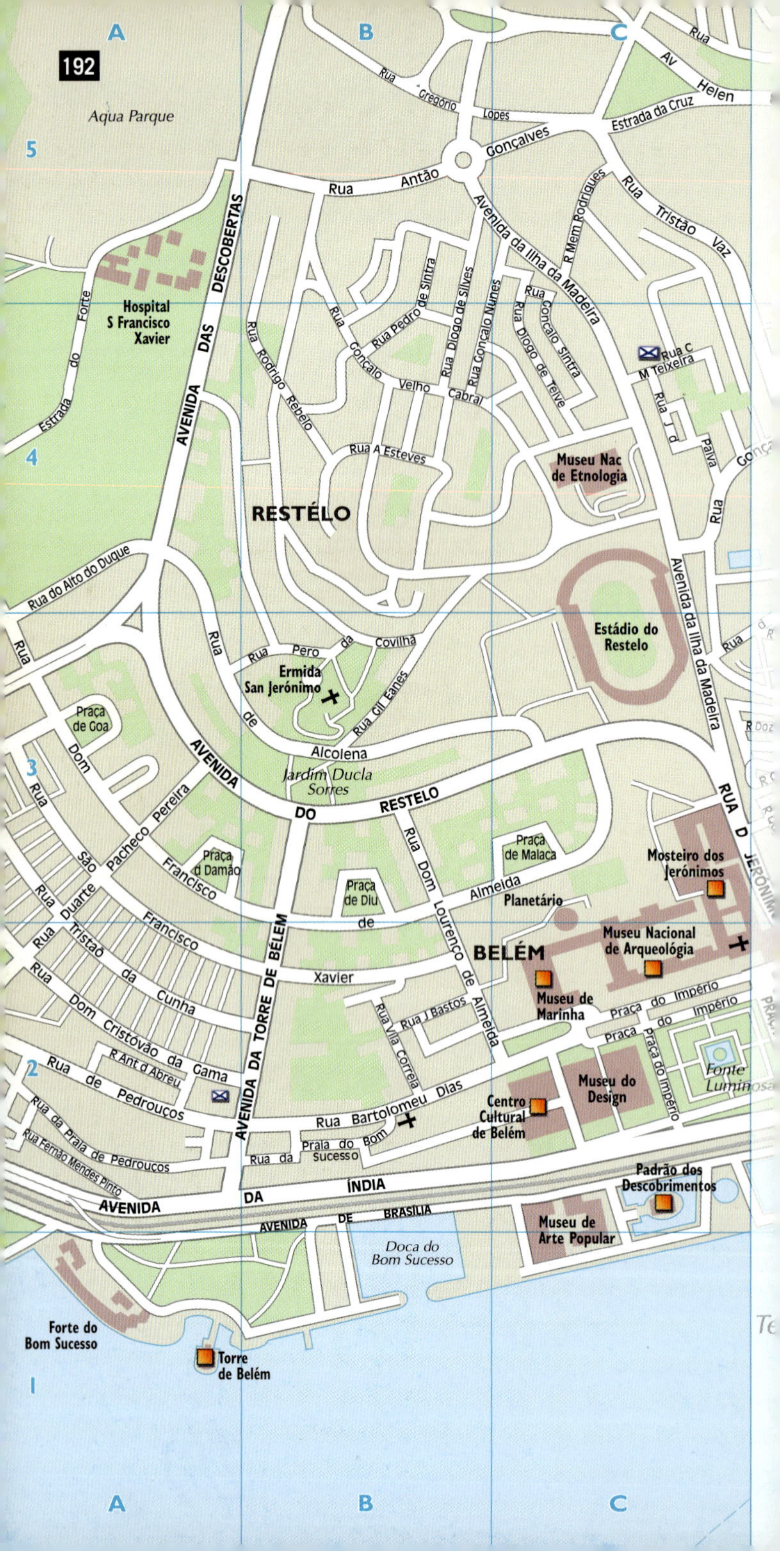
A
B
C
5
4
3
2
1
Aqua Parque
Hospital S Francisco Xavier
Estrada do Forte
Avenida das Descobertas
Rua do Alto do Duque
RESTÉLO
Rua Antão Gonçalves
Rua Gregório Lopes
Estrada da Cruz
Av Helen
Rua Tristão Vaz
R Mem Rodrigues
Avenida da Ilha da Madeira
Rua Pedro de Sintra
Rua Diogo de Silves
Rua Gonçalo Nunes
Rua Gonçalo Sintra
Rua Diogo de Teive
Rua Gonçalo Velho Cabral
Rua Rodrigo Rebelo
Rua A Esteves
Rua C M Teixeira
Rua J d Paiva
Museu Nac de Etnologia
Estádio do Restelo
Rua Pero da Covilhã
Ermida San Jerónimo
Rua Gil Eanes
Rua de Alcolena
Jardim Ducla Sorres
Avenida do Restelo
Praça de Goa
Rua Dom Francisco Pereira
Rua São Francisco
Praça d Damão
Praça de Diu
Praça de Malaca
Rua Dom Lourenço de Almeida
Rua Francisco de Almeida
Planetário
Mosteiro dos Jerónimos
Rua de Jerónimos
Museu Nacional de Arqueológia
BELÉM
Rua Duarte
Rua Tristão da Cunha
Rua Dom Cristóvão da Gama
Rua Francisco Xavier
Avenida da Torre de Belém
Rua J Bastos
Rua Vila Correia
Museu de Marinha
Praça do Império
Fonte Luminosa
R Ant d Abreu
Rua de Pedrouços
Rua da Praia de Pedrouços
Rua Fernão Mendes Pinto
Rua Bartolomeu Dias
Rua da Praia do Bom Sucesso
Centro Cultural de Belém
Museu do Design
Avenida da Índia
Avenida de Brasília
Padrão dos Descobrimentos
Museu de Arte Popular
Doca do Bom Sucesso
Forte do Bom Sucesso
Torre de Belém

ALTO DA AJUDA
AJUDA
Palácio da Ajuda
Largo da Ajuda
Cemitéira da Ajuda
Jardim Botânico
Escola
Igreja da Memória
Largo da Memória
Zona interdita
Jardim do Ultramar
Palácio de Belém
Museu Nacional dos Coches
Antiga Casa dos Pastéis de Belém
Largo dos Jerónimos
Museu da Presidencia da Republic
Praça Afonso de Albuquerque
Biblioteca
Escola Técnica
Universidade
Museu da Electricidade
Doca de Belém
Gare Marítima de Belém
Tejo
Trafaria
Porta Brandão
RUA DOS MARCOS
CALÇADA DA AJUDA
Calçada do Galvão
Rua das Açucenas
Calçada d Mirante
Rua do Cruzeiro
Rua do Guarda Jóias
Rua de D Vasco
Rua Coronel Pereira d Silva
Trav da Boa Hora
Calçada da Boa Hora
Rua dos Quarteis
Rua das Amoreiras à Ajuda
Rua Alexandre de Sa Pinto
Rua da Junqueira
Rua do Embaixador
Rua de Belém
AVENIDA DA ÍNDIA
AVENIDA DE BRASÍLIA
PRAÇA DO IMPÉRIO
JERÓNIMOS
BELÉM
Rua d Bica d Marquês
R d Jardim Botânico
Rua C M de Carvalho
T Paulo Martins
Travessa da Memória
Rua G J de Almeida
Rua Gen M Amorim
Rua Brotero
Cal da Memória
Rua Quinze
R Vinte e Um
Rua Um
R Oito
R Sete
R Seis
R Quatro
R Doze
R Onze
Rua Dezoito L do Figueiredo
Pedreiras
Trav d Zebras
T C A Velha
Rua V Portuense
T dos Ferreiros
L da Boa Hora
R Alfredo Silva
R Q Almeirgem
Rua Artur Lamas
Rua Pinto Ferreira
R Diogo Cão
Rua Rui Pina
Rua Prof Cidade dos Santos
Rua Armando Lucena
Rua do Sítio da Casalinho
R do Casalinho
Rua Roy Campbell
Rua A
Rua C
Rua Dois
Rua Tres
Rua Um
Keller
Dois
Gonçalves Zarco
D E F
1 2 3 4 5

A
B
C
5
4
3
2
1
ESTRADA DA LARANJEIRAS
LARANJEIRAS
Laranjeiras
SETE RIOS
Instituto de Oncologia
REGO
Hospital
Faculdade de Sociais
AVENIDA DOS COMBATENTES
Rua Prof Lima Bastos
Rua Dr A Martins
AVENIDA COLUMBANO BORGDALO PINHEIRO
Palácio dos Marquêses de Fronteira
Praça de Espanha
Avenida José Malhoa
Rua de Campolide
Mosque
Rua Ramalho Origão
Avenida Ressano Garcia
Rua F de Almeida
Museu Calouste Gulbenkian
Fundação Calouste Gulbenkian
Parque de Palhavã
Centro de Arte Moderna
S Sebastião
AVENIDA ANTÓNIO AUGUSTO
El Corte Ingles
Trib de Policia
Parque Ventura Terra
Faculdade de Economia
Palácio da Justiça
Penitenciaria
AVENIDA CALOUSTE GULBENKIAN
RUA DE CAMPOLIDE
RUA MARQUÊS DA FONTEIRA
Alameda Cardeal Cerejeira
Estufa Fria
Pavilhão Carlos Lopes
Parque Eduardo VII
SÃO SEBASTIÃO
CAMPOLIDE
Hospital Militar Principal
RUA JOAQUIM ANTÓNIO DE AGUIAR
Amoreiras Centro Comercial
AVENIDA ENGENHEIRO DUARTE PACHECO
196
AMOREIRAS
Arco das Amoreiras
Museu Fundacão Arpad Szenes
Fundacão Arpad Szenes
Mãe d'Água
RUA DAS AMOREIRAS
RUA J GOMES FERREIRA
Rua de Campo de Ourique
RUA D DOM JOÃO V
Rato
Largo do Rato

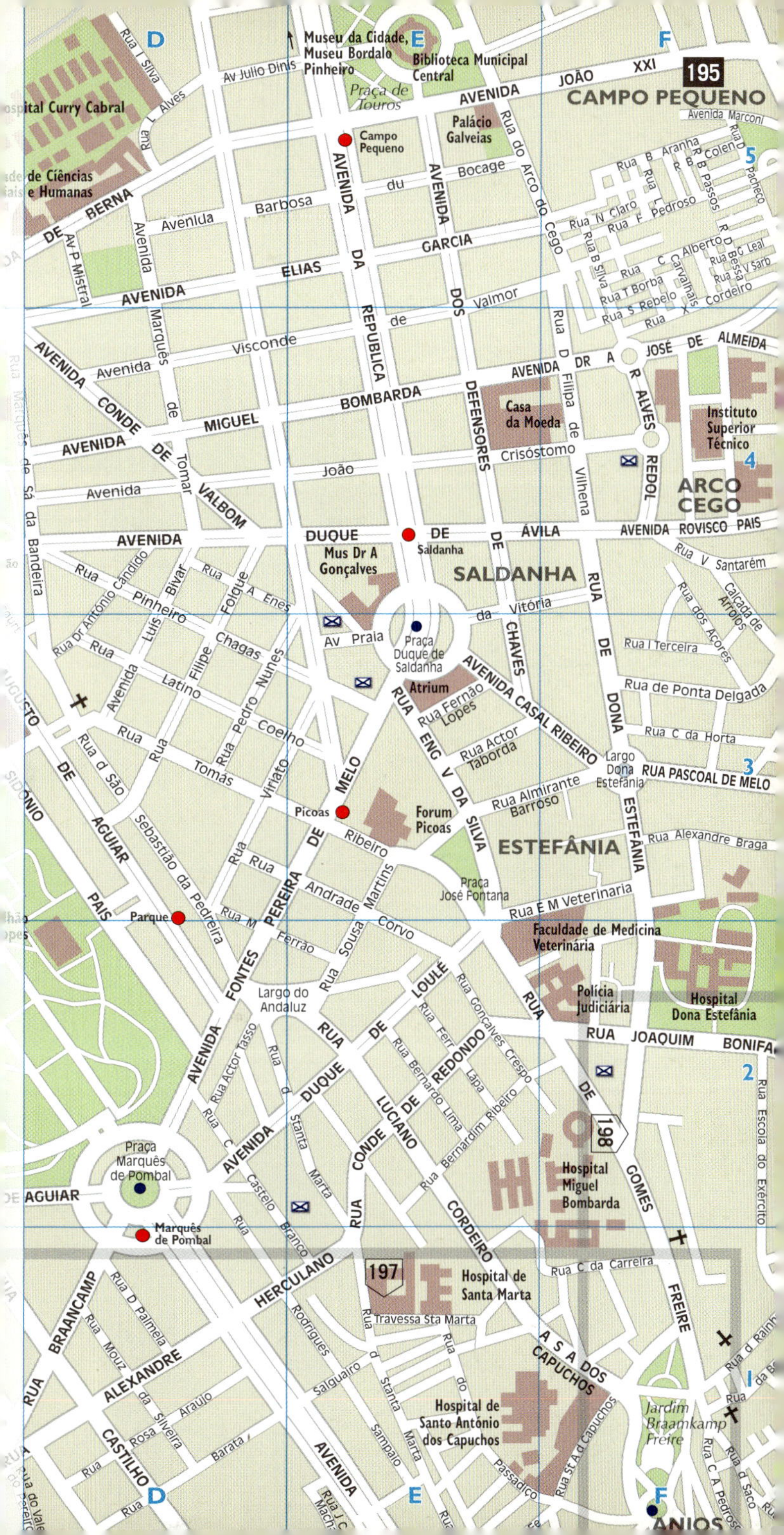

195
CAMPO PEQUENO
SALDANHA
ESTEFÂNIA
ARCO CEGO
Museu da Cidade, Museu Bordalo Pinheiro
Biblioteca Municipal Central
Praça de Touros
Campo Pequeno
Palácio Galveias
Hospital Curry Cabral
de Ciências e Humanas
Casa da Moeda
Instituto Superior Técnico
Mus Dr A Gonçalves
Praça Duque de Saldanha
Atrium
Forum Picoas
Picoas
Praça José Fontana
Faculdade de Medicina Veterinária
Polícia Judiciária
Hospital Dona Estefânia
Largo Dona Estefânia
Largo do Andaluz
Parque
Praça Marquês de Pombal
Marquês de Pombal
Hospital Miguel Bombarda
Hospital de Santa Marta
Hospital de Santo António dos Capuchos
Jardim Braamkamp Freire
Avenida João XXI
Avenida de Berna
Avenida Elias Garcia
Avenida da República
Avenida dos Defensores de Chaves
Avenida Visconde de Valmor
Avenida Miguel Bombarda
Avenida João Crisóstomo
Avenida Duque de Ávila
Avenida Conde de Valbom
Avenida Marquês de Tomar
Avenida Dr A José de Almeida
Rua Alves Redol
Avenida Rovisco Pais
Avenida Casal Ribeiro
Avenida Fontes Pereira de Melo
Avenida Duque de Loulé
Avenida Praia da Vitória
Rua Pascoal de Melo
Rua Joaquim Bonifácio
Rua de Dona Estefânia
Rua Eng V da Silva
Rua de Gomes Freire
Rua Luciano Cordeiro
Rua Conde de Redondo
Rua Tomás Ribeiro
Rua Andrade Corvo
Rua Latino Coelho
Rua Pinheiro Chagas
Rua Filipe Folque
Rua Pedro Nunes
Rua Viriato
Rua Sousa Martins
Rua M Ferrão
Rua Sebastião da Pedreira
Avenida Sidónio Pais
Rua Alexandre Herculano
Rua Braamcamp
Rua Castilho
Rua Alexandre Braga
Rua Almirante Barroso
Rua Actor Taborda
Rua Fernão Lopes
Rua E M Veterinaria
Rua C da Carreira
Travessa Sta Marta
Rua de Santa Marta
Rua Bernardo Lima
Rua Gonçalves Crespo
Rua Escola do Exército
Rua de Ponta Delgada
Rua dos Açores
Rua I Terceira
Rua C da Horta
Rua V Santarém
Calçada de Arroios
Rua D Filipa de Vilhena
Rua do Arco do Cego
Avenida Barbosa du Bocage
Rua Marquês de Sá da Bandeira
Rua Actor Tasso
Rua Castelo Branco
Rua Rodrigues Sampaio
Rua Salgueiro
Rua D Palmela
Rua Mouzinho da Silveira
Rua Rosa Araújo
Rua Barata
Rua St A d Capuchos

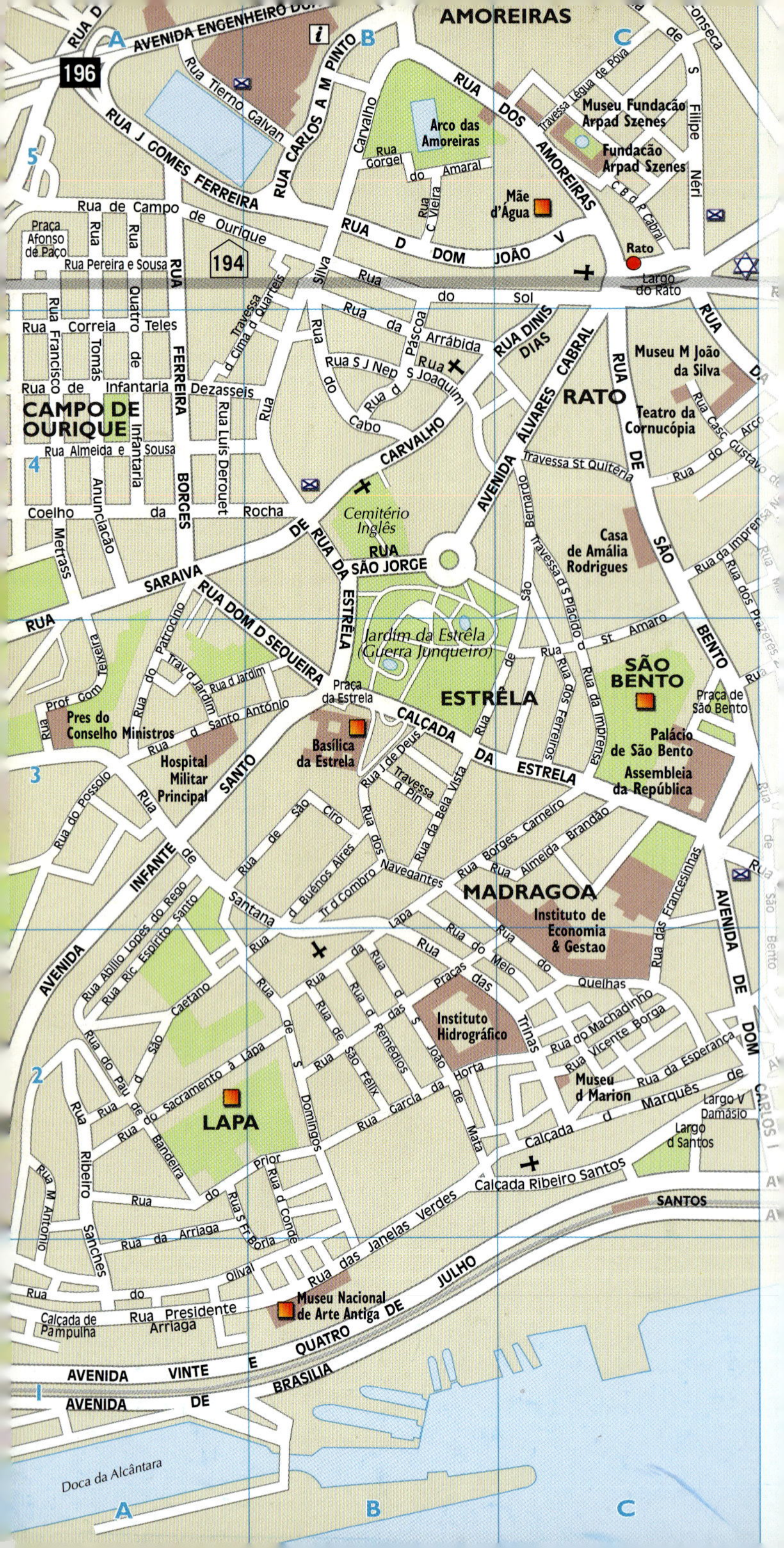

AMOREIRAS
196
194
Avenida Engenheiro Duarte Pacheco
Rua Tierno Galvan
Rua J Gomes Ferreira
Rua Carlos a M Pinto
Rua Carvalho
Arco das Amoreiras
Rua Gorgel do Amaral
Rua C Vieira
Mãe d'Água
Rua das Amoreiras
Travessa Légua de Póvoa
Museu Fundacão Arpad Szenes
Fundacão Arpad Szenes
Rua de Campo de Ourique
Praça Afonso de Paço
Rua Pereira e Sousa
Rua D Dom João V
Rato
Largo do Rato
Rua do Sol
Rua Correia Teles
Rua Francisco Tomás
Rua de Infantaria Dezasseis
CAMPO DE OURIQUE
Rua Almeida e Sousa
Rua Luís Derouet
Rua Ferreira Borges
Rua da Arrábida
Rua S J Nep
Rua S Joaquim
Rua do Cabo
Rua Dinis Dias
Avenida Álvares Cabral
RATO
Museu M João da Silva
Teatro da Cornucópia
Travessa St Quitéria
Rua de São Bento
Rua Coelho da Rocha
Rua Carvalho
Cemitério Inglês
Rua São Jorge
Rua Saraiva de Carvalho
Rua Metrass
Rua Anunciação
Casa de Amália Rodrigues
Travessa d S Plácido
Rua da Imprensa
Rua dos Prazeres
Jardim da Estrêla (Guerra Junqueiro)
Rua da Estrêla
Rua Dom D Sequeira
Rua do Patrocínio
Praça da Estrela
ESTRÊLA
SÃO BENTO
Praça de São Bento
Palácio de São Bento
Assembleia da República
Pres do Conselho Ministros
Hospital Militar Principal
Rua de Santo António
Basílica da Estrela
Calçada da Estrela
Rua dos Ferreiros
Rua da Bela Vista
Rua do Possolo
Rua de São Ciro
Rua dos Navegantes
Rua Borges Carneiro
Rua Almeida Brandão
MADRAGOA
Instituto de Economia & Gestao
Rua das Francesinhas
Avenida de Dom Carlos I
Avenida Infante Santo
Rua de Santana
Rua da Lapa
Rua Abílio Lopes do Rego
Rua Ric Espírito Santo
Rua de São Caetano
Rua do Meio
Rua das Trinas
Rua do Machadinho
Rua Vicente Borga
Instituto Hidrográfico
Rua do Sacramento à Lapa
Rua de São Domingos
Rua de São Félix
Rua dos Remédios
Rua de João de Mata
Rua da Esperança
Museu d Marion
Largo V Damásio
Largo d Santos
LAPA
Rua do Pau de Bandeira
Rua Ribeiro Sanches
Rua M António
Rua do Prior
Rua d Conde
Calçada Ribeiro Santos
SANTOS
Rua da Arriaga
Rua das Janelas Verdes
Museu Nacional de Arte Antiga
Rua do Olival
Calçada de Pampulha
Rua Presidente Arriaga
Avenida Vinte e Quatro de Julho
Avenida de Brasilia
Doca da Alcântara

D
E
F
197
195
198
Hospital de Santa Marta
Travessa Sta Marta
Hospital de Santo António dos Capuchos
Calçada dos Capuchos
Rua Braancamp
Rua Alexandre Herculano
Rua Castilho
Rua D Palmeira
Rua Rodrigues Sampaio
Rua do Salitre
Avenida da Liberdade
Jardim Braamkamp Freire
Anjos
Teatros
Avenida
Jardim Botânico
Museu da Ciência
Universidade Internacional
Rua da Escola Politécnica
Praça da Alegria
Rua Mãe de Água
Rua da Glória
Rua das Taipas
Largo d Anunciada
Museo Ethnologico da Sociedade de Geografia
Coliseu
Praça do Príncipe Real
Rua Dom Pedro V
Rua S P de Alcântara
Palácio Foz
Praça dos Restauradores
Restauradores
Estação Central do Rossio
Teatro Dona Maria II
Largo São Domingos
Rossio (Praça Dom Pedro IV)
São Pedro
Travessa da Boa Hora
Museu de Arte Sacra
Igreja de São Roque
Largo D Cadaval
Convento do Carmo
Museu Arqueológico do Carmo
Largo Trindade Coelho
Largo do Carmo
Elevador de Santa Justa
Baixa-Chiado
Rua do Século
Rua Nova do Loureiro
Academia das Ciências de Lisboa
Rua da Academia das Ciências
Trav de Arrochela
Igreja de Santa Catarina
Travessa dos Fiéis de Deus
Bairro Alto
Rua d Misericórdia
Calçada do Combro
Rua d Loreto
Praça L de Camões
Café A Brasileira
Chiado
Rua Garrett
Rua d P de São Bento
Rua Poço d Negros
Rua Tomás Fernandes
Rua de Sta Catarina
Rua das Chagas
Teatro São Luiz
Teatro Nacional de São Carlos
Largo da Biblioteca Pública
Museu do Chiado
Rua da Boa Vista
Rua do Alecrim
Rua d S Paulo
Central Telefónica
Rua Victor Cordon
Rua d Ribeira
Rua Nova do Carvalho
Mercado de Ribeira
Praça de Dom Luís I
Cais do Sodré
Rua de Dom Luís I
Rua do Arsenal
Ministérios
Avenida Vinte e Quatro de Julho
Avenida da Ribeira das Naus
Avenida de Brasília
Cais do Sodré
Praça D da Terceira
Gare Fluvial
Tejo
Almada
Cacilhas

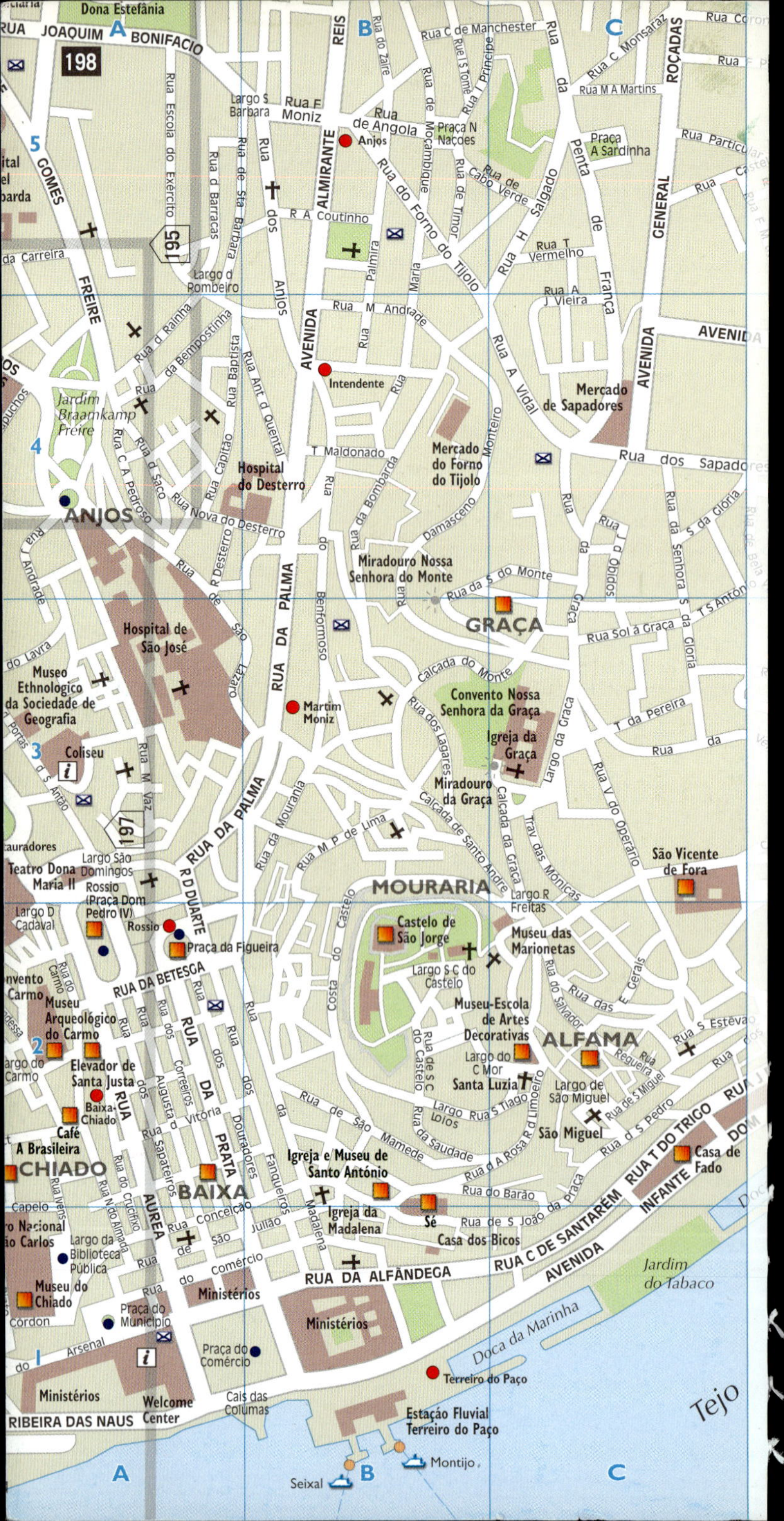

198
195
197
A
B
C
5
4
3
2
1
Dona Estefânia
Rua Joaquim Bonifácio
Rua C de Manchester
Rua C Monsaraz
Rua M A Martins
Roçadas
Reis
Rua do Zaire
Rua S Tomé
Rua Príncipe
Rua de Moçambique
Rua de Angola
Praça N Nações
Rua de Cabo Verde
Rua de Timor
Largo S Bárbara
Rua F Moniz
Anjos
Rua Escola do Exército
Rua d Barracas
Rua de Sta Bárbara
Rua dos Anjos
Almirante
R A Coutinho
Palmira
Maria
Rua do Forno do Tijolo
Rua H Salgado
Rua T Vermelho
Rua da Penha de França
Praça A Sardinha
General
Rua Particular
Gomes Freire
Rua da Carreira
Largo d Pombeiro
Rua M Andrade
Rua A J Vieira
Avenida
Rua A Vidal
Avenida General Roçadas
Rua d Rainha
Rua da Bempostinha
Rua Baptista
Rua Ant d Quental
Intendente
Mercado de Sapadores
Jardim Braamkamp Freire
Rua C A Pedroso
Rua d Saco
Rua Capitão
T Maldonado
Hospital do Desterro
Rua da Bombarda
Mercado do Forno do Tijolo
Monteiro
Rua dos Sapadores
Anjos
Rua Nova do Desterro
Rua J Andrade
R Desterro
Rua de São Lázaro
Rua da Palma
Rua do Benformoso
Damasceno
Miradouro Nossa Senhora do Monte
Rua da S do Monte
Graça
Rua d Óbidos
Rua da Senhora da Glória
Rua S da Glória
T S Antón
Rua Sol à Graça
Hospital de São José
do Lavra
Museo Ethnologico da Sociedade de Geografia
Calçada do Monte
Convento Nossa Senhora da Graça
Martim Moniz
Rua dos Lagares
Igreja da Graça
Largo da Graça
T da Pereira
Rua da
Coliseu
Rua M Vaz
Portas de S Antão
Miradouro da Graça
Calçada de Santo André
Calçada da Graça
Trav das Mónicas
Rua V do Operário
Rua da Mouraria
Rua M P de Lima
São Vicente de Fora
Restauradores
Teatro Dona Maria II
Largo São Domingos
Rossio (Praça Dom Pedro IV)
Rua da Palma
R D Duarte
Mouraria
Largo R Freitas
Largo D Cadaval
Rossio
Praça da Figueira
Castelo de São Jorge
Museu das Marionetas
Costa do Castelo
Rua do Salvador
Rua das E Gerais
Rua da Betesga
Convento Carmo
Rua do Carmo
Largo S C do Castelo
Museu Arqueológico do Carmo
Museu-Escola de Artes Decorativas
Alfama
Rua S Estevão
Rua dos Correeiros
Rua da Prata
Rua dos Douradores
Rua de S C do Castelo
Largo do C Mor
Rua Regueira
Largo do Carmo
Elevador de Santa Justa
Santa Luzia
Largo de São Miguel
Rua de S Miguel
Baixa-Chiado
Rua Augusta
Rua d Vitória
Rua de São Mamede
Largo Lóios
Rua S Tiago
R d Limoeiro
Rua da Saudade
Rua d S Pedro
Rua T do Trigo
Café A Brasileira
Rua Áurea
Rua dos Sapateiros
Rua dos Fanqueiros
Igreja e Museu de Santo António
Rua d A Rosa
São Miguel
Casa de Fado
Chiado
Baixa
Rua do Barão
Infante Dom
Rua Ivens
Rua do Crucifixo
Rua N do Almada
Rua da Conceição
Julião
Madalena
Igreja da Madalena
Sé
Rua de S João da Praça
Rua C de Santarém
Capelo
Teatro Nacional São Carlos
Largo da Biblioteca Pública
Rua de São
Casa dos Bicos
Avenida
Doca
Museu do Chiado
Rua do Comércio
Rua da Alfândega
Ministérios
Jardim do Tabaco
Cordon
Praça do Município
Doca da Marinha
Rua do Arsenal
Praça do Comércio
Terreiro do Paço
Ministérios
Welcome Center
Cais das Colunas
Tejo
Ribeira das Naus
Estação Fluvial Terreiro do Paço
Montijo
Seixal

D
E
F
5
4
3
2
1
Coronel E Galhardo
F P Curado
Avenida Mouzinho de Albuquerque
Rua de Lopes
Rua Sousa Viterbo
Rua Lopes
R B Freire
Avenida Alfonso III
R D D Jardo
R D F Roupinho
R A Coelho
Rua Gualdim Pais
Estrada de Chelas
Museu Nacional do Azulejo
Rua N D Barros
R da Madre de Deus
Calçada das Lajes
C da Cruz da Pedra
Saraiva
Branco
Castelo
Rua F M de Cenáculo
Rua Enf G Guerra
Rua do Alto da Eira
Cal do Alto do Varejão
Escola
Qu das Comendadeiras
Machado dos Santos
R A Fagundes
Rua Gen J Padrel
Rua do B de M Pedral
Museu da Agua
Rua do Vale de S António
Rua A Domingues
Calçada dos Barbadinhos
M Grosso
Rua F Magalhães
R Washington
R Alviela
Rua S Apolónia
Rua de Bela Vista à Graça
Rua Leite de Vasconcelos
R C d S Apolónia
R d Coulo
Rua Out do Mirante
R do Mirante
R do B da Sapato
Veronica
Santa Clara
Feira da Ladra
Campo de Santa Clara
Pr Dr B A Gomes
Panteão Nacional de Santa Engrácia
Rua do Paraíso
R C de Ferro
Santa Apolónia
Remedios
R d M d Artilharia
Museu Militar
Avenida Infante Dom Henrique
Caminhos de Ferro
J do Tabaco
Alfândega
Doca do Terreiro do Trigo

200
A
B
C
5
4
3
2
1
Rua de Maio
AVENIDA JOÃO PINTO RIBEIRO
AVENIDA DE BOA ESPERANÇA
ALAMEDA DOS OCEANOS
Rua Com Cousteau
Via Cir do Parque
Torre Vasco da Gama
Ave do Atlantico
Jardins Garcia de Orta
Rua Dr R G de Oliveira
Rua Padre J A Correia
Rua Camara Reis
East de Moscavide
Rua do Mar da China
AVENIDA DOM JOÃO II
Feira Internacional de Lisboa
Pass do Cantabrico
Polo Norte
Rua do Mar Vermelho
Rua do Bojador
Rua Cons Lopo Vaz
RUA RECÍPROCA
AVE DO INDICO
Pavilhão Atlântico
ORIENTE
Centro Comercial Vasco da Gama
Parque das Nações
Oriente
AVENIDA DE BERLIM
AVE DO PACIFICO
Pres do Concelho de Ministros
Doca dos Olivais
Rua do Caribe
C da Costa
Tejo
Polo Sul
Rua do Mar do Norte
Oceanário
AVENIDA DE PÁDUA DE MEDITERRÂNEO
Centro da Ciência Viva
Area de Lazer
Jardim da Àgua
T do Poço
Rua da Centeira
AVE DE ULISSES
Praça Prin Perfeito
Teatro Júlio Verne
T Particular
R D Fuas Roupinho
Restaurantes Flutuantes
Rua dos Cruzados
Porta do Mar
Rua da Petrogal
Mercadores
Musas
Hospital das Descobertas
R d C d Rolas
Rua dos Aventureiros
Edificio Nau
AVENIDA F PESSOA
Rua Nau Catrineta
Rua N dos
Rua das
Porto de Recreio
Rua dos Argonautas
AVENIDA MARECHAL GOMES DA COSTA

Índice de Ruas

Crédito das fotos

A Automobile Association gostaria de agradecer aos seguintes fotógrafos, empresas e arquivos de fotos por seu apoio na preparação deste livro.

Abreviaturas para os créditos das fotos: (a) alto; (b) embaixo; (c) centro; (e) esquerda; (d) direita; (f) fundo; (AA) AA World Travel Library

1ª e 4ª capas: (a) A. Kouprianoff; (ca) A. Mockford e N. Bonetti; (cb, b) Monica Wells; Spine A. Kouprianoff

Alamy © Mark Eveleigh/Alamy 91; © Robert Fried/Alamy 167; © Kevin Foy/Alamy 87e; © Kobi Israel/Alamy 166; © Werner Otto/Alamy 180; © Robert Harding Picture Library Ltd/Alamy 7a; Centro de Ciência Viva 150a, 150b, 151; Fundação Calouste Gulbenkian 26l, 26c, 26d, 27a, 27e, 27c, 27d, © José Manuel Costa Alves 55a, 57, 59; Getty images 24a, 24b 25; Mary Evans Picture Library 8; Museu-Escola de Artes Decorativas 74, 75, 76.

As demais fotografias pertencem ao arquivo de fotos da Associação (AA WORLD TRAVEL LIBRARY) e foram tiradas por:

M. Birkitt 10, 101a; T. Harris 2(3), 18, 28, 41, 77, 78, 118a, 147, 179, 187a; A. Kouprianoff 2(5), 6, 9a, 9b, 14, 43, 50, 52/3, 55b, 56, 58, 62, 63, 71a, 80, 81a, 82d, 85, 86a, 86b, 89, 90, 95, 97, 102, 103e, 103d, 104, 105, 106, 107, 109b, 111a, 116/7, 119b, 125, 127, 133, 134d, 135, 163, 168, 170, 171, 172, 175e, 176d, A. Mockford e N. Bonetti 3(2), 3(3), 3(5), 13, 16/7, 23, 46, 47, 49, 54a, 61e, 72, 81b, 83b, 84, 101b, 141, 142/3, 145a, 145b, 152, 159, 161, 162, 164, 165, 174, 177, 178d, 183; R. Newton 24/5f; Monica Wells 2(1), 2(2), 2(4), 3(1), 3(4), 5, 7b, 11, 12a, 15, 19, 22, 29, 42, 44, 45a, 45b, 48, 54b, 60, 61d, 67, 69a, 69b, 70, 71b, 73, 79a, 79b, 82e, 83a, 87d, 88, 98a, 98b, 99, 108, 109a, 110, 111b, 115, 116, 118b, 119a, 121, 122, 123, 126, 128, 129, 130, 131, 132, 136, 137, 144, 146/7, 148, 149, 153, 154,155a, 155b, 173, 175d, 176e, 178e, 181, 182, 187bd, P. Wilson 12b, 96, 100, 120, 187be

Foram feitos todos os esforços para identificar os detentores do copyright, e pedimos desculpas de antemão por quaisquer erros involuntários. Teremos satisfação em fazer as devidas correções nas edições posteriores desta publicação.

Anotações Pessoais